편역 事大文軌 1

동북아역사 자료총서 53

역자 서문

1 | 『事大文軌』와 동북아 지역 질서

현재 국제 학계의 동아시아 연구에 있어 하나의 큰 추세는 지구사(글로벌히스토리)다. 근대 역사학을 주도한 19세기 유럽의 전지구적 팽창에 대해서 보다 균형적이고 객관적으로 이해하려는 것이 그 취지라고 할 수 있다. 이러한 목표를 위해서 19세기 이전 수백 년간 유럽 밖에서는 어떤 현상들이 벌어졌는가를 탈유럽중심적 시각에서 접근할 뿐 아니라 유라시아, 아시아, 동아시아, 동남아시아, 서남아시아 등 다양한 단위의 지역사 연구 방법론을 제시한 점은 지구사의 성과로 평가할 만하다. 그러나 아시아의 경우, 인도·남중국·일본을 중심으로 하는 하나의 축과 동남아 지역을 중심으로 하는 또 하나의 축에 기반한 해양사적 관점에서 19세기 이전 비유럽 지역의 국제 관계에 초점을 맞춘 측면이 있다. 상대적으로 한반도·만주·북중국·몽골을 포함하는 동북아 지역은 적은 관심을 받고 있다고 할 것이다. 이런 점들을 고려할 때 한중 관계를 포함하여 16~18세기 한국의 북방 대외 정책과 전략을 심화·이해함으로써 19세기 이전 동북아 지역 내 국제 체제를 재조명할 수 있는 연구 성과가 서구 학계와 공유될 수 있다면 기존 일본 학계의 동양사 담론에 대한 새로운 이해뿐 아니라 탈유럽중심적 서술을 기치로 하는 지구사 연구에 있어 기여하는 바가 있을 것이다.

더욱이 한중 관계에 대한 온전한 이해는 오늘날 동북아 지역의 정세 변화를 관찰하고 이 지역 국가들 간 상호 인정과 존중의 건설적 미래를 전망하는 데 있어서 필수적이다. 주지하듯이 일제 강점기에 형성된 식민사관은 한국사 속 대중(對中) 관계에서 외부적 충격을 강조하고 내부적 동력을 배제하며 정체성과 타율성을 부각시켜 왔다. 특히 지배와 종속의 패러다임으로 무장한 사대주의론은 19세기 이전 대중 관계뿐 아니라 한국사의 대외 관계 전반을 왜곡하는 핵심 이론이었다. 해방 이후 한국 학계는 한국사 상 내적 동력원이 무엇인지에 관한 연구를 축적하며 식민사관에 대응해 왔다. 조선시대의 대외 관계 연구는 명분과 실리라는 대주제를 중심으로 지정학적 결정론, 타율성론에 기초한 사대주의적 인식 틀을 해체하는 데 주력군의 역할을 담당했다고 해도 과언이 아닐 것이다.

최근 한국 학계는 다양한 사료를 활용해 동북아 그리고 동아시아 지역사의 관점에서 명분과 실리의 길항에 대한 심화 연구를 진행함으로써 19세기 이전 대외 관계사 연구의 폭과 시야를 넓혀 가고 있다. 조선시대의 경우, 먼저 조선의 대명(對明) 관계가 사대라는 이념 원리에 입각했지만 내정 간섭이 배제된 외교 정책이 실제 작동 방식이었기에 사대주의와는 엄격히 구분되어야 한다는 연구 지향을 꼽을 수 있다. 조선의 대명 외교가 형식적으로 상하 구도에 놓여 있었지만 여전히 양국 관계가 국익이라는 현실 외교를 기조로 맺어졌기에 조선을 속국으로 단순화할 수 없다는 인식에서 출발한다. 두 번째 연구 지향 역시 상하 관계에 대한 새로운 해석에 기반을 두고 있다. 조선의 또 다른 이웃, 즉 여진과의 관계가 형식적으로는 교린이라는 틀을 갖췄지만 현실 외교 속에서 여진은 조선의 번호(藩胡)로서 일종의 완충 역할을 했고 이 과정을 통해 조선은 자국 중심의 또 다른 지역 질서를 구축했다는 시각이다. 셋째, 국방 관련 연구에 있어서 침략과 저항이라는 이분법에서 벗어나 국가 안보의 관점에서 군사 제도, 방어 체제, 전술/전략, 외치 등 주요 주제들에 구조적으로 접근하는 연구 지향이 나타나고 있다. 특히 임진왜란과 병자호란 관련 연구는 기존 국난 극복사 혹은 항쟁사의 서술에서 탈피하여 교섭, 정보, 외교 등 비(非)군사적 안보 방략이라는 측면에도 주목하고 있으며 국제적 시각으로의 전환도 강조하는 등 꾸준한 진전을 보이고 있다.

이러한 성과는 동북아 질서가 상호 작용의 매카니즘 속에서 단선적 형태가 아닌 다자 간 복합성, 다층성을 가지면서 작동되고 있음에 주목함으로써, 조선의 대외 정책을 사대 외교 내지는 조공-책봉 제도로 전형화하려는 식민사관의 환원주의적 오류를 재고하는 것이라 평가할 수 있다. 또한 과도한 현재주의적 해석을 배제하고 조선과 이웃의 대응 논리 및 실천 전략을 각자의 관점에서 그리고 상대방의 관점에서 해석할 수 있는 방법론적 확장도 기대할 수 있다. 따라서 상호 작용성의 열린 연구 지향은 동북아 정세 변화의 구체적 전개와 양상을 조선의 대외 관계라는 프리즘을 통해서 한 걸음 더 들어가 살펴볼 수 있는 가능성을 펼친다.

상기 대외 관계사 연구의 일보 전진을 위해서 필요한 것은 사료 구축이다. 동북아 정체(政體)들 간 다원적·중층적 세력 관계를 기록한 다양한 자료들에 대해서 주제별로 정리, 번역할 필요가 있다. 지금까지 조선시대 대외 관계 연구는 대체로 『通文館志』와 같은 일부 공문서, 연대기, 문집류, 연행록류 등 몇몇 자료를 중심으로 진행되었다고 해도 과언이 아니다. 반면, 조선과 명 혹은 조선과 청의 실질적 외교 관계를 복원할 수 있는 외교 문서는 오히려 제한적으로 활용되어 왔다. 이러한 문제의식 속에서 재단은 《국역『同文彙考』》와 《국역『淸季中日韓關係史料』》 등 병자호란 이후 대청(對淸), 대북방(對北方) 관련 조선시대 외교 공문서 자료를 체계적으로 정리하는 첫 발걸음을 디뎠다.

올해 발간을 시작으로 《편역 事大文軌》(이하 『사대문궤』)가 그 바통을 넘겨받는다. 『사대문궤』는 1593~1608년(선조 26~광해군 즉위년)의 외교 문서가 수록된 기록물로 승문원에서 작성한 외교 문서 사본과 명·일본·건주여진·유구(琉球) 등에서 보내온 외교 문서를 모은 것이다. 본래 54권이었으나 23권만 현전한다. 그러나 여전히 1,000여 건이 넘는 방대한 분량의 문서가 보존되어 있다. 1934년 조선사편수회에서 조선사료총간 편찬의 일환으로 일본어 해제와 더불어 영인본으로 출간했고 2002년 국립진주박물관에서 재차 영인, 해제했으나 국역으로 이어지지는 못하였다. 『사대문궤』는 임진왜란~병자호란 시기, 즉 『동문휘고』 이전 시기의 대명, 대건주여진(對建州女眞), 대일본(對日本) 관련 외교 문서들을 다루고 있을 뿐 아니라 관찬 연대기 및 문집류 등에서 일부 활용되는 사료와 달리 광범위한 사안들을 포괄적으로 보유하고 있다. 따라서 『사대문궤』 번역은 이 시기 동북아 지역 질서 관련 역사 문헌들을 보다 체계적으로 비교 분석할 수 있는 토대를 제공함으로써 조선의 외교 및 변경 정책뿐만 아니라, 요동·만주·일본을 포함한 동북아 정세의 실상과 지역 질서의 작동 방식을 재조명하는 데 크게 기여할 것이다. 이 책을 통하여 동북아 세력 관계가 다자간 상호 작용에 따라 쌍방적으로 진행되었음을 밝힘으로써, 기존 중국·중화·한족 중심의 지역 질서라는 구도 속에 조선을 포함한 19세기 이전 한국의 대외 관계사를 종속(從屬) 내지는 부속(附屬)으로 몰아넣은 일본과 중국의 곡학(曲學)에 대한 건설적 대안을 제시하고자 한다. 나아가 동북아 국제 관계사 연구의 외연을 넓히는 데도 새로운 전기를 마련하는 학술 사업이 되고자 한다.

2 | 체제

몽골제국 원의 정복 이후 북경이 6백 년 이상 중원을 통치한 통합 국가의 수도였다는 사실은 동북아 지역 질서와 대외 관계의 전개에 큰 영향을 끼쳤다. 명의 안보에 있어 조선은 요동 지역과 서해를 매개로 북경과 멀지 않은 곳에 위치한 요처가 되었다. 조선 역시 남경과 비교해 볼 때 훨씬 가까워진 북경이 자국의 안보와 직결됨을 꾸준히 체험하였다. 이러한 이유로 평화 관계를 기조로 양국 간 외교, 군사, 국경 등 다양한 사안들이 지속적으로 다루어졌다. 양국 외교는 화이관(華夷觀) 등 명의 패권주의를 인정하는 계서적 형태를 보이면서 형성된 측면이 있기에 당시 조명 관계는 전형적인 조공 체제로 분류되기도 하였다.

조선과 명의 외교 관계는 16세기 말 임진왜란을 통해서 상당한 변화를 겪게 된다. 임진왜란을 일으킨 일본의 도요토미 히데요시(豊臣秀吉)는 명 중심의 국제 질서를 정면으로 위협하였고 조선이 명에 원병을 요청함으로써 국제 전쟁으로 비화하였다. 더 주목해야 할 사실은 요동 일대에 주둔하며 군무를 주관하던 명의 관원, 장수 들이 대거 입국하면서 조선과 명이 주고 받는 외교 문서가 폭발적으로 증가하게 되었다는 점이다. 그 이전까지 조선의 외교 문서는 명의 황제나 병부·예부에 보내는 문서와 요동도지휘사사로 대표되는 요동아문에 보내는 문서로 대별할 수 있었다. 그런데 임진왜란 발발 이후 조선의 외교 문서가 앞서 언급한 중앙의 최상급 기관 및 여러 계통의 명군 지휘부로 전달되었을 뿐 아니라, 개별적인 장수들과 주고받는 게첩(揭帖) 등도 활발하게 작성되었다. 특히 후자의 경우 조선국왕과 명군 관원·장수 들 사이에서도 오갔지만, 경우에 따라 조선의 신하들과 명의 관원·장수 들이 주고받는 경우가 발생한 점에서 주목할 만하다. 그리고 전쟁의 절반에 가까운 기간 동안 강화 교섭이 진행되자 일본의 문서들도 조선 조정을 통해 명 조정 혹은 요동아문으로 전달되기도 하였다. 이런 측면에서 볼 때 『사대문궤』는 동북아 삼국 간 외교 문서들이 광범위하게 생산, 유포된 현장에 대한 생생한 증언이라고도 할 수 있다.

1934년에 영인된 조선사편수회의 『사대문궤』에 대한 해제는 나카무라 히데타카[中村榮孝]가 썼는데[1] 2002년 국립진주박물관에서 『임진왜란 사료총서 대명외교(壬辰倭亂 史料叢書 對

---

[1] 나카무라 히데타카에 따르면, 『사대문궤』는 『東國史略』이라는 표제로 인해 그 사료적 가치가 간과되어 왔으나, 당시 滿朝史에 높은 관심을 가지고 있던 이나바 이와키치[稲葉岩吉]에 의해 그 중요성이 인정받게 되었다고 한다. 中村榮孝, 1965, 「明·朝鮮外交文書集『事大文軌』」, 『日鮮關係史の研究』, 東京: 吉川弘

明外交)』로 다시 편찬하며 한명기가 새롭게 해제하였다. 한명기의 해제는 각 권의 수록 내용을 정리하여 소개하였다는 점에서 참고가 된다. 『사대문궤』의 전반적인 내용은 다음의 표와 같다.

〈표 1〉 『사대문궤』의 목차와 주요 내용 소개

책수	권수	문서 작성시기	분량	주요 내용
1책	卷3	1593년 1~3월	76건	명군의 평양성전투 승리 후 도성 공격 준비
2책	卷8	1594년 2~4월	49건	조선 조정에 대한 명군 지휘부의 강화 수용 압력과 조선 조정의 대응
3책	卷12	1594년 11월~1595년 3월	35건	
4책	卷17	1596년 6~10월	48건	조선 측 통신사 파견에 대한 조선과 명의 이견 표류민 감사에 관한 조선과 유구의 자문 교환
5책	卷19	1597년 4월	29건	정유재란의 발발과 이에 대한 명 측의 군사 징발·파견
6책	卷20	1597년 4~5월	30건	
7책	卷22	1597년 7~9월	60건	명의 수군 파견 및 조선 측의 안내 문제 협의
8책	卷23	1597년 9~10월	36건	
9책	卷24	1597년 10~12월	50건	명에서 보내는 군량 수송 문제 논의

文館, 385쪽. 한편, 나카무라 히데타카는 『事大文軌』의 간행 연대를 광해군대 말기로 추정했다. 그 근거 중 하나는 본 자료의 표지 이면에 기록된 문서가 『宣祖實錄』 草本斷簡 및 『光海君日記』 등의 간행에 사용되었던 문서의 파지로 확인되기 때문이다. 中村榮孝, 1965, 앞의 글, 389쪽. 그런데 『事大文軌』의 수록 문서 가운데 광해군의 세자 주청 자문에서 광해군의 이름 대신 '諱'라는 글자로 사용하여 避諱한 반면, 임해군에 대해서는 '珒'이라는 본명을 쓰고 있다는 점에서 그 편찬 연대가 광해군대임이 분명해진 다(『事大文軌』 卷33, 萬曆 27年 8月21日, 朝鮮國王이 經理 萬世德에게 보낸 자문(本國册封世子以定國 本), "竊查光海君 諱 聰明端厚篤善好學…"). 『宣祖實錄』 같은 일자에 수록되어 있는 동일한 주청 자문에는 '諱'가 지워져 있는데, 이는 『宣祖實錄』이 광해군대에 편찬된 데에 기인한다. 실제 발송된 자문에는 '臨海君 珒'과 짝하여 '光海君 琿'이라고 기록되어 있었을 것이다. 『宣祖實錄』에는 아예 지워졌지만, 본래의 형식과 내용을 갖추는 원칙을 따른 것으로 보이는 『事大文軌』에는 '諱'라는 글자로 '琿'을 대신한 것이다. 이는 실제 외교문서를 『事大文軌』로 옮겨 적고 편찬한 시점이 광해군 재위 연간이었음을 뜻한다. 만약 이것이 인조대에 산삭되거나 改書되었다면 지워져버리거나 본래의 이름인 '琿'이 '諱' 대신 들어갔을 것이다. 즉 『事大文軌』는 이를 통해 광해군대에 편찬된 것이 분명해지며, 오히려 그때의 실정에 맞추어 개서된 것이라고 보아야 할 것이다(『宣祖實錄』 卷116, 宣祖 32年 8月 丁酉(21日)). 따라서 정확한 연대까지는 파악할 수 없더라도 『사대문궤』의 편찬 시기는 광해군대 후반으로 추정이 가능한 것이다.

10책	卷28	1598년 7~10월	49건	정응태의 경리 양호 탄핵과 조선 조정의 변호 자문
11책	卷30	1598년 10월~1599년 2월	56건	정응태 무고 사건과 조선 측의 대응
12책	卷32	1599년 윤4~6월	32건	일본군 철수 후 명군 지휘관들의 조선 조정의 방어 대책 제안
13책	卷33	1599년 7~9월	61건	명 태감의 鑛稅 징수
14책	卷35	1600년 1~5월	61건	1600년 조선에서 명군 잔여 병력 철수 문제
15책	卷36	1600년 5~6월	17건	조선 조정의 명 교관 잔류 철회 요청 중 강개시 혁파 문제
16책	卷37	1600년 6~9월	12건	
17책	卷42	1603년 4~7월	46건	조선 측 세자 책봉 요청과 명 조정의 거부 사실
18책	卷43	1603년 6월~1604년 3월	53건	
19책	卷45	1604년 8월~1605년 7월	44건	조선 변경에서 採蔘하는 명국인에 대한 대응 문제
20책	卷46	1605년 7월~1606년 4월	57건	
21책	卷47	1606년 1~12월	68건	누르하치 세력의 동향에 대한 조선 조정의 보고 및 명 측의 반응
22책	卷48	1607년 4~11월	31건	
23책	卷51	1608년 7~11월	28건	

위의 표에서 보듯이 현재 23권이다. 원래 광해군대 간행 당시 분량은 54권이었으나 이후 일부 내용의 유실로 말미암아 영본(零本)으로 남아 있지만 현존 문서만 해도 1,000여 건을 넘는다. 〈표 1〉 주요 내용 항목을 살펴보면 임진왜란, 정유재란 관련 조명 양국의 문서 교환, 정응태의 무고 사건, 세자 책봉 등 조명 간 대일 협력 및 갈등을 포함한 주요 사안들이 고스란히 담겨 있다. 그뿐만 아니라 누르하치 세력에 대한 동향 보고 및 명 측의 반응 등 조명 간 대건주여진 관련 문서들도 확인되는데 이는 후금(後金)의 흥기와 관련한 연구에서도 중요하다. 또한 이 시기 일본에 대한 기록들도 확인되는 만큼 당대 동북아의 국제 관계를 규명하는 데 핵심 문헌 자료 가운데 하나라고 하겠다.

실제로 주고받은 개별 문서를 1차 사료라고 할 때 『사대문궤』는 등록류에 해당하므로 1차 사료로 범주화할 수는 없지만, 당시 외교 문서의 개작은 원칙적으로 허용되지 않았다는 점을 고려한다면 그 사료적 가치를 높게 매길 수 있다. 나카무라는 임진왜란과 정유재란, 종전을 위한 조선과 명의 협상 과정, 후금의 세력 확장 등에 관한 외교 문서가 방대하게 수록되어 있음을 근거로 『사대문궤』의 사료적 중요성에 착목하였다. 한명기는 여기서 더 나아가 조선 전기 이래 대명 외교의 경험, 임진왜란 발발 이후 조명 간 외교 문서의 폭발적 증가, 외교 문서의 보존 및 전거 활용의 중요성, 전쟁 당시 조명 간 주요 외교 현안 등에 대한 분석에 있어 귀중한 자료임을 강조함으로써 『사대문궤』의 사료적 위상을 새롭게 조망하였다.

현존하는 영인본의 『사대문궤』 체제, 목차, 분량 등은 어떠할까? 국립진주박물관의 『임진왜란 사료총서 대명외교』를 참고하여 간행 체제와 분량을 아래의 표로 정리해 보았다.[2]

〈표 2〉 진주박물관 영인 『事大文軌』의 간행 체제와 분량

책수 (진주박물관본)	권수	문서 작성 시기	분량	쪽수
1책	卷3	1593년 1~3월	76건	3~186쪽, 총 184쪽
	卷8	1594년 2~4월	49건	189~372쪽, 총 184쪽
2책	卷12	1594년 11월~1595년 3월	35건	3~154쪽, 총 152쪽
	卷17	1596년 6~10월	48건	157~312쪽, 총 156쪽
	卷19	1597년 4월	29건	315~432쪽, 총 118쪽
3책	卷20	1597년 4~5월	30건	3~144쪽, 총 142쪽
	卷22	1597년 7~9월	60건	147~296쪽, 총 150쪽
	卷23	1597년 9~10월	36건	299~450쪽, 총 152쪽
4책	卷24	1597년 10~12월	50건	3~152쪽, 총 150쪽
	卷28	1598년 7~10월	49건	155~302쪽, 총 148쪽
	卷30	1598년 10월~1599년 2월	56건	305~460쪽, 총 156쪽
5책	卷32	1599년 윤4~6월	32건	3~162쪽, 총 160쪽
	卷33	1599년 7~9월	61건	165~334쪽, 총 170쪽
	卷35	1600년 1~5월	61건	337~492쪽, 총 156쪽
6책	卷36	1600년 5~6월	17건	3~166쪽, 총 164쪽
	卷37	1600년 6~9월	12건	169~292쪽, 총 123쪽
	卷42	1603년 4~7월	46건	295~445쪽, 총 151쪽
7책	卷43	1603년 6월~1604년 3월	53건	3~170쪽, 총 168쪽
	卷45	1604년 8월~1605년 7월	44건	173~329쪽, 총 157쪽
	卷46	1605년 7월~1606년 4월	57건	333~498쪽, 총 166쪽

---

[2] 한명기, 이상훈 共編, 2002, 『壬辰倭亂 史料叢書』, 國立晉州博物館의 1~8책 참고.

8책	卷47	1606년 1~12월	68건	3~146쪽, 총 144쪽
	卷48	1607년 4~11월	31건	149~280쪽, 총 132쪽
	卷51	1608년 7~11월	28건	283~456쪽, 총 174쪽

위와 같이 진주박물관에서 영인한 『사대문궤』는 모두 8책으로 1책 당 평균 2~3권의 분량을 함께 편집하여 간행하였다. 〈표 2〉에서 보듯이 권별 분량을 보면 1책의 권3, 권8이 각각 184쪽으로 가장 많고 2책 권19가 118쪽으로 가장 적은데, 총 분량은 3,557쪽에 이른다. 거질의 외교 문서집이라고 할 수 있다.

3 | 활용 현황

일제 강점기

『사대문궤』가 학계의 관심을 받게 된 것은 일제 강점기인 1923~1924년경 이나바 이와키치[稻葉岩吉]가 처음 이용하면서부터다. 권46 「호서(胡書)」는 누르하치가 조선에 보낸 1605년 11월 11일자(음력) 문서인데 여기서 이나바는 누르하치가 조선과의 우호 관계를 유지하기를 원하였고 조선 역시 누르하치와의 화호 관계를 인정하며 대명 관계를 객관적으로 보고자 했음을 강조하였다.3) 이러한 해석은 일본 제국주의의 대륙 진출을 역사적으로 정당화시킬 수 있는 만선사관의 수립과 궤를 같이한다. 이후 『사대문궤』는 조선사학회의 주목을 받게 되었고, 그 결과 1934년 조선사편수회에서 나카무라 히데타카의 해제를 담은 영인본을 출간하였다.

나카무라 히데타카는 『사대문궤』가 원래 체제의 절반 정도가 사라진 상태이며 더욱이 그 존재조차 알려지지 못한 상황이었음에 주목하였다.4) 그는 『사대문궤』 표지 이면에 쓰인 『속무정보감(續武定寶鑑)』 등 다른 편찬서의 일부와 광해군 시대의 정치적 상황을 연계해서 그 편찬 시기와 목적 등을 밝히고자 하였다. 우선 『사대문궤』를 편찬한 기관을 찬집청으로 추정하고, 찬집청이 광해군 시기 역모 사건에 대한 추국안과 명에 대한 사대 관계를 드러내는 외교 문서를 함께 다루면서 광해군 정권의 정당성을 강조하는 편찬 사업을 주도했다고 보았

---

3) 稻葉岩吉, 1933, 『光海君時代の滿鮮關係』, 大阪屋號書店, 71~79쪽.
4) 中村榮孝, 1965, 앞의 글.

다. 그러나 한편으로 나카무라 히데타카는 광해군이 이러한 찬집청의 설치와 존호에 대해 겸양하는 뜻을 보였음을 지적하면서 찬집청 설치 및 『사대문궤』 등의 편찬 작업이 광해군의 의지라기보다는 광해군에게 정치적으로 기댄 이이첨(李爾瞻) 등 대북 일파가 당세를 유지하기 위한 전략의 일환으로 추정하였다. 다시 말해서 외교적으로 볼 때 후금의 성장으로 인하여 점차 미묘해지는 대명 관계에 대해 광해군과는 다른 생각을 가졌던 대북 일파가 도리어 사대 관계에 힘을 기울인 결과로 『사대문궤』가 편찬되었다는 것이다. 광해군의 유연한 외교 정책이 당시 정국의 변화 속에서 돋보이는 가설이라고 할 수 있으나, 여기서 간과할 수 없는 것은 광해군의 중립 외교에서 대명 사대성을 희석하고 조선과 여진의 호혜 관계를 부각시킨 결과 광해군 대의 외교를 만선사관으로 수렴하는 오류를 범했다는 사실이다.

이와 같이 일제 강점기 『사대문궤』의 활용은 식민사관의 정치적 편향과 오용으로 인해서 전근대 한국사와 만주의 관계를 부각시키는 방향으로 기획되었다. 이러한 문제는 현존 『사대문궤』 분량의 반을 넘게 차지하고 있는 임진왜란 관련 연구에서의 인용이 지극히 미미했다는 사실에서 확연히 드러난다. 일제 강점기 임진왜란 연구자로 알려진 이케우치 히로시[池内宏]와 도쿠토미 이치로[德富猪一郎]의 논고나 일본 참모본부에서 편찬한 『일본전사 조선역(日本戰史 朝鮮役)』에서 『사대문궤』가 활용되지 않은 점이 그 대표적인 사례라 할 수 있다.[5] 또 다른 사례를 들자면 1937년 조선사편수회에서 편찬한 『조선사』가 4편 10권으로 구성되었는데, 임진왜란을 포함한 선조대 중·후기를 다루고 있음에도 기타 사료에 비해 『사대문궤』는 인용 빈도가 극히 낮은 편이다. 『선조실록』의 인용 빈도가 높은 점은 이해할 수 있으나 일부 문집이나 후대의 야사 등 사찬서에 비해서도 이용도가 낮다는 점은 재평가할 필요가 있다.

해방 이후

『사대문궤』는 현전하는 23권만 하더라도 각 권당 평균 85쪽 이상(영인본 기준)으로 1,000여 건이 넘는 방대한 분량 안에 풍부한 내용을 갖추고 있으나, 사료적 가치에 비해 활용도는 높지 않다. 당시 외교 문서가 주(奏)·표(表)·자(咨)·게(揭) 등 명대 외교 문서 양식을 중심으

---

5) 池内宏, 1914, 『文祿慶長の役』 正編 第1, 南滿洲鐵道株式會社 ; 1936, 『文祿慶長の役』 別編 第1, 東洋文庫 ; 德富猪一郎, 1921~1922, 『近世日本國民史』 豊臣氏時代 朝鮮役 上·中·下卷, 民友社 ; 參謀本部 編, 1924, 『日本戰史 朝鮮役』, 偕行社.

로 작성되었으며 조선의 외교 문서 역시 이문(吏文)이라는 독특한 형식으로 구성되었기에 국내 연구자들에게 익숙한 실록과 문집의 한문과는 또 다른 형태의 독법이 요구된다. 더구나 조선과 명에서 사용한 백화문(白話文)도 연구자들의 해독을 가로막는 요인이기도 하다. 이러한 난제들이 연구자들에게 방대한 자료만큼이나 『사대문궤』를 선뜻 분석 대상을 삼기 어렵게 하는 걸림돌로 작용한다.[6]

그러나 보다 근본적으로 해방 이후 학계의 임진왜란과 병자호란 연구가 대외 항쟁사 혹은 국난 극복사의 관점을 노정하면서 사대 혹은 모화에 대한 거부감과 밀착되어 다양한 행위 주체들의 움직임과 그들이 만든 상호 작용에 대한 면밀한 분석으로 나가지 못한 한계를 되짚어볼 필요가 있다. 항쟁과 사대라는 대척점이 세워지자 형식적 상하 질서의 외피 아래에서 전개된 당시 현실주의 외교의 동력은 가려지고 조선의 대명 관계는 의례적 교류로 치부되는 경향을 보였다. 이런 상황에서 임진왜란 및 이와 관련한 명과의 관계에 대한 내용이 과반을 차지한다는 사실은 『사대문궤』 사료의 가치가 저평가되는 데 일정한 역할을 했다고 볼 수 있다.

이와 대조적으로 관련 자료의 양이 비교적 적은 건주여진과의 관계에 대하여 연구자들의 관심이 모아졌다. 건주여진과 관련해서 가장 빈번하게 인용된 문서는 앞서 언급한 권46에 실린 「호서」와 그에 대한 답서(答書)다. 이 문서는 1605년 11월과 12월에 각각 건주여진의 누르하치와 조선의 만포진 첨절제사가 주고받았다.[7] 누르하치의 문서는 실제로 조선 국왕에게 보내졌지만, 조선은 격이 맞지 않다고 하여 만포진 첨절제사 명의로 회답하였다. 조선과 건주여진이 교환한 이 문서는 후금 시기 이전 누르하치가 발송한 외교 문서가 거의 없다는 점, 조선에 대한 누르하치의 호의적 태도를 엿볼 수 있다는 점, 건주여진 스스로 자신들의 흥기에 대해 설명한다는 점 등의 이유로 이병도, 서병국, 최호균, 김종원, 최소자, 계승범과 같은 대외 관계사 연구자들로부터 주목받았다.[8] 특히 누르하치가 자신을 '건주등처지방국왕

---

[6] 최근 국내 학계에서는 조선시대 외교 문서의 난독성을 해소하기 위한 방법론적 모색이 시도되고 있다. 구범진, 2013, 『조선시대 외교문서-명·청과 주고받은 문서의 구조 분석』, 한국고전번역원.

[7] 이나바 이와키치가 이 문서들을 소개했다. 稲葉岩吉, 1933, 『光海君時代の滿鮮關係』, 大阪屋號書店.

[8] 이병도, 1959, 「광해군의 대후금 정책」, 『국사상의 제문제』 1, 국사편찬위원회 ; 서병국, 1970, 『宣祖屍臺女直交涉史硏究』, 敎文社 ; 최호균, 1986, 「光海君의 對後金政策에 관한 一考察」, 『尙志大學倂設專門大學 論文集』 5 ; 1987, 「朝鮮中期 朝·後金關係에 대한 一考」, 『尙志大學倂設專門大學 論文集』 6 ; 1997, 「16세기말 採蔘事件과 對女眞政策」, 『대동문화연구』 32 ; 최소자, 1997, 『명청시대 중·한관계사 연구』,

동(建州等處地方國王佟)'이라고 적고 있어 1605년, 즉 후금 건국 이전에 누르하치가 건주국(建州國)을 세웠다는 주장이 제기될 수 있었다.9) 권46의 「개유노추자(開諭虜酋咨)」는 건주여진과 관련된 최신 정보를 조선이 입수해서 명에 보낸 것으로, 부잔타이의 홀라온 세력과 누르하치의 건주여진 세력 사이의 갈등을 담고 있고 팔기제(八旗制)의 단초를 짐작하게 하는 구절10)도 보이는 등 당시 여진 세력 내부의 각축과 맞물린 동북아 정세 변화를 조명하는 데 활로를 제공하였다.11) 동북아 정세 변화에 있어 건주여진의 팽창 양상 및 이후 조선의 대후금 전략 향방을 가늠케 할 수 있는 기회를 제공했다는 측면에서 그 자료 활용은 큰 의미가 있다.

한편 임진왜란과 대명 관계에 대한 심화 이해를 위한 사료로『사대문궤』를 가장 광범위하게 활용한 연구자는 한명기다. 임진왜란 당시 군량 공급을 둘러싼 명의 책임 추궁, 양국의 전시 교역, 명군의 도망병 문제, 세자 주청 등 정치적·군사적·경제적으로 다양한 외교 현안들을 담고 있는 문서들을 발굴하였다.12) 그러면서도 소재주의로 빠지지 않고 조선의 대명 관계가 건주여진 문제, 명군 내부의 문제, 대외 무역, 정국 동향 등 당시 내치와 외치의 상관 속에서 전개되었음에 착안함으로써 조선의 행보와 선택을 보다 구조적으로 해석할 수 있는 여지를 넓혔다. 나카무라 히데타카와는 반대로『사대문궤』편찬에 있어 광해군의 의도를 재조명한 사실은 이런 맥락에서 가능하였다. 임진왜란 이후 명과의 관계를 돌아보며 그 과정들을 생생하게 담고 있는 외교 문서들을 정리할 필요성이 제고되고 명으로의 파병을 둘러싸고 조선의 외교가 새로운 시험대에 오르자, 당시 외교와 안보 지형에 변화가 발생했음에 주목하여 대명 외교를 펼친 광해군의 능동성을 높게 평가하였다. 그 결과 소재와 주제 의식 두 측면 모두에서 조선의 외교를 어떻게 바라보며 어떤 방향으로 연구할 것인지에 대하여 식민주의 사관과는 다른 연구 지향을 보인다.13)

이화여자대학교 출판부 ; 김종원, 1999,『근세 동아시아관계사 연구-朝淸交涉과 東亞三國交易을 중심으로』, 혜안 ; 2003,『한국사』29(조선 중기의 외침과 그 대응), 국사편찬위원회 ; 계승범, 2009,『조선시대 해외파병과 한중관계』, 푸른역사 등.

9) 김종원, 2000, 「전근대 외교사 연구의 새로운 모색 : 「임진왜란과 한중관계」, 한명기 著〈書評〉」,『역사비평』50, 381쪽.
10) 서정흠, 1981, 「明末의 建州女直과 八旗制의 起源」,『歷史敎育論集』2, 역사교육학회.
11) 서병국, 1970, 앞의 책.
12) 한명기, 1999,『임진왜란과 한중관계』, 역사비평사.

위와 같이 해방 이후 학계에서는 임진왜란과 관련한 조선의 대명 관계를 한 축으로 하는 연구와 조선의 대건주여진 관계를 한 축으로 하는 연구에서 『사대문궤』를 인용해 왔다고 할 수 있다. 양방향적 활용은 조선의 대외 관계를 이념적 화이관 내지는 사대 외교라는 형식주의로 매몰시키지 않고 동북아 세력 관계의 실제 그리고 현실주의 외교 속에서 재해석하는 분수령 역할을 하였다. 더불어 조선시대 대외 관계사 연구를 위해서 외교 (공)문서에 대한 분석이 필수불가결하다는 인식을 확대시키는 역할도 하였다. 이러한 토대 위에서 최근 임진왜란 시기 주전론과 강화론, 파병론과 철수론 등 조선과 명 사이에서 벌어진 갈등과 협력의 실체를 이해하기 위한 중요 사료로서 『사대문궤』를 이용한 연구들이 나오고 있다.14) 또한 조선에서 총독, 순무, 총병, 도사, 포정, 안찰, 진강 유격 등 요동아문에 보낸 문서들 및 조선에서 명 조정에 보낸 주본(奏本)을 중심으로 선조대 말 조선의 적극적인 대건주여진 전략을 재해석하고, 이를 동북아 정세 변화 추이와 연관시키고자 시도한 연구 논문도 등장하였다.15) 향후 보다 다양한 분야에서 다양한 각도로 심화 연구가 진행되리라 예상해 본다.

4 | 전체 국역을 위하여

일부 특정 사안에 대해서만 『사대문궤』를 활용하는 것이 아니라 선조대와 광해군대를 아울러 주제별 통시적 연구가 진행된다면 이 시기 조선의 대외 관계에서 보이는 일관된 패턴과 전략적 변곡점을 심찰하는 데 일조할 것이다. 무엇보다도 『사대문궤』 속에는 발신 내용과 수신 내용의 두 텍스트를 하나의 세트로 수록한 문서가 상당히 많기 때문에, 조선과 상대국이 하나의 사안에 대해서 어떻게 논리를 구축하고 의제를 설정했으며 합의점을 모색해 갔는가를 양측의 입장에서 두루 살펴볼 수 있는 장점을 보인다. 어떤 사안이 일정 기간 양국의 현안으로 대두될 때 『사대문궤』를 통해서 양측의 입장이 무엇이었으며 어떤 방식으로 조정과 해결을 모색했는가를 보다 짜임새 있게 파악할 수 있다는 것이다. 즉, 특정 외교 사안과 관련된 해당 문서들을 시간의 흐름에 따라 함께 묶어서 분석하면 당시 조선의 대외 정책이 어떻게 구체적으로 실행되었는지 보다 통시적으로 추적할 수 있다.

---

13) 한명기, 1999, 앞의 책.
14) 김경태, 2009, 「임진왜란 후, 명(明) 주둔군 문제와 조선의 대응」, 『동방학지』 147.
15) 장정수, 2016, 「선조대 말 여진 번호 로튼(老土)의 건주여진 귀부와 조선의 대응」, 『朝鮮時代史學報』 78, 조선시대사학회 ; 2019, 「宣祖代 末 朝鮮의 對明 '虜情' 보고와 그 여파」, 『明淸史硏究』 51, 명청사학회.

둘째, 『사대문궤』는 개별 문서를 구성하는 발신 측의 텍스트나 수신 측의 텍스트 모두가 의사 결정에 이르는 행이(行移) 과정을 상대방에게 그대로 노출하는 형식으로 구성되어 있다. 발신 텍스트에는 어떤 논의 사안에 대해서 그 필요성과 시급성이 어떻게 제기되었으며, 어떤 상하 라인을 거쳐 그 사안이 어떻게 다루어졌고, 결과적으로 어떤 내용의 요청을 수신 측에 전달하며 필요 시 수신 측에서 어떤 조치를 취해야 하는가를 명시한 경우가 다수다. 수신 텍스트 역시 발신 텍스트의 요청이 내부적으로 어느 부서로 전달되었고 어떤 대책이 세워져 실행되었는가를 적시해 답신하는 양식이 일반적이었다. 경우에 따라 수신 텍스트에 발신 텍스트의 요청과 직접적으로 연관된 발신 측의 이전 텍스트가 인용되기도 하였다. 실제로 명의 중앙 부서가 상주해서 받은 명 황제의 명령에 대해서 조선의 중앙 해당 부서가 검토하고 그 대처 방안을 조선 국왕에게 진달한 내용이 실려 있기도 하다.

이러한 내용 구성은 우리로 하여금 조선의 최상급 기관과 명의 최상급 기관이 외교 현안에 대해서 어떤 방식으로 서로 영향을 미쳤는가를 보다 체계적이고 구조적으로 분석할 수 있게 한다. 또한 하나의 개별 텍스트 안에서도 행이 과정을 추적함으로써 그 텍스트 구성에 참여하는 여러 화자들을 발견할 수 있는데, 이는 외교 현안 해결에 관여하는 복수의 행위 주체들이 존재하였고 서로 연관되었음을 의미한다. 더구나 양국 간 그리고 일국 내에서 여러 층차의 행위 주체들이 의견을 교환하면서 외부와 내부의 상대에 반박·동의하거나, 책임 소재를 분명히 하기 위해 내용 확인을 거치거나, 통계·수치를 제시하거나, 새로운 의견을 개진하는 과정을 『사대문궤』 속에서 찾아내는 작업을 통하여 앞에서 언급한 내치와 외치의 역동적 상관관계를 심도 깊게 조명할 수 있을 것으로 예상된다.

셋째, 『사대문궤』 속에는 조선이 어느 시점에서 어떤 루트를 동원해서 최신의 현장 정보들을 수집하고 이를 자국에 유리한 논리를 개발하는 방향으로 재구성했는가를 관취(觀取)할 수 있는 문서들이 수록되어 있다. 이는 조선의 대명 외교 전략 중 하나가 정보력이었고 이 과정에서 사실을 전달하는 것만이 아니라 자국의 견해와 입장을 어떻게 관철시키고자 했는가를 보다 구체적으로 훑어보는 데 보탬이 될 수 있다는 점에서 대단히 중요하다. 조선이 동북아 세력 관계에서 어떤 방식으로 밀고 당김의 반동력을 구사하여 자국의 외교 역량을 극대화하고자 했으며 그 힘을 지속하기 위해서 어떤 외교적 장치들을 갖추었는지에 대한 심화 연구의 문을 열 수도 있다는 것이다. 그리고 조선의 대외 정책이 어떤 근거와 논리를 기반으로 해서 어떻게 가동되었는가를 심찰할 뿐 아니라 더 나아가 이 시기 동북아 지역 내 국제 체제에 나타난 전략성과 합리성의 면모를 파악할 수 있다는 측면에서도 『사대문궤』의 가치를 새롭게 매길 수 있다.

넷째, 『사대문궤』에 나타난 조선의 외교 현안 대처법은 안보를 담보로 하는 적극적 국가 전략을 조명하는 데도 기여할 수 있다. 경우와 형식에 따라 외교적 수사가 동원되기도 했지만 오히려 이를 매개로 해서 국익 추구와 안보 확보를 위해 매진하는 모습들을 『사대문궤』를 통해서 확인할 수 있다. 물론 조선이 명과의 협력을 상수로 설정해서 명 중심의 역내 질서를 전면적으로 수용했기에 닫힌 형태의 외교 행위가 나타난 측면도 있지만, 이념에 갇히거나 부속된 외교를 펼친 것이 아니었다는 사실에도 동시에 주목하여 외교 수사와 실제 외교에서 조선이 견지한 원칙이 국가 안보였음을 밝힐 필요가 있다. 이처럼 안보 전략의 양면적 가동은 당시 세력 관계의 냉혹한 현실과 그 속에서 펼쳐진 조선의 생존 방식을 재평가할 수 있는 지표를 세우는 데 일조할 것이다.

상기 네 방향의 『사대문궤』 활용법은 현 국내 학계의 새로운 연구 지향이 제시하는 임진왜란과 병자호란에 대한 사후적·결과론적 해석의 지양과 다자 간 중층적 관계의 역동성 강조와 직결된다. 이러한 학술적 효용성과 상호 관련성은 임진왜란과 그 이후 동북아 지역의 외교, 군사, 국방 등 안보 전략의 상부 구조가 어떻게 재구성되었는가를 거시적 시각에서 통찰할 수 있는 기반을 마련하고 동북아 역학 관계의 전체 조감도 속에서 당시 지역 질서를 재해석하는 데도 일조할 것이다. 바로 이런 점들을 고려할 때 동북아역사재단에서 『사대문궤』 전체를 번역하는 일은 매우 의미 있는 필수 사업으로 생각된다. 그러나 전체 번역을 목표로 하더라도 현존하는 권수만을 대상으로 하기 때문에 『사대문궤』 완역에 미치는 못하는 것이 아쉬움으로 남는다. 이 번역 사업은 〈표 1〉(pp. 7~8)의 목차를 따라 권3을 시작으로 하여 현존하는 『사대문궤』 권수를 순차적으로 번역할 것이다.

끝으로 본서의 발간에는 많은 분들의 노고가 담겨 있다. 먼저, 열정을 다해 참여해 준 역자들에게 진심으로 감사의 정을 표한다. 이 번역 사업을 위해서 출판을 포함한 세세한 부분들까지 지원해 주신 동북아역사재단 김도형 이사장님 및 재단 관계자 여러분께도 깊은 감사의 말씀을 드린다.

역자를 대표하여
한국고중세사연구소 이정일

일러두기

○ 본 번역서는 『壬辰倭亂 史料叢書 1~8 對明外交』(국립진주박물관, 2002 영인본)의 『事大文軌』卷之三에 대한 수록 문서 목록, 표점, 번역의 세 부분으로 구성되어 있다.

○ 수록 문서의 작성 연월일은 본문의 날짜 표기 방식대로 표기하였다. 수록 문서 목록의 쪽수는 영인본의 쪽수와 일치한다.

○ 표점과 번역은 부호, 띄어쓰기, 줄 바꿈, 수신문과 발신문의 화자 표시, 행이 과정 등을 포함해서 재단 출간 〈동북아역사 자료총서〉 편집 양식을 준용하였다.

○ 표점은 원문의 의미를 살리기 위해서 마침표, 쉼표, 따옴표, 물음표, 느낌표, 쌍점, 가운뎃 점 등을 최소한으로 사용하였다.

○ 번역의 발신과 수신은 해당 문서의 발신자와 수신자를 의미한다.

○ 인명, 지명, 국명, 서명, 고유명사는 각 문서에서 처음 등장할 때 한자를 병기하는 것을 원칙으로 하되 대괄호와 괄호를 병용하였다.

○ 번역은 원문에 가깝게 직역을 하는 것을 원칙으로 하되 독자들의 내용 이해를 돕기 위해서 형용사, 명사, 조사 등 적합한 어구를 삽입하고 대괄호 및 괄호로 표시하였다.

○ 번역문의 종결은 외교 문서임을 고려하여 최상 격식체인 합쇼체를 원칙으로 하되, 상하 관계가 뚜렷한 경우 한 단계 낮은 격식체인 하오체를 병행하였다. 단, 문맥의 의미를 살리기 위해 만력제(萬曆帝)의 발화는 최하 격식체인 해라체로 통일하였다.

○ 대두법(擡頭法)은 원문과 번역문에서 모두 적용하지 않았다.

○ 번역자의 판단에 따라 필요한 경우 각주로 설명하였고 각주 내 국한문 표기는 본문의 원칙을 따랐다. 원본에 명백한 오류가 있는 글자 등에 대해서는 원문은 그대로 두고 각주로 설명하였다. 입력할 수 없는 이체자, 이형자 등은 정자로 일괄 표기하였다.

○ 조선왕조실록 및 문집 등에서 본문의 기사와 동일하거나 연관된 기사가 있을 경우, 해당 내용(원문)을 〈동북아역사논총〉의 각주 형식으로 첨부하였다.

편역 事大文軌 1 – 권3 –

차 례

1. 劉員外袁主事檄勸義兵期滅倭寇
   1a-3a(3~7쪽) ·············· 32

2. 回咨
   3a-4b(7~10쪽) ·············· 37

3. 李提督攻破平壤催集粮草
   4b-5a(10~11쪽) ·············· 41

4. 回咨
   5a-5b(11~12쪽) ·············· 43

5. 都司議增賞格
   5b-9a(12~19쪽) ·············· 45

6. 回咨
   9a-9b(19~20쪽) ·············· 53

7. 都司解送火器
   9b-11a(20~23쪽) ·············· 55

8. 回咨
   11a-11b(23~24쪽) ·············· 58

9. 本國回報督府戒諭怠慢
   11b-13b(24~28쪽) ·················· 60

10. 張都司觧送布帽貿換粮草
    13b-14a(28~29쪽) ·················· 65

11. 回咨
    14a-15a(29~31쪽) ·················· 68

12. 本國發離義州進向內地
    15a(31쪽) ·················· 70

13. 張都司買辦牛騾合力運粮
    15b-16a(32~33쪽) ·················· 72

14. 回咨
    16a-16b(33~34쪽) ·················· 75

15. 本國請分銳把守益水等處
    16b-17b(34~36쪽) ·················· 77

16. 回咨
    17b-18a(36~37쪽) ·················· 80

차례 | 19

17. 張都司因經略牌發回弱軍運餉
    18a-19b(37~40쪽) ········· 82

18. 回咨
    19b-20a(40~41쪽) ········· 85

19. 張都司催運火器
    20a-20b(41~42쪽) ········· 88

20. 回咨
    21a-21b(43~44쪽) ········· 90

21. 都司因經略傳示討取醫藥治療傷瘡
    21b(44쪽) ··············· 92

22. 回咨
    21b-22a(44~45쪽) ········· 94

23. 艾戶部行查運餉海道
    22a-23a(45~47쪽) ········· 96

24. 回咨
    23a-23b(47~48쪽) ········· 98

25. 張都司發送布帽換貿糧料
    23b-24b(48~50쪽) ·················· 100

26. 回咨
    24b-25b(50~52쪽) ·················· 103

27. 經略請國王進駐平壤
    25b-26b(52~54쪽) ·················· 105

28. 劉員外酌置派撥以便急報
    26b-28a(54~57쪽) ·················· 108

29. 回咨
    28b-29a(58~59쪽) ·················· 113

30. 本國懇陳運餉情理
    29a-30a(59~61쪽) ·················· 115

31. 回咨
    30a-31b(61~64쪽) ·················· 119

32. 本國責罰本國稽運糧草官吏
    31b-32b(64~66쪽) ·················· 123

33. 都司查問本國糧草
    32b-33b(66~68쪽) ·············· 126

34. 回咨
    33b-34b(68~70쪽) ·············· 130

35. 詔書謄黃
    34b-36a(70~73쪽) ·············· 133

36. 本國賀平寧夏表
    36a-37a(73~75쪽) ·············· 137

37. 禮部移咨
    37a-37b(75~76쪽) ·············· 140

38. 天兵克復平壤奏
    37b-42b(76~86쪽) ·············· 142

39. 奏聞使護送
    43a(87쪽) ·············· 154

40. 請出檄文全還王子
    43a-44a(87~89쪽) ·············· 156

41. 戶部咨調本國海船運糧
    44b-45a(90~91쪽) ·················· 160

42. 回咨
    45a-45b(91~92쪽) ·················· 162

43. 兵部分司將勦北道倭賊咨備糧草
    46a-46b(93~94쪽) ·················· 165

44. 回咨
    46b-47a(94~95쪽) ·················· 167

45. 經略宣諭本國進守平壤
    47a-48b(95~98쪽) ·················· 169

46. 回咨
    48b-49b(98~100쪽) ·················· 173

47. 提督移兵平壤酌議進取
    49b-50b(100~102쪽) ·················· 176

48. 回咨
    50b-51b(102~104쪽) ·················· 178

49. 呂應鍾前
    51b-52b(104~106쪽) ·············· 182

50. 本國請速進兵
    52b-55a(106~111쪽) ·············· 185

51. 分兵部造送炮車
    55a-56a(111~113쪽) ·············· 191

52. 回咨
    56a-56b(113~114쪽) ·············· 193

53. 張都司責詰運餉
    56b-57b(114~116쪽) ·············· 195

54. 回咨
    57b-59a(116~119쪽) ·············· 198

55. 本國遵依部旨曉諭人民
    59b-61a(120~123쪽) ·············· 202

56. 本國請撥南兵以終大事
    61a-63b(123~128쪽) ·············· 206

57. 李都督前揭
　　63b-64b(128~130쪽) ……………… 213

58. 本國請剿餘賊以絶後患
　　64b-66a(130~133쪽) ……………… 216

59. 回咨
　　66b-69b(134~140쪽) ……………… 221

60. 戶部查問買辦軍餉支放見在數目
　　69b-70b(140~142쪽) ……………… 229

61. 回咨
　　70b-72b(142~146쪽) ……………… 232

62. 都司咨送欽賜銀錠賞功恤亡
　　72b-74b(146~150쪽) ……………… 236

63. 回咨
　　74b-75a(150~151쪽) ……………… 241

64. 分戶部咨送天朝發貨買塩給軍
　　75b-76a(152~153쪽) ……………… 244

65. 回咨
　　76a-77a(153~155쪽) ·············· 247

66. 本國請進兵勦賊
　　77a-80b(155~162쪽) ·············· 249

67. 兵部題奉聖旨
　　80b-81a(162~163쪽) ·············· 257

68. 經略咨會審察倭情商確戰守
　　81b-83b(164~168쪽) ·············· 259

69. 回咨
　　83b-84b(168~170쪽) ·············· 265

70. 經略獎賞權慄以勵忠勇
　　84b-85a(170~171쪽) ·············· 267

71. 回咨
　　85b-86a(172~173쪽) ·············· 270

72. 請絶和事速行征進呈文
　　86a-88a(173~177쪽) ·············· 272

73. 都司防護粮草
    88a-90a(177~181쪽) ·················· 277

74. 回咨
    90a-90b(181~182쪽) ·················· 282

75. 李都督脩築本國城塹
    90b-91b(182~184쪽) ·················· 284

76. 回咨
    92a-92b(185~186쪽) ·················· 287

편역 事大文軌 1 – 권3 –
수록 문서 목록

『壬辰倭亂 史料叢書 1~8 對明外交』(국립진주박물관, 2002 영인본) 1책

번호	제목(頭註)	일자	쪽수	번역자
1	劉員外袁主事檄勸義兵期滅倭寇	萬曆二十一年 正月 初七日	3~7	김한신
2	回咨	萬曆二十一年 正月 初九日	7~10	김한신
3	李提督攻破平壤催集糧草	萬曆二十一年 正月 初九日	10~11	장정수
4	回咨	萬曆二十一年 正月 十四日	11~12	장정수
5	都司議增賞格	萬曆二十一年 正月 初八日	12~19	김경태
6	回咨	萬曆二十一年 正月 十四日	19~20	김경태
7	都司觧送火器	萬曆二十年 十二月 二十八日	20~23	김한신
8	回咨	萬曆二十一年 正月 十四日	23~24	김한신
9	本國回報督府戒諭怠慢	萬曆二十一年 正月 十五日	24~28	김한신
10	張都司觧送布帽貿換粮草	萬曆二十一年 正月 十六日	28~29	장정수
11	回咨	萬曆二十一年 正月 十七日	29~31	장정수
12	本國發離義州進向內地	萬曆二十一年 正月 十七日	31	이정일
13	張都司買辦牛騾合力運粮	萬曆二十一年 正月 日	32~33	이정일
14	回咨	萬曆二十一年 正月 二十六日	33~34	이정일
15	本國請分銳把守益水等處	萬曆二十一年 正月 二十六日	34~36	이정일
16	回咨	萬曆二十一年 二月 初六日	36~37	이정일

번호	제목(頭註)	일자	쪽수	번역자
17	張都司因經略牌發回弱軍運餉	萬曆二十一年 正月 日	37~40	이정일
18	回咨	萬曆二十一年 二月 初一日	40~41	이정일
19	張都司催運火器	萬曆二十一年 正月 二十八日	41~42	김경태
20	回咨	萬曆二十一年 二月 初一日	43~44	김경태
21	都司因經略傳示討取醫藥治療傷瘡	萬曆二十一年 正月 二十八日	44	김경태
22	回咨	萬曆二十一年 二月 初二日	44~45	김경태
23	艾戶部行查運餉海道	萬曆二十一年 正月 二十八日	45~47	김한신
24	回咨	萬曆二十一年 二月 初一日	47~48	김한신
25	張都司發送布帽換貿糧料	萬曆二十一年 正月 二十七日	48~50	김한신
26	回咨	萬曆二十一年 二月 初四日	50~52	김한신
27	經略請國王進駐平壤	萬曆二十一年 正月 二十四日	52~54	장정수
28	劉員外酌置派撥以便急報	萬曆二十一年 正月 二十九日	54~57	장정수
29	回咨	萬曆二十一年 二月 初六日	58~59	장정수
30	本國懇陳運餉情理	萬曆二十一年 二月 初八日	59~61	이정일
31	回咨	萬曆二十一年 二月 十七日	61~64	이정일
32	本國責罰本國稽運糧草官吏	萬曆二十一年 二月 初十日	64~66	김경태
33	都司查問本國糧草	萬曆二十一年 正月 三十日	66~68	김경태
34	回咨	萬曆二十一年 二月 初七日	68~70	김경태
35	詔書謄黃	萬曆二十年 十二月 初八日	70~73	김한신
36	本國賀平寧夏表	萬曆二十一年 二月 初十日	73~75	김한신
37	禮部移咨	萬曆二十一年 二月 初十日	75~76	김한신
38	天兵克復平壤奏	萬曆二十一年 二月 初十日	76~86	장정수
39	奏聞使護送	萬曆二十一年 二月 初十日	87	장정수
40	請出檄文全還王子	萬曆二十一年 二月 十一日	87~89	김한신

번호	제목(頭註)	일자	쪽수	번역자
41	戶部咨調本國海船運糧	萬曆二十一年 二月 初十日	90~91	김한신
42	回咨	萬曆二十一年 二月 十四日	91~92	김한신
43	兵部分司將勒北道倭賊咨備粮草	萬曆二十一年 二月 日	93~94	이정일
44	回咨	萬曆二十一年 二月 十五日	94~95	이정일
45	經略宣諭本國進守平壤	萬曆二十一年 二月 十一日	95~98	이정일
46	回咨	萬曆二十一年 二月 十六日	98~100	이정일
47	提督移兵平壤酌議進取	萬曆二十一年 二月 十五日	100~102	이정일
48	回咨	萬曆二十一年 二月 二十一日	102~104	이정일
49	呂應鍾前	일자 없음	104~106	장정수
50	本國請速進兵	萬曆二十一年 二月 二十七日	106~111	장정수
51	分兵部造送炮車	萬曆二十一年 二月 十四日	111~113	장정수
52	回咨	萬曆二十一年 二月 二十七日	113~114	장정수
53	張都司責詰運餉	萬曆二十一年 二月 十八日	114~116	장정수
54	回咨	萬曆二十一年 二月 二十七日	116~119	장정수
55	本國遵依部旨曉諭人民	萬曆二十一年 三月 初一日	120~123	장정수
56	本國請撥南兵以終大事	萬曆二十一年 三月 初五日	123~128	장정수
57	李都督前揭	일자 없음	128~130	장정수
58	本國請剿餘賊以絕後患	萬曆二十一年 三月 初八日	130~133	김한신
59	回咨	萬曆二十一年 三月 二十日	134~140	김한신
60	戶部査問買辦軍餉支放見在數目	萬曆二十一年 二月 二十八日	140~142	김한신
61	回咨	萬曆二十一年 三月 初七日	142~146	김한신
62	都司咨送欽賜銀錠賞功恤亡	萬曆二十一年 二月 二十三日	146~150	김한신

번호	제목(頭註)	일자	쪽수	번역자
63	回咨	萬曆二十一年 三月 初九日	150~151	김한신
64	分戶部咨送天朝發貨買塩給軍	萬曆二十一年 三月 初八日	152~153	김한신
65	回咨	萬曆二十一年 三月 十一日	153~155	김한신
66	本國請進兵剿賊	萬曆二十一年 三月 十四日	155~162	김경태
67	兵部題奉聖旨	일자 없음	162~163	김경태
68	經略咨會審察倭情商確戰守	萬曆二十一年 三月 初七日	164~168	김경태
69	回咨	萬曆二十一年 三月 十九日	168~170	김경태
70	經略獎賞權慄以勵忠勇	萬曆二十一年 三月 十三日	170~171	김경태
71	回咨	萬曆二十一年 三月 二十二日	172~173	김경태
72	請絶和事速行征進呈文	萬曆二十一年 三月 二十四日	173~177	이정일
73	都司防護粮草	萬曆二十一年 三月 十四日	177~181	이정일
74	回咨	萬曆二十一年 三月 二十六日	181~182	이정일
75	李都督脩築本國城塹	萬曆二十一年 三月 二十六日	182~184	이정일
76	回咨	萬曆二十一年 三月 二十八日	185~186	이정일

* 권3은 1593년(만력 21) 1월부터 3월까지 조선과 명이 주고받은 문서로 구성되어 있다. 단, 연번 7과 35는 1592년(만력 20) 12월 발신 문서로 예외이며, 연번 13, 17, 43, 49, 57, 67은 작성 일자가 확인되지 않는다.
** 연번 37과 39는 원래 제목이 없으나 내용 구분상 禮部移咨 그리고 奏聞使護送으로 각각 제목을 달았다.

1. 劉員外袁主事檄勸義兵期滅倭寇[16]
1a-3a(3~7쪽)

大明欽差經略防海禦倭軍務兵部武庫淸吏司員外郎 劉, 職方淸吏司主事 袁,

爲 勸諭義師, 共圖興復 事.

照得爾國素敦文物, 世篤忠貞, 邇者, 倭夷不道, 長驅荐食, 致君臣越在草莽, 瑣尾流離, 何其困也, 我大明皇帝念爾二百年來, 恪守臣節, 不惜萬金之費, 命將徂征爾國中, 豈無宗戚受重寄而忠憤薰心, 豈無縣官守地方而慷慨委命, 豈無忠臣, 懷主憂臣辱之念, 豈無義士, 萌捐軀報國之思, 宜乘天威震疊, 速招集義兵, 各提一旅之師, 共申九伐之志. 今倭夷逞强, 其勢必滅, 爾國雖微, 其勢必興, 試相與籌之, 先論天道, 朝鮮分野屬析木之次, 上年木星躔寅, 而日本來侵, 是我得歲 而彼侵之, 逆天而行, 雖强亦弱, 一也, 倭性畏寒, 今歲厥陰風木司天, 陽明燥金爲初之氣, 立春後, 尙有二三十日, 寒氣未消, 天時可勝, 二也, 爾國君臣, 俱聚此城, 晨起望氣,

---
16) 본 문서와 관련된 기사는 『선조실록』에 기재돼 있다(『宣祖實錄』 卷34, 宣祖 26年 正月 壬戌(7日)).

鬱鬱蔥蔥, 如練如盖, 旺氣在我勢, 必恢復, 三也. 次論人事, 我大國雄兵, 如虎如熊無敵, 大炮一發千步, 彼不量力, 當成虀粉, 一也. 經略 宋 沉機蓄謀, 神鬼難測, 李提督, 一腔忠義, 百戰餘勇, 有古名將風, 二職, 素仗忠貞, 同心協贊, 誓滅此賊, 以報天子, 合兩國之師, 驅此窮寇, 如振落耳, 二也. 關白强暴, 上劫制其主, 下虐使其衆, 天欲亡之, 實假手于我, 三也. 昨見國王, 擧動安詳, 丰姿俊偉, 勢必中興, 而國前所遣諸使, 請兵天朝, 誠意懇惻, 涙下如注, 庶幾申包胥泣楚之意, 君臣若此, 豈終淪困, 以順討逆, 何功不成, 四也. 倭奴所恃, 惟鳥銃, 然三發之後, 卽難繼矣, 其兵雖衆, 强者無幾, 但殺其前行一二百人餘, 皆望風遁矣. 此皆可勝之機, 正志士立功之秋也. 我朝出令, 不論我國爾國, 但有人能擒斬平秀吉平秀次及僧玄蘇者, 每名賞銀一萬兩, 封伯世襲, 擒斬平秀家平秀忠平行長平義智平鎭信等有名諸酋者, 每名賞銀五千兩, 世襲指揮使. 以下擒獲, 各有賞格, 爾國臣民, 但能乘時赴衆, 共立大功, 旣可以復本國之社稷, 又可以徼天朝之厚賞, 以衰國之遺黎, 爲起家之始祖, 豈不暢哉. 爲此咨, 請煩速傳, 示各道臣民, 義兵已起者, 便爲前進, 未起者, 速爲招集, 或恊力, 以挫其威, 或迭出, 以分其勢, 或邀其惰歸, 或斷其餉道, 諸所機宜, 皆廳自便. 爲此具咨. 須至咨者.
右咨朝鮮國王.

萬曆二十一年正月初七日.

발신: 대명흠차경략방해어왜군무병부무고청리사원외랑 유(劉), 직방청리사주사 원(袁)

사유: 의병을 권려하여 함께 회복할 것을 도모하시길 바랍니다.

살펴보건대 그대 나라는 원래 문물이 돈후하고 대대로 충정이 두터웠는데, 근래에 왜이가 무도하여 깊이 들어와 잠식하여 군신(君臣)이 초야에서 떠돌고 있으니 그 얼마나 곤궁하겠습니까. 우리 대명 황제께서는 그대 나라에서 2백여 년간 신하의 절의를 공경히 지켜 왔음을 기억하여 만금의 비용을 아끼지 않았고, 장수들에게 그대 나라로 진군하라고 명했으니 어찌 종척 중에 무거운 책임을 담당하여 충분(忠憤)으로 심장을 달구는 이가 없겠으며, 어찌 고을 수령이 지역을 지킴에 강개하여 목숨을 버리는 이가 없겠습니까. 어찌 충신 중에 군주가 근심하면 신하가 욕을 당한다는 생각을 품는 이가 없겠으며, 어찌 의사(義士) 중에 자신을 버려 나라에 보답하겠다는 생각을 키우는 이가 없겠습니까. 마땅히 천위(天威)가 진동하는 때를 타서 속히 의병을 불러모아 각각 일려(一旅)의 군사를 거느리고 함께 정벌하는 뜻을 펴게 하십시오. 지금 왜이가 강성하나 그 세는 반드시 사그라들 것이며, 그대 나라는 비록 약해졌으나 그 세가 반드시 흥할 것입니다. 시험 삼아 서로 헤아려 보건대, 먼저 천도(天道)를 논해 본다면 조선의 분야(分野)는 석목(析木)의 자리에 속하는데 작년에 목성이 인방(寅方)의 궤도에 들어섰습니다. 그런데 일본이 침략하였으니 이는 우리가 때를 얻었는데 저들이 침략하여 하늘을 거슬러 행하였으니 비록 강하다 하더라도 또한 마침내 약해질 것이 첫째입니다. 왜의 본성은 추위를 두려워하는데, 올해 궐음풍목(厥陰風木)이 사천(司天)하고, 양명조금(陽明燥金)이 초기가 되어 입춘 뒤에 여전히 20~30일간은 한기가 사라지지 않아 천시(天時)로 가히 이길 수 있으리라는 것이 둘째입니다. 그대 나라의 군신이 모두 이 성(의주)에 모여 있는데 새벽에 일어나 기운을 바라보니, 울창하고 빽빽하여 누인 비단 같았고 일산(日傘)과도 같았습니다. 왕성한 기운이 우리 쪽 형세에 있으니 반드시 회복하리라는 것이 세 번째입니다. 다음으로 인사를 논해 보건대, 우리 대국의 씩씩한 군사는 마치 호랑이와 곰과 같아 대적할 수 없고 대포는 한 발 쏘면 1천 보까지 날아가는데 저들이 그 힘을 헤아리지 못하고 당연히 가루가 될 것이 첫 번째입니다. 경략 송(응창)의 품고 있는 기모(機謀)를 귀신도 헤아리기 어렵고, 이 제독(이여송)은 충의로 한결같이 가득 차 있어 백 번을 싸우고도 용력이 남아 옛날 명장의 풍모가 있습니다. 두 사람은 본디 충정을 지녔고 같은 마음으로 서로 도와 이 적을 초멸하여 천자에게 보답하기로 맹세하였으니, 양국의 군사를 합하여 이 궁한 도적들17)을 몰아내는 것이 흔들어 떨어지는 낙엽과 같을 것입니다. 이것이 두 번째입니다. 관백이 강포하여 위로는 그 주인을 협박하고 아래로는 자신의 무리를 모질게 부려 하늘이 그를 없애려 하여 실로 우리에게 손을 빌린 것이 세 번째입니다. 어제 국왕을 뵈오니 거동이 안정되고 자상하며 풍채가 뛰어나니 형세가 반드시 중흥할 것입니다. 그리고 그대 나라에서 전에 파견한 사신들이 천조에 군사를 청함에 성의가 간절하여 눈물이 물이 흐르듯 하여 신포서(申包胥)가 초나라를 위해 눈물을 흘린 뜻18)에 거의 가까웠습니다. 군신이 이와 같으니 어찌 끝내 곤궁함에만 빠져 있겠으며, 순리로 토역하니 어찌 공이 이루어지지 않겠습니까. 이것이 네 번째입니다. 왜노가 믿는 바는 오직 조총뿐입니다. 그러나 세 발을 쏜 이후에는 곧 계속하기가 어렵습니다. 그 군사들이 비록 많다고는 하나 강한 이가 거의 없어 그 앞줄의 1백~2백여 명만 죽여도 모두 그 기세만 보고도 도망갈 것입니다. 이는 모두 가히 승전할 수 있는 기회이며 바로 지사(志士)들이 공을 세울 때인 것입니다. 우리 조정에서는 영을 내려 우리나라, 그대의 나라 따질 것 없이 오직 평수길(平秀吉), 평수차(平秀次) 및 승 현소(玄蘇)를 능히 사로잡거

---

17) '窮寇'는 『선조실록』에 '窮鬼'라고 표현되어 있다.
18) 초 소왕(楚昭王) 때의 대부(大夫)이다. 초가 오(吳)의 침략을 받게 되어 위태로워지자 신포서가 진(秦)을 방문하여 애공(哀公)에게 구원병을 요청하였는데, 정장(庭墻)에 기댄 채 7일 밤낮을 먹지도 않고 울면서 초나라의 절박한 상황을 말했다고 한다. 『史記』, 「伍子胥傳」.

나 참하는 자에게는 각각 상은(賞銀) 1만 냥을 내리고 백(伯)으로 봉하여 세습시키며, 평수가(平秀家), 평수충(平秀忠), 평행장(平行長), 평의지(平義智), 평조신(平鎭信) 등 유명한 제추(諸酋)를 사로잡거나 참하는 자에게는 각각 상은 5천 냥을 내리고 지휘사(指揮使)를 세습시켜 줄 것입니다. 이하의 인물을 사로잡아도 각각 상격(賞格)이 있으니, 그대 나라의 신민들은 다만 이때를 타서 무리를 규합하여 함께 대공을 세우면 가히 본국의 사직을 회복할 수 있게 될 뿐만 아니라, 또한 가히 천조의 후한 상도 바랄 수 있게 될 것입니다. 그렇게 되면 쇠약한 나라의 유민(遺民)으로서 가문을 일으키는 시조가 될 수 있을 것이니 어찌 후련하지 않겠습니까. 이 때문에 자문을 작성하니 청컨대 번거롭더라도[19] 속히 전하여 각 도 신민에게 보이십시오. 의병 중 이미 봉기한 자는 곧 전진하게 하고, 아직 봉기하지 않은 자는 속히 모집하여, 더러는 협력하여 그 위세를 꺾고 더러는 번갈아 나서서 그 세력을 나누며, 더러는 지친 상태로 복귀하는 것을 요격하기도 하고 더러는 향도(餉道)를 끊게 하십시오. 여러 곳의 합당한 조처는 모두 자신의 편의에 따라야 할 것입니다. 이 때문에 자문을 갖추어 작성하였으니, 모름지기 잘 받으시기를 바랍니다.

  이 자문을 조선국왕에게 보냅니다.

  만력 21년 1월 7일.

---

19) '煩'은 『선조실록』에 '須'로 표기돼 있다.

2. 回咨[20]
3a-4b(7~10쪽)

朝鮮國王,

准來咨該 爲 勸諭義師, 共圖興復事 云云. 等因.

准此. 竊照, 當職守藩無狀, 劇賊侵逼, 宗社丘墟, 生靈魚肉, 喪地蹙師, 寄命一隅. 上負天朝, 下慚臣民, 誠無以自謝於覆燾之間, 負罪引咎, 俯仰蹙踖, 伏蒙聖朝天地洪造. 曲念先故, 刑章不加, 寵貤曠古, 恩非所望, 心悸神慄, 日夜扣心歔泣, 雖欲少答生成, 實難報效, 苟度時月, 得及新春者, 秋毫皆帝力也. 邇者, 伏見大軍遠來, 飢渴暴露, 資糧裝運, 人畜顚損, 加之諸老爺, 勤劬霜雪, 不遑啓處, 致此其誰 孽由己作, 雖欲擧口譚恩, 無說可容, 一禮効感, 無物可稱. 向自提督 李進軍之後, 竊深風霧夙夜之慮, 寢固不敢, 食豈下咽 頃經略 宋檄文一通, 辭嚴義正, 雷厲風飛. 卽蒙二老爺敦諭滿幅, 言順理切, 春和秋凜, 神策淵宏, 妙算玄深, 通貫天人, 出入顯晦, 誠所謂明足以儷日月, 幽足以動鬼神. 敢不星馳一紙, 風諭八方, 俾人

---
20) 본 문서는 『선조실록』에서 확인되며(『宣祖實錄』卷34, 宣祖 26年 正月 壬戌(7日)), 이호민의 문집인 『오봉집』에도 관련 내용이 실려 있다(李好閔, 『五峯集』 卷12, 咨, 經畧贊畫武庫淸吏司員外郎劉黃裳).

人鼓懦而懷勇, 感德而怛威也哉. 至於小邦將卒, 戰雖戮力, 急於自救, 而
勸勉諄懇, 賞班大國, 是固踰涯, 豈敢承當 二老爺, 爲下國慮, 實勤且加,
敝邦雖甚褊小, 亦豈無域內一二忠義, 感咨內歷指之意, 而知天朝曲遂之德
者 其勇其恸, 臨戰自見, 有罪無罪, 悉稟威斷. 第念, 當職, 積釁失國, 無顔
自立, 而二位涵容, 反賜謬褒, 引之於興復. 是雖二老爺拂拭獎勉, 要强人
心, 而豈復有旺氣, 在當職身上者 倘有之, 此實天朝祥氛洋溢, 延及屬國,
當職豈敢若已有之, 依此宣布, 神祗謂何, 民臣謂何. 但係咨內事理, 不敢輒
刪一, 依來諭. 不勝兢惶忸怩之至. 爲此, 合行回咨, 請照驗施行. 須至咨者.
右咨兵部分司.

萬曆二十一年正月初九日.

발신: 조선국왕
사유: 보내온 자문을 받으니, 「의병[義師]을 권려하고 유시하여 함께 회복을 도모할 일입니다. 운운」 하였습니다.

이를 받고 삼가 살펴보건대 당직(當職)의 번병(藩屛)을 지키는 것이 형편없어, 도적의 무리가 침범하여 종묘사직이 쓸쓸한 폐허가 되었고, 살아 있는 백성들이 어육이 되었으며 땅을 잃고 군사는 적어져 한쪽 구석에 목숨을 의지하고 있습니다. 위로는 천조를 저버리고 아래로는 신민(臣民)에게 부끄러우니, 진실로 천지 사이에서[21] 스스로 사죄할 수 없어 죄를 짊어지고 자책

---

21) '覆幬'를 번역한 어구이다. 『中庸』의 "비유하면 천지는 실어 주고 덮어 주지 않는 것이 없다(辟如天地之無不持載 無不覆幬)"에서 인용되었다. '燾'는 '幬'와 같은 뜻으로 쓰인다. 한편 '天地'를 지칭하는 어구로

하며 고개를 숙였다가 우러르면서 조심스럽게 지내다가, 삼가 성조(聖朝)의 천지와도 같은 크나큰 은혜를 입게 되었습니다. 선대의 일을 곡진히 생각하여 형벌을 가하지 않으시고 은총을 전례 없이 내려주셨는데, 은혜는 바라지 않은 바인지라 마음이 두근거리고 두려워 밤낮으로 가슴을 치고 눈물을 삼켜 조금이라도 소생(生成)하게 해 주심에 보답하려 해도 실로 힘써 보답하기 어려웠고, 구차하게 세월만 보내다가 새봄을 맞게 되었으니 추호만큼까지도 모두 황제의 힘 때문입니다. 근래에 삼가 살펴보니 대군이 멀리서 찾아와 기갈을 겪고 풍찬노숙을 하였으며, 물자와 군량을 나르느라 사람과 가축이 넘어지고 다쳤습니다. 뿐만 아니라 여러 노야가 눈서리에 고생하게 되어, 편안히 쉴 겨를이 없었으니 이 지경에 이르게 한 것이 누구입니까? 재앙은 자신이 일으키는 데서 말미암으니, 비록 입을 움직여 은혜를 말하려 해도 어떤 말도 가히 용납될 수 없고 일례(一禮)로써 감사를 드러내려 해도 어떤 것으로도 알맞지 못합니다. 지난번 이 제독이 진군한 이래로 밤낮으로 바람과 안개 속에서 고생할까 걱정이 깊어 진실로 감히 잠에 들 수 없었으니, 음식이 어찌 목구멍으로 넘어가겠습니까. 지난번 송 경략의 격문 한 통은 말이 준엄하고 의리가 정당하여 마치 우레가 치고 바람이 부는 듯하였습니다. 얼마 후 두 노야에게 한 폭 가득한 돈유를 입었으니 말은 순하면서 이치는 간절하여 마치 봄과 같이 화창하면서도 가을과 같이 서늘하였고 신묘한 계책은 깊고도 넓었으며 기묘한 모책은 심오하여 하늘과 사람을 꿰뚫고 밝음과 어둠을 드나들어 참으로 이르는 바 "명철함은 족히 일월과 짝이 될 만하고 그윽함은 족히 귀신을 움직일 만하다."라고 하는 것입니다. 감히 종이 한 장을 성화와 같이 서둘러 팔방에 널리 유시하여 사람마다 나약함을 고무시켜 용기를 품게 하며 덕에 감화되고 위엄에 놀라게 되지 않겠습니까. 소방(小邦)의

도 쓰이는데, 여기서는 '覆燾之間'이라 하여 공간적인 용법으로 쓰였으므로 '천지'로 번역한다.

장졸에 이르러서는 전쟁에서 비록 힘을 모았으나 자신을 구하는 데에만 급급했는데 권면하고 간절하여 포상을 대국과 같게 하였으니 이는 진실로 분수에 넘치는 일이니 어찌 감히 받겠습니까. 두 노야가 하국을 위해 염려함이 실로 부지런하였으니 폐방(敝邦)이 비록 매우 작지만 또한 어찌 역내의 충의한 한두 사람이 자문에서 일일이 지적한 뜻에 감화되고 천조에서 곡진히 이루어 주는 덕을 깨닫는 일이 없겠습니까. 그 용겁(勇㤼)은 전쟁에 임하여는 저절로 드러날 것입니다. 이에 죄가 있고 없고를 모두 품(稟)할 것이니 위단(威斷)하여 주십시오. 다만 생각건대, 당직은 흔단을 쌓아 나라를 잃어 자립할 낯이 없는데 두 분[二位]이 용서하시고 도리어 어긋난 상을 내리시어 흥복(興復)으로 이끌어 주셨습니다. 이는 비록 두 노야가 (우려를) 불식시키고 (상으로) 권장하여 인심을 분발시키려는 것이라 하더라도 어찌 왕성한 기운이 당직의 몸 위에 다시 있겠습니까. 혹시라도 있다면 이는 진실로 천조의 상서로운 기운이 넘쳐흘러 속국에까지 미친 것이니, 당직이 어찌 감히 마치 이미 있었던 것처럼 하겠습니까. 이에 따라 선포하면 천지신명은 무엇이라고 하겠고, 백성과 신하들은 무엇이라 하겠습니까. 다만 자문 내에 관계된 사리(事理)는 감히 한 글자도 문득 깎지 않을 것이며, 보내온 유시에 따를 것입니다. 두렵고 부끄러움이 지극함을 견디지 못하겠습니다. 이에 마땅히 자문에 회답하니, 청컨대 살펴 시행하십시오. 자문이 잘 도착하기를 바랍니다.

이 자문을 병부분사(兵部分司)에 보냅니다.

만력 21년 1월 9일.

3. 李提督攻破平壤催集粮草
4b-5a(10~11쪽)

欽差提督薊遼保定山東等處防海禦倭軍務中軍都督府都督 李,
爲 乘勝長驅, 進勦倭賊, 急備糧草 事.

照得, 大兵攻破平壤擒斬倭奴, 酋首落膽潛夜遁走, 則必合謀王京之賊, 計圖再逞. 相應亟時驅勦, 以絶後患. 但平壤至王京相去六百餘里地方, 久沒于賊, 糧草未備, 合行速處. 除兵馬分駐平壤安定休息外, 爲此, 合咨前去朝鮮國, 速爲償運糧草, 星夜前赴平壤抵至王京一帶地方, 以備官兵支用, 務俾豊足不乏, 請勿遲緩. 須至咨者.
右咨朝鮮國王.

萬曆二十一年正月初九日.

발신: 흠차제독계료보정산동등처방해어왜군무중군도독부도독 이(李)[22]
사유: 승세를 타고 깊이 들어가 왜적을 초멸해야 하니, 급히 군량과 마초

---
22) 이여송(李如松, 1549~1598)을 가리킨다.

를 마련하시기 바랍니다.

살펴보건대, 대군이 평양(平壤)을 공격하여 격파하고 왜노를 사로잡고 참하였는데 추장의 간담이 떨어져 나가 몰래 야반도주하였으니 반드시 왕경(王京)의 적들과 합세하여 다시 진격할 계책을 도모할 것입니다. 응당 속히 때 맞추어 진격하여 초멸해서 후환을 끊어 내야 할 것입니다. 다만, 평양으로부터 왕경 사이의 600여 리에 이르는 지방은 오랫동안 적에게 함몰되었던 탓에 군량과 마초가 마련되지 않았으므로 속히 처리해야 마땅할 것입니다. 평양과 안정(安定)23)에 나누어 주둔하면서 병마를 휴식시키는 것 외에도, 이에 마땅히 자문을 조선국에 보내니 속히 군량과 마초를 운반하여 날을 새워 평양부터 왕경에 이르는 주변 지역으로 옮겨 두고 관병(官兵)의 쓰임에 대비해야 합니다. 풍족히 하여 결핍되지 않도록 힘쓰고, 청컨대 지체하지 마십시오. 자문이 잘 도착하기를 바랍니다.
  이 자문을 조선국왕에게 보냅니다.

만력 21년 1월 9일.

---

23) '안정(安定)'은 지명으로 본래 안정참(安定站)이었다. 조선 태조 5년(1396) 도평의사사에서 서북면의 행정 구역을 조정할 때 순녕(順寧, 혹은 順和)과 합쳐서 순안현(順安縣)을 두었다. 이후 평안도 관할의 13관(館)의 하나인 안정관(安定館)이 이곳에 설치되었으며 참도 계속해서 유지되었다. 안정관은 조선과 명의 사행로에 위치했으며, 선조 25년(1592) 12월부터 이듬해 1월에 이르기까지 조선에 도착한 명군이 주둔했으며, 이후에도 여러 주요 거점의 하나로 기능했다.

4. 回咨
5a-5b(11~12쪽)

朝鮮國王,

准來咨該 爲 乘勝長驅, 進勦倭賊, 急備糧草 事 云云. 等因.

准此. 當職爲照, 大兵進勦, 委應直擣京城, 其間一帶地方, 米豆芻藁, 合先措備. 當職於上年十月內, 另差陪臣鄭光績, 前往平壤迤東黃海道等處, 收聚沿海地方存貯糧草, 聽候臨期償運. 近據平壤賊衆, 旣就蕩平, 前路糧草, 委爲不敷, 另行差官, 星馳前去沿路郡縣, 督令陸續搬運, 以候征進支用. 爲此, 合行回咨, 請照驗施行. 須至咨者.

右咨提督府.

萬曆二十一年正月十四日.

발신: 조선국왕

사유: 보내온 자문을 받으니, 「승세를 타고 깊이 들어가 왜적을 초멸해야 하니, 급히 군량과 마초를 마련하시기 바랍니다. 운운」 하였습니다.

이를 받고 당직이 살피건대, 대군이 진격하여 초멸하고 경성(京城)을 곧장 짓밟고자 한다면 그 사이의 주변 지역에 쌀과 콩, 꼴로 쓸 짚 등을 먼저 갖추는 것이 마땅하겠습니다. 당직은 지난해 10월에 별도로 배신(陪臣) 정광적(鄭光績)을 보내어 평양의 동쪽과 황해도 등지에 가서 연해 지방에서 저축되어 있는 군량과 마초를 모아서 때맞추어 쓸 수 있도록 운반해 두게 하였습니다. 근래 평양을 점거했던 적들이 이미 평정되었는데 앞길의 군량과 마초는 실로 넉넉하지 않으므로 별도로 차관을 보내어 성화와 같이 나아가 연로의 군현에 계속해서 운반하도록 독촉하여 정벌의 쓰임으로 삼게 하였습니다. 이에 마땅히 자문에 회답하오니 청컨대 밝게 살펴 주십시오. 자문이 잘 도착하기를 바랍니다.

　이 자문을 제독부에 보냅니다.

　만력 21년 1월 14일.

5. 都司議增賞格

5b-9a(12~19쪽)

遼東都指揮使司,

爲 議增賞格, 以鼓士氣 事.

蒙 欽差征虜前將軍鎭守遼東地方總兵官左軍都督府都督僉事 楊 帖.
　准 欽差巡撫遼東地方兼贊理事務都察院右僉都御史 趙 手本.
　　准 欽差總督薊遼保定等處兼理糧餉兵部右侍郎兼都察院右僉都御史 郝 咨.
　　　准 兵部 咨.
　　　　該本部題, 職方淸吏司案呈, 奉本部送.
　　　　　准 欽差經略薊遼保定山東等處防海禦倭軍務兵部右侍郎 宋 咨.
　　　　　　案照, 先該, 本部題奉欽依, 有能擒斬關白平秀吉妖僧玄蘇者, 賞銀一萬兩, 封伯世襲, 已經頒行. 去後, 近該本部, 行至遼陽, 節差原任同知鄭文彬等, 會同朝鮮國王遣差偵探人等, 備察倭情, 隨據各官行據朝鮮回稱.

---

24) 본 문서는 『선조실록』에도 관련 기사가 실려 있다(『宣祖實錄』 卷34, 宣祖 26年 正月 丁卯(12日)).

關白平秀吉, 年老無子, 尙在海外, 固守巢穴, 以爲衆倭根本, 其姪平秀次襲位, 領兵見駐對馬島中, 自稱大閤來, 以爲衆倭聲援. 大將平秀嘉, 據王京一帶, 以擣朝鮮腹心, 裨將平秀忠 據慶尙一道, 以扼朝鮮咽喉. 平行長平義智平鎭信, 各號先鋒, 掎角平壤, 以規進取. 妖僧玄蘇, 幷其徒宗逸, 咸稱軍師, 執籌平壤以佐元兇. 等情.

到部. 爲照, 倭奴猖獗, 占奪朝鮮, 且聲言入犯, 而羣賊或爲主或爲輔或爲將或爲謀, 均皆神人所共嫉, 天討所必誅者. 觀倡亂之罪, 旣無重輕, 則議賞之格, 宜無軒輊. 乃今倭酋姓名現著者九, 而餘在尙多, 載在賞格者二, 而遺者尙七, 今當征進之期, 擬合咨請, 酌定賞格, 以鼓士氣. 爲此, 合咨本部, 煩爲查議, 速行題請, 將擒斬秀嘉等七倭酋, 或如擒斬關白玄蘇之例, 或別爲定, 擬希咨知會省, 令各該將吏士卒, 一體欽奉鼓舞, 務期奮勇, 殄滅倭酋施行. 等因.

到部, 送司案呈到部.

爲照, 克敵之道, 惟賞當功, 則士用命. 本府自倭奴狂逞以來, 卽議懸賞格, 以示鼓舞, 盖平秀吉倡亂之兇, 而玄蘇實爲謀主, 蔑視天朝, 騷動中外, 故不惜通候重賞, 以購兩寇之頭, 以破九夷之膽. 乃者, 經略侍郞 宋 咨報, 倭奴分據各道, 酋首名目頗多, 議將平秀次等, 亦定賞格, 用勵忠勇. 殊爲有見, 但酋首旣有大小, 賞格亦宜分別, 相應酌議題請, 合候命下本部, 移文經略總督, 轉行提督總兵 李, 傳示各鎭官軍, 幷諭朝鮮兵將. 有能擒斬關白平秀吉妖僧玄蘇來獻者, 照先議定賞格施行, 平秀次旣承襲平秀吉, 有能擒斬者 與斬秀吉同. 其擒斬平秀嘉平秀忠平行長平義智平鎭信宗逸者, 賞銀五千兩, 陞世襲指揮使. 其倭中有係中國人, 有能擒斬以上各倭賊首級與生縛者, 俱照前例陞賞世襲, 若海外各島頭目, 有能擒斬各賊來獻者, 卽封爲日本國王, 仍加厚賚, 移文薊遼保定山東浙江福建廣東應天鳳陽各撫鎭衙門一體施行. 等因.

萬曆二十年十二月十二日, 太子少保本部尙書 石 等, 具題 十四日, 奉聖旨.

這賞格你部裏旣已議定, 便行與經略, 幷各鎭及朝鮮等處著他, 宣示軍中, 果有能擒斬元兇, 並姓名顯著者, 准照例陞賞, 決不食言. 還行與各省直, 通行海外諸國, 一體遵照, 共圖勦滅兇殘, 各安境土成中外蕩平寧輯之治.

欽此. 欽遵. 擬合就行.

爲此, 合咨前去, 煩照本部題奉, 欽依事理, 會行提督 李, 傳示各鎭官軍, 並諭朝鮮兵將, 一體欽遵, 查照施行. 等因.

備用手本, 會行到鎭, 煩照咨文及該部題奉, 欽依事理, 希爲傳示各營官軍, 一體欽遵, 查照施行. 等因.

准此. 擬合就行. 爲此, 帖仰本司, 照帖備准咨文及該部題奉欽依事理, 卽便移咨朝鮮國王, 一體欽遵, 查照施行, 毋得違錯未便.

蒙此. 擬合就行. 爲此, 合行移咨前去, 貴國煩請查照施行. 須至咨者.

右咨朝鮮國王.

萬曆二十一年正月初八日.

발신: 요동도지휘사사

사유: 상격(賞格)을 더하여 사기를 고무시키도록 의논하길 바랍니다.

[요동도지휘사사] 흠차정로전장군진수요동지방총병관좌군도독부도독첨사 양(楊)25)의 첩(帖)을 받았습니다.

[양소훈] 흠차순무요동지방겸찬리사무도찰원우첨도어사 조(趙)26)의 수본(手本)을 받았소.

[조요] 흠차총독계요보정등처겸리양향병부우시랑겸도찰원우첨도어사 학(郝)27)의 자문을 받았습니다.

[학걸] 병부의 자문을 받았습니다.

[병부] 본부에서 제본을 올렸는데, 직방청리사의 안정(案呈)을 받았습니다.

[직방청리사] 본부에서 보낸 문서를 받았습니다.

[병부] 흠차경략계요보정산동등처방해어왜군무병부우시랑 송(宋)28)의 자문을 받았습니다.

[송응창] 이전의 관련 문서를 살펴보건대 앞서 본부에서 제본을 올려 받은 성지를 받들어, 관백(關白) 평수길,29) 요승 현소30)를 사로잡거나 참한 자는 상은(償銀) 1만 냥과 백(伯)으로 봉하여 세습하게 하는 일을 이미 반포하여 시행케 하였습니다. 그 후 본

---

25) 양소훈(楊紹勳)을 가리킨다.
26) 조요(趙耀, 1539~1609)를 가리킨다.
27) 학걸(郝杰, 1530~1600)을 가리킨다.
28) 송응창(宋應昌, 1536~1606)을 가리킨다.
29) 도요토미 히데요시(豊臣秀吉, 1537~1598)를 가리킨다.
30) 겐소(玄蘇, 1537~1611)를 가리킨다.

부(송응창)에서 요양에 가서 원임동지 정문빈 등을 파견하여 조선 국왕이 보낸 정탐인 등과 회동한 후 왜정을 살펴보았는데, 각 관에서 보내어 받은 조선의 회보에서 다음과 같이 알렸습니다.

[조선] 관백 평수길은 연로하고 아들이 없으며 또한 바다 바깥에 머물러 있으며 소혈(巢穴)을 굳게 지키고 있어 여러 왜들의 근본이 되고 있으며, 그의 조카 평수차[31]가 지위를 이어받아 병사를 거느리고 대마도에 주둔하고 있으면서 스스로 태합(大閤)이 왔다고 칭하면서 여러 왜들을 성원하고 있습니다. 대장 평수가[32]는 왕경 일대를 점거하고는 조선의 복심을 공격하고자 하고 있으며, 비장 평수충[33]은 경상도 일대를 점거하고는 조선의 인후를 움켜쥐고자 합니다. 평행장,[34] 평의지,[35] 평진신[36]은 각각 선봉이라 칭하며 평양에서 기각을 이루면서 진취를 엿보고 있습니다. 요승 현소는 그의 부하 종일과 함께 모두 군사(軍師)라고 일컫는데 평양에서 계략을 꾸미면서 원흉(元兇)을 돕고 있습니다.

(회보가) 부(部)에 이르렀습니다. 살펴보니 왜노가 창궐하여 조선을 점탈하고 또 (명을) 침범한다고 성언(聲言)하면서, 왜적 무리들이 혹자는 주장으로 혹자는 보좌가 혹자는 장수가 혹자는 참모가 되기도 하니, 신인이 모두 함께 미워하는 바이며 하늘의 토벌

---

31) 도요토미 히데쓰구(豊臣秀次, 1568~1595)를 가리킨다.
32) 우키타 히데이에(宇喜多秀家, 1572~1655)를 가리킨다.
33) 도쿠가와 히데타다(德川秀忠, 1579~1632)를 가리킨다.
34) 고니시 유키나가(小西行長, 1558~1600)를 가리킨다.
35) 소 요시토시(宗義智, 1568~1615)를 가리킨다.
36) 마쓰라 시게노부(松浦鎭信, 1549~1614)를 가리킨다.

로 반드시 주륙할 자들입니다. 창란(倡亂)한 죄를 살펴보건대 이미 무겁고 가벼운 차이가 없으니, 즉 상격을 의논하는 것에도 마땅히 경중이 없어야 할 것입니다 이에 지금 왜적의 우두머리 중에서 이름이 뚜렷이 드러난 자가 9명이고, 나머지도 아직 많은데, 상격에 기재된 자가 2명이며, 빠진 자가 오히려 7명이니 지금 정진하는 시기를 당하여 헤아려 보건대 상격을 작정(酌定)하여 사기를 고무하기를 마땅히 자문으로 청합니다. 이에 본부에 합자(合咨)하니 번거로우시겠지만 조사하여 의논한 뒤 속히 제본을 올려 청하여, (평)수가 등 7명의 왜적 우두머리를 사로잡거나 목을 벤 이는 혹 관백과 현소를 사로잡거나 목을 벤 이의 예와 같이 하거나 혹은 바라건대 별도로 상격을 정하여 알림으로써 각 장리(將吏)와 사졸(士卒)로 하여금 모두 황제의 뜻을 받들어 고무되어 분용에 힘써서 왜추(倭酋)를 섬멸하도록 하여야겠습니다.

[병부] 본부에 도착하여 (문서를) 사(司)로 보냈고 그에 대한 안정이 본부에 이르렀습니다.

[직방청리사] 살펴보건대, 적을 이기는 방법은 오로지 공에 합당한 상에 있으니, 그런즉 군사들은 명을 받들 것입니다. 본부에서는 왜노가 미쳐 날뛴 이래 즉시 상격을 내걸어 고무하는 뜻을 보였으니, 대개 평수길은 창란한 원흉이고 현소는 실로 모주가 되어 천조(天朝)를 멸시하고 안팎에 소동을 일으켰기에, 제후로 봉하는 것과 중한 상을 통해 두 도적의 머리를 걸어 구이(九夷)의 간담을 부수는 것을 아깝게 여기지 않았던 것입니다. 지난번 경략시랑 송의 자보에 의하면 왜노가 (조선) 각 도에 분거하면서 우두머리의 명목이 자못 많으니, 평수차 등 또한 상격을 정하여

충용에 힘쓰게 하라는 것이었습니다. 대단히 좋은 견해이나 다만 우두머리에는 이미 대소의 구분이 있으니 상격도 또한 마땅히 분별하여 상응 참작하여 의논한 후 제청하게 하여 마땅히 명령을 본부에 내리는 것을 기다려 경략총독에게 이문하고 제독 총병 이여송에게 전행(轉行)하여, 각 진의 관군에게 전시(傳示)하고 아울러 조선의 장병들에게도 유시하게 하십시오. 관백 평수길과 요승 현소를 사로잡거나 목을 베어 바치는 자가 있으면, 앞서 정한 상격에 의거하여 시행하게 하고, 평수차는 이미 평수길을 이어받았으니 사로잡거나 참하는 자가 있으면, 수길을 참한 것과 동일하게 하십시오. 평수가, 평수충, 평행장, 평의지, 평진신, 종일을 사로잡거나 참하는 자는 상은(賞銀) 5천 냥을 주고 지휘사를 세습하게 하십시오. 왜적 중에서 중국과 관계되는 사람이 이상의 왜적을 사로잡거나 목을 베어 수급을 바치거나 생포한 자가 있으면 모두 전례에 비추어 상을 주고 지위를 세습하게 하며, 만약 해외 각 섬의 두목으로 각 왜적을 사로잡거나 목을 베어 와서 바치는 자가 있으면 즉시 일본국왕으로 봉하고 후한 상을 거듭 더해 준다는 것을 계주·요동·보정·산동·절강·복건·광동·응천·봉양의 각 무진아문에 일체 이문(移文)하십시오.

[병부] 만력 20년 12월 12일, 태자소보 본부상서 석(성) 등이 함께 제본을 올려 14일에 성지를 받았습니다.

[황제] 이 상격에 대한 것은 너희 부에서 이미 의논하여 정하였다. 편의에 따라 경략과 함께 시행할 것이며, 아울러 각 진 및 조선 등의 지역과 그 외에 군중에 선시(宣示)하여 실제로 원흉 및 이름이 알려진 자를 사로잡거나 목을 벤 이에게는 전례를 살펴

상을 내릴 것이며, 결코 식언하지 말라. 다시 각 성직(省直)에 행하고 해외 여러 나라에 두루 시행하여 일체 명령을 살펴 함께 흉잔(兇殘)의 초멸을 도모하게 하여 각 국경을 안정되게 하고 안팎을 탕평하고 안집하는 다스림을 이루게 하라.

[병부] 삼가 준행하십시오. 마땅히 곧바로 시행해야 하겠습니다.

[학걸] 이에 마땅히 자문을 보내니 번거로우시더라도 본부의 제본을 살펴 성지의 사리에 따라 제독 이(여송)와 함께 시행해서 각 진의 군관에게 전시(傳示)하고 아울러 조선 장병들에게 유시(諭示)함으로써 일체 삼가 (황제의 명령을) 준수하여 살펴 시행하십시오.

[조요] 수본으로 갖추어 (이 제독과) 함께 시행한 바를 진에 보내니 번거롭더라도 자문 및 해부에서 제(題)를 올려 받든 성지의 사리에 공경히 의거하여, 바라건대 각 영의 관군에게 전시(傳示)하고 일체 삼가 준수하여 살펴 시행하십시오.

[양소훈] 이를 받아 헤아려 보건대 마땅히 곧바로 시행해야겠소. 이에 첩을 본사에 내리니, 첩에서 갖춘 자문과 해부에서 제를 올려 공경히 받은 성지의 사리를 즉시 조선국왕에게도 자문으로 보내어 일체 삼가 준수하고 밝게 살펴서 어긋나 불편하지 않게 하시오.

[요동도지휘사사] 이를 받들어 헤아려 보건대 마땅히 곧바로 시행해야 하겠습니다. 이에 마땅히 자문을 보내니, 귀국은 번거롭더라도 살펴 주시기를 청합니다. 자문이 잘 도착하기를 바랍니다.

이 자문을 조선국왕에게 보냅니다.

만력 21년 1월 8일.

6. 回咨
9a-9b(19~20쪽)

朝鮮國王.

准來咨該 爲 議增賞格, 以鼓士氣 事. 蒙 欽差鎭守遼東總兵官 楊 帖. 准 欽差遼東右僉都御史 趙 手本. 准 欽差總督薊遼保定等處軍務兵部右侍郞兼都察院 郝 咨. 准 兵部 咨. 該欽差經略薊遼保定等處防海禦倭軍務兵部右侍郞 宋 咨 云云. 等因.

准此. 當職爲照, 小邦猝罹賊鋒, 喪地蹙師, 不能自存, 皇上曲垂矜憐, 命師徂征, 指日恢復. 以爲二賊之外, 尚有遺下渠魁, 至蒙議增賞格, 備咨開示, 著令再行各處衙門及本國地方, 通行省諭, 以期激勸. 其除兇討逆之義, 委爲詳書, 除將咨內, 陞賞事理, 就行曉諭, 各處將領, 及義勇軍兵人等, 令一體遵依奮勇獻功外, 爲此, 合行回咨, 請照驗轉報施行. 須至咨者.

右咨遼東都指揮使司.

萬曆二十一年正月十四日.

발신: 조선국왕

사유: 보내온 자문을 받으니, 「상격(賞格)을 더하여 사기를 고무시키도록 의논하라는 일입니다. 흠차진수요동총병관 양(楊)의 첩(帖)을 받았습니다. 흠차요동우첨도어사 조(趙)의 수본(手本)을 받았습니다. 흠차총독계요보정등처군무병부우시랑겸도찰원 학(郝)의 자문을 받았습니다. 병부의 자문을 받았습니다. 흠차경략계요보정등처방해어왜군무병부우시랑 송(宋)의 자문을 받았습니다. 운운」 하였습니다.

이를 받고 당직은 살펴보건대, 소방이 갑자기 적봉을 맞아 땅을 잃고 군사는 줄어들어 스스로 존립할 수 없게 되었는데, 황상께서 사랑과 연민을 곡진히 드리워 왕사(王師)에 명하여 출정하게 하고 머지않아 회복하게 해 주셨습니다. 그런데 두 적 외에도 여전히 남은 거괴(渠魁)들이 있다면서 상격을 늘릴 의논을 자문 안에 두루 갖추어 내보여 주심을 받았고, 다시 각처의 아문들과 본국 지방으로 하여금 두루 유시하여, 이로써 격려하고 권장하기를 기약하였습니다. 흉적을 없애고 역적을 토벌하는 뜻은 이미 문서에 상세합니다. 자문 내에 상과 벼슬에 대한 사리에 대해서는 마땅히 효유할 것이니 각처 장령 및 의용군병인 등에게 일체 준행하게 하여 분용하고 헌공하게 하는 것 외에도, 이에 마땅히 자문에 회답하니 청컨대 밝게 살펴서 전보(轉報)해 주십시오. 자문이 잘 도착하기를 바랍니다.

이 자문을 요동도지휘사사에 보냅니다.

만력 21년 1월 14일.

7. 都司觧送火器
9b-11a(20~23쪽)

遼東都指揮使司,

爲 緊急軍務 事.

案查, 節蒙 欽差經略薊遼保定山東等處防海禦倭軍務兵部右侍郎 宋 發下, 天津薊州永平密雲等道, 運解火藥火箭大小車砲等項, 到司. 依蒙查撥, 號車裝運前往, 江沿交割, 誠恐都督同知 李, 提兵東征緊等, 應用該鎭官曹, 不行查收差去車. 夫勢不能再徃東運, 深爲不便, 擬合咨會. 爲此, 合行移咨前去, 煩請貴國, 選委能幹官曹, 將陸續運送火藥火箭砲車及大小信砲等項, 照數查收, 一面, 將收過各項數目, 給與解官, 齎來轉報, 一面, 速爲運送提督府 李處軍前, 庶得濟用. 須至咨者.

計開
委官楊文元解去 小信砲九百九十九箇, 小砲二百箇, 一字砲五百三十五箇, 小信砲三百三十三箇, 鐵鉤四十根, 鐵釘二百根, 木砲架二十架, 火綿七千四百條.

委官佟惟高解去 弓八張, 絃八條, 箭四百八十枝, 砲車五十輛.
委官王三善解去 虎蹲砲二位, 大百子銃二十桿, 小百子銃三十桿, 鐵絆二箇, 藥升二箇, 鐵錘二把, 通條三十根, 鐵錠椿四根, 火藥六千斤, 火箭一萬四千枝, 虎蹲砲二十位, 腰絆十條, 瓜釘二十根, 鐵榔頭八箇, 火門錐八把, 木送子八根, 木榔頭八箇.

右咨朝鮮國王.

萬曆二十年十二月二十八日.

발신: 요동도지휘사사
사유: 긴급한 군무에 대한 일

이전의 안권(案卷)을 조사해 보니 흠차경략계료보정산동등처방해어왜군무병부우시랑 송(宋)이 발하(發下)한 천진(天津)·계주(薊州)·영평(永平)·밀운(密雲) (네) 도(道)에서 화약·화전(火箭)·대소거포(大小車砲)를 운송하는 등의 항목이 본사(本司)에 도착했습니다. 받은 것에 의거하여 조사해 보니, 수레를 불러모아 짐을 실어 출발시켜 연강(沿江)에서 인도하려 하는데, 진실로 도독동지(都督同知) 이(李)가 군사를 이끌고 동정(東征) 가는 일이 더 긴급해질 듯해서 마땅히 해진(該鎭)의 관서에서 처리해야 하나, 조사하고 수합하여 수레를 차출하여 보낼 일을 시행하지 못하고 있습니다. 무릇 형세가 능히 다시 동쪽으로 운반하여 보낼 수 없기에 심히 불편하여, 헤아려 보건대 자문으로 알리는 것이 마땅한 듯합니다. 이에 마땅히 자문을 보내니, 번거로이 귀국에 청하건대 적합한 관원과 관서를 선임하여 화약·화전·포거(砲車) 및 대소신포(大小信砲) 등을 운송해야 할 사항에서 숫자를 살피고 검토 하고 수합하여 한편으로 거두어들인 각 항목의 수량을 호송해 보내는(解送) 관원에게 전달하여 가져가 전보(轉報)하게 하고, 한편으로는 속히 제독부 이(李)의 군전(軍前)에 운송해 준다면 아마 운용하는데 도움이 될 수 있을 듯합니다. 자문이 잘 도착하기를 바랍니다.

내역

위관 양문원이 운송한 목록

  소신포 999개, 소포 200개, 일자포 535개, 소신포 333개, 철구 40근, 철정 200근, 목포가 20가, 화면 7,400조.

위관 동유가 운송한 목록

  활 8장, 시위 8조, 화살 480지, 포거 50량.

위관 왕삼선이 운송한 목록

  호준포 2위, 대백자총 20간, 소백자총 30간, 철반 2개, 약승 2개, 철추 2파, 통조 30근, 철정장 4근, 화약 6,000근, 화전 14,000지, 호준포 20위, 요반 10조, 과정 20근, 철랑두 8개, 화문추 8파, 목송자 8근, 목랑두 8개.

이 자문을 조선국왕에게 보냅니다.

만력 20년 12월 28일.

8. 回咨
11a-11b(23~24쪽)

朝鮮國王,
准來咨該 爲 緊急軍務 事, 案査, 節蒙 欽差經略薊遼保定山東等處防海禦倭軍務兵部右侍郞 宋 發下, 天津薊州永平密雲等道, 運解火藥火箭大小車砲等項, 到司 云云. 等因.

准此. 爲照, 所有運到銃砲等各樣器械, 又蒙搬送前來, 這係軍前, 合用緊急等件. 就差司勇鄭日新, 査點原到數目, 責付搬運轉送, 前去提督府軍前. 査收應用外, 將領過各件數目, 開坐于後. 爲此, 合行回咨, 請照驗轉報施行. 須至咨者.
右咨遼東都指揮使司.

萬曆二十一年正月十四日.

計開
物件上同

발신: 조선국왕

사안: 보내온 자문을 받으니,「긴급한 군무에 대한 일로 이전의 안권을 조사해 보니 흠차경략계료보정산동등처방해어왜군무병부우시랑 송(宋)이 발하(發下)한 천진(天津)·소주(薊州)·영평(永平)·밀운(密雲) (네) 도(道)에서 화약·화전(火箭)·대소거포(大小車砲)를 운송하는 등의 항목이 본사(本司)에 도착했습니다. 운운」하였습니다.

이를 받고 살펴보건대, 총포 등 각종 장비들이 도착했고 또한 운반하여 보내주신 것들을 받은바, 이는 군전에서 마땅히 긴급하게 써야 할 문건들입니다. 즉시 사용(司勇) 정일신(鄭日新)을 차출하여 원래의 항목 수량을 점검하여 운반 및 전송(轉送)의 책임을 지워 제독부의 군문으로 보냈습니다. 조사하여 거두는 일을 응당 처리하는 외에 수령한 각 건마다 항목의 수량을 뒷장에 기술했습니다. 이에 마땅히 자문으로 회답하니, 청컨대 살펴 검토하시고 전보(轉報)하여 시행토록 하십시오. 자문이 잘 도착하기를 바랍니다.

이 자문을 요동도지휘사사에 보냅니다.

만력 21년 1월 14일.

내역
물품은 위와 같음.[37]

---

[37] 앞의 7번 문서에 보이는 '計開'의 내용과 같다는 의미로, 본 문서에도 기록되어 있었을 것이나 『사대문궤』 편찬 과정에서 생략된 것이다.

9. 本國回報督府戒諭怠慢[38]
11b-13b(24~28쪽)

朝鮮國王,

爲 戒諭陪臣, 赴府聽候 事.

該議政府 狀啓.
本月十三日亥時, 承奉欽差提督府牌文, 內開, 爲 申飭國法, 戒諭怠玩 事.
恭蒙聖明, 念汝小邦被倭所陷, 君臣播遷, 人民逃涉, 特命大將鼓帥, 各鎭官兵, 遠涉海山, 拯援危弱. 迄自十二月二十五日, 渡江以來, 體察朝鮮國首臣柳成龍尹斗壽等, 不以臥薪嘗膽爲心, 雪恥除兇, 注念宴安私家, 恣酒自樂, 非惟貌慢天朝, 抑且自欺國主, 悖禮滅敎, 殆有甚焉. 且官兵野屯露宿, 捨命捐軀, 得克平壤, 可謂汝等, 無國而有國, 無家而有家. 若以責備過失罪咎, 糧匱草無, 坐視觀望, 違慢軍機. 疏聞當宁, 掣兵旋邀, 目汝就斃, 使有國者, 復至無國, 有家者,

---

[38) 본 문서는 조경남의 『난중잡록』에 동일 기사가 실려 있다(趙慶男, 『亂中雜錄』 2, 癸巳 萬曆二十一年宣廟二十六年, 春正月初八日).

仍悲無家, 本部賦稟忠貞寸衷爲主, 不以小過介心, 堅持乾綱大體, 兵屯平壤, 撫綏運籌, 隨時進發, 揆機制勝, 尊安汝等家國, 直待事妥民寧, 請旨復命. 爲此牌仰, 朝鮮國大小陪臣, 傳知首臣, 火速赴府, 聽議進勦機宜, 料理應用糧草. 若再慢違, 定行題參正法, 從重示戒. 等因.

抄牌具啓.

據此. 參詳, 小邦以岌岌將亡之國, 蒙天朝拯濟之恩, 庶幾恢復舊基, 尊安遺黎, 尋常戒飭陪臣, 督運各處糧草. 家亡國破之日, 何敢自宴安私室. 但事多不逮, 罪實在慢. 自兵禍之後, 人夫牛馬, 十無二三, 經今半月之上, 迄未運完. 使天兵露次累日, 糧草俱缺, 致厪牌諭, 申明戒飭, 不勝憯懼. 惟督府忠炳日月, 量廓河海, 體皇上恤患之仁, 憫小邦罹禍之酷, 尙寬威克之示, 特令赴府聽議, 曲施恩貸, 只切銘感. 小邦生靈之命, 委係於督府, 敢不殫盡心力, 以聽進退. 除將怠玩陪臣, 責令自新, 沿路糧草, 星夜催運外, 柳成龍曾住安州, 想已前進, 又令尹斗壽前赴根前, 隨同聽候. 爲此, 合行移咨, 請照驗施行, 須至咨者.

右咨提督府.

萬曆二十一年正月十五日.

발신: 조선국왕

사유: 배신(陪臣)에게 본부로 나아가 명에 따르라고 계유한 일입니다.

[조선국왕] 의정부에서 다음과 같은 장계를 받았습니다.

[의정부] 본월 13일 해시에 흠차제독부의 패문을 삼가 받으니 그 내용은 국법을 신칙하고 태만한 일을 계유하는 일이었습니다.

[이여송] 삼가 성명(聖明)을 받드니, 너희 소방이 왜에 무너진바 군신이 파천하고 인민이 도망쳐 흩어진 일을 염려하시어, 특별히 대장에게 군사를 고무시켜, 각 진의 관군이 멀리 바다와 산을 넘어 위태로운 이들을 구하도록 명하셨다. 마침내 12월 25일 도강(渡江) 이래로부터 조선을 체찰하는 수신(首臣)인 유성룡(柳成龍), 윤두수(尹斗壽) 등이 와신상담으로 마음을 먹어 치욕을 씻고 흉인을 없애려 하지 않고 편안히 사가에 머물며 방자하게 술을 마시며 스스로 즐기는 것만을 생각하고 있으니 천조(天朝)를 업신여기는 것뿐만 아니라 스스로 국왕을 속이는 것이기도 하여 예교(禮敎)를 무너뜨림이 심하다 하겠다. 또한 (명의) 관군이 들에 주둔하고 노숙하며 목숨을 버리면서까지 평양에서 이길 수 있었으니 가히 너희들은 나라가 없어졌다가 생긴 것이요, 가(家)가 없어졌다가 생긴 것과 같다. 만약 과실과 죄책으로 책망한다면 식량이 다하고 말먹이가 없는데도 앉아서 관망만 하니 군기(軍機)를 소홀히 하여 그르친 것이다. 당저(當宁)에게 알려 군사를 이끌고 요동으로 돌아가 너희가 쓰러지게 되는 것을 목격하며, 나라를 얻게 된 자로 하여금 다시 나라가 없는 데에 이르게 하고 가(家)를 얻게 된 자들로 하여금 곧 가(家)가 없어진 것을 슬퍼하게 할 것이나, 본부(本部)는 품부(稟賦)받은 충정(忠貞)한 마음만을 위주로 하니, 작은 허물을 개의치 않고 국가 기강의 대체를 견지하여 군사를 평양에 주둔시키고, 백성을 어루만지며 방책을 마련하여, 때에 따라 진군하고 기회를 헤아려 승리함으로써 너희들의 가국(家國)을 안정시키며 일이 온당하게 되고 백성들이 안정되도록 다만 기다릴 것이

다. 이를 성지(聖旨)에 청하여 복명(復命)하려 한다. 이에 이 패(牌)를 내리니 조선의 대소 배신은 수신에게 전달하여 알려 신속히 독부(督府)로 나아와 초멸하고 기의(機宜)하는 의논에 따라 군량과 말먹이를 헤아려 마땅히 조처하라. 만약 다시 태만하고 그르치면 정히 탄핵하여 정법을 행하여 중한 율에 따라 징계를 보일 것이다.

[의정부] 패를 베껴서 갖추어 아룁니다.

[조선국왕] 이를 받고 상세히 따져 보건대, 소방은 위급함으로 장차 망하게 될 나라였는데 천조에서 구원하는 은혜를 입어 거의 옛 영역을 회복할 수 있게 되고, 유민[遺黎]을 안정시킬 수 있게 되었음에도, 평소처럼 배신에게 각처에 양초(糧草)를 독운(督運)하도록 계칙(戒飭)하셨습니다. 가국이 망해 없어지게 되는 때에 어찌 감히 스스로 사가(私家)에 편안히 있겠습니까. 다만 일에 많이 미치지 못하였으니 죄상이 실로 소홀함에 있었습니다. 전란 이후로 인부와 우마(牛馬)가 열 중 두셋이 없어져 현재까지 보름 이상이 지났음에도 마침내 전부 운반하지 못했습니다. 이에 천병(天兵)으로 하여금 여러 날을 노숙하게 하고 군량과 말먹이가 모두 부족하게 되어 패유(牌諭)로 거듭 계칙을 밝히도록 하였으니 부끄러움을 이기지 못하겠습니다. 오직 독부의 빛나는 충성이 일월과도 같고 넓은 도량이 하해와 같아, 황상께서 환란을 구해 주는 인을 체득하여 소방에서 화를 당한 참혹함을 민망히 여겨, 오히려 위엄을 보이는 일을 관대히 대해 주고, 다만 독부로 나아와 의논에 따르도록 하여 곡진히 은혜를 베풀어 주시니 몹시도 감사할 따름입니다. 소방의 백성들이 지닌 목숨은 실로 독부에 매여 있으니 어찌 감히 마음과 힘을 다하여 진퇴의 명에 따르지 않겠습니까. 태만한 배신을 스스로 일신하라 책망하여 연로의 군량과 말먹이를 성화와 같이 이어 대기를 재촉하는 외에, 유성룡이 일찍부터 안주에 머무르고 있으나 이미 전진하기를 생각하고 있고, 또한 윤

두수로 하여금 앞으로 나아가도록 하여 함께 명을 기다리게 하겠습니다. 이에 마땅히 자문을 보내니 청컨대 살펴 주십시오. 자문이 잘 도착하기를 바랍니다.

이 자문을 제독부에 보냅니다.

만력 21년 1월 15일.

10. 張都司觧送布帽貿換粮草
13b-14a(28~29쪽)

遼東都司軍政僉書管屯兼局捕事都指揮使 張,
爲 酌時宜足軍需轉運, 以便兩地 事.

准 欽差經理征倭糧餉戶部主事 艾 手本.
　蒙 欽差經略薊遼保定山東等處防海禦倭軍務兵部右侍郞 宋 批.
　　據本部呈詳發銀買辦布匹等物, 易換朝鮮米豆草束緣由. 蒙批, 如議
　　行繳.
　　　蒙此. 隨該本部給發銀兩, 差委官莫四知等, 買完靑藍布匹及絨氈
　　　帽兀剌靴鞋等物. 手本到司. 煩照文內事理, 希將委官崔柱嶽, 觧
　　　去前項布匹等物, 卽便會同朝鮮國王, 如數交與, 照依該國價直, 易
　　　換糧草. 仍將換過米豆草束數目, 開復過部, 以憑施行. 等因.
准此. 隨將運到布匹等件, 擬合咨會國王. 選委老成能幹官二員, 載馱就
近大兵駐箚處所, 各郡縣分投, 易換米豆草束, 運赴平壤, 接濟大兵, 征
倭應用. 仍將差委過官員職名, 希咨回復, 以憑轉報施行, 請勿遲延未便.
須至咨者.

右咨朝鮮國王.

萬曆二十一年正月十六日.

발신: 요동도사군정첨서관둔겸국포사도지휘사 장(張)[39]
사유: 적시에 군수를 실어 보내어 양쪽이 모두 편하게 해 주십시오.

[장삼외] 흠차경리정왜양향호부주사 애(艾)[40]의 수본(手本)을 받았습니다.
　[애유신] 흠차경략계료보정산동등처방해어왜군무병부우시랑 송(宋)의 비(批)를 받았습니다.
　　[송응창] 본부에 정상(呈詳)한 것을 받고 은을 내어 주니, 이것으로 포필(布匹) 등의 물건을 구매하고 다시 조선의 쌀·콩·풀과 바꾸시오. 비를 받고 의논한 대로 격(繳)을 보내시오.
　[애유신] 이를 받고 본부에서 내어 준 은량은 위관 모사지(莫四知) 등을 보내어 모두 청색과 남색의 무명과 융전모(絨毡帽)·올랄화혜(兀剌靴鞋) 등의 물건을 구매하였습니다. 수본이 요동도사에 도착하거든, 번거롭더라도 문서의 사리(事理)를 살펴 주십시오. 위관 최주악(崔柱嶽)에게 전항(前項)의 포필 등의 물건을 가지고 가게 하였으니, 곧바로 조선국왕과 회동하여 수효대로 내주고 그 나라의 가치에 따라서 군량과 마초로 바꾸기를 바랍니다. 또 바꾼 쌀·콩·풀의 수목(數目)을 일일이 써서 부(部)로 전달해서 (회답할 때) 근거로 삼을 수 있도록 해 주십시오.
[장삼외] 이를 받고 그에 따라 운송된 포필 등의 물건을 마땅히 국왕께 자문

---
39) 장삼외(張三畏, ?~?)를 가리킨다.
40) 애유신(艾維新, ?~?)을 가리킨다.

으로 알려 드려야 할 것입니다. 경험 많고 능력 있는 관원 2명을 뽑아 위임시켜서 대군이 주둔하고 있는 곳으로 실어 날라서 각 군현에 나누어 두고 바꾼 쌀·콩·풀은 평양으로 옮겨 대군을 접제하고 왜(倭)를 정벌하는 데 쓰이게 하십시오. 이어 위임하여 파견한 관원의 관직과 이름을 자문으로 회답하셔서 이를 근거로 전보(轉報)하게 해 주기 바랍니다. 청컨대, 지연되어 불편하지 않도록 해 주기 바랍니다. 자문이 잘 도착하기를 바랍니다.

이 자문을 조선국왕에게 보냅니다.

만력 21년 1월 16일.

11. 回咨
14a-15a(29~31쪽)

朝鮮國王,
准來咨該 爲 酌時宜足軍需轉運, 以便兩地 事. 准 欽差經理征倭糧餉戶部主事 艾 手本. 蒙 欽差經略薊遼保定山東等處防海禦倭軍務兵部右侍郎 宋 批. 據本部呈 云云. 等因.

准此. 當職竊照, 旣蒙大兵征勦, 前進合用糧草, 隨宜措備, 委爲得計. 今依咨內事理, 將原差委官崔柱嶽, 解來前項布匹等物, 差把門將張志仍, 司勇張仲翰, 遵依運赴大兵駐箚處所, 隨便交貿米豆草束, 搬輸平壤, 接濟軍用外, 爲此, 合行回咨, 請照驗施行. 須至咨者.
右咨遼東都司軍政僉書管屯都指揮使.

萬曆二十一年正月十七日.

발신: 조선국왕
사유: 보내온 자문을 받으니, 「적시에 군수를 실어 보내어 양쪽이 모두 편

하게 해 주십시오. 흠차경리정왜양향호부주사 애(艾)의 수본을 받았습니다. 흠차경략계료보정산동등처방해어왜군무병부우시랑 송(宋)의 비(批)를 받았습니다. 본부의 정(呈)을 받았습니다. 운운」 하였습니다.

이를 받고 당직이 삼가 살펴보건대, 마땅히 대군이 정벌할 때 전진하면서 쓸 군량과 마초를 마련하기 위한 계책을 얻어야 할 것입니다. 지금 자문 안의 사리에 의하여 원래 파견했던 위관 최주악이 전항의 무명 등 물건을 가져왔으니 파문장(把門將) 장지잉(張志仍)과 사용(司勇) 장중한(張仲翰)을 파견하여 의거한 바에 따라 대군이 주둔하고 있는 곳으로 운반하여 편의대로 쌀·콩·풀과 바꾸어 평양으로 수송하여 군대의 쓰임에 보탬이 되도록 하는 것 외에도, 이에 마땅히 자문에 회답하니 청컨대 밝게 살펴 주십시오. 자문이 잘 도착하기를 바랍니다.
　이 자문을 요동도사군정첨서관둔도지휘사에게 보냅니다.

만력 21년 1월 17일.

12. 本國發離義州進向內地
15a(31쪽)

朝鮮國王,

爲 移駐腹裏, 以圖安集 事.

爲照, 大兵旣進, 掃蕩兇賊, 仍擔全營, 卽向京城, 庶幾恢復舊疆再造先業. 當職與一國臣民, 歡欣感激. 竊念, 小邦, 廟社失守, 神人無依. 擬要漸次前進, 務圖安集. 今聞貴部起離遼陽不久當臨敝境. 當職 於本月十八日, 在義州起程, 先到定州駐下, 以候按臨外, 爲此, 合行移咨, 請照驗施行. 須至咨者.
右者行兵部.

萬曆二十一年正月十七日.

발신: 조선국왕
사유: 내지로 옮겨 주둔하여 (백성의) 안집을 도모하겠습니다.

살펴보건대 대병이 이미 진격해서 흉적을 소탕하고 이어서 전군을 거느려 바로 경성으로 향하니 거의 옛 영토를 회복하고 선업을 다시 일으키게 됐습니다. 당직과 온 나라 신민이 기쁘고 감격합니다. 가만히 생각해 보면 소방은 종묘사직을 수호하지 못했고 아무데도 의지할 바가 없었습니다. 헤아려 보건대 점차 전진해서 안집시키는 데 힘쓰려고 했습니다. 이제 들으니 귀부가 요양(遼陽)을 떠나 오래지 않아 폐경(弊境)에 임할 것이라 합니다. 당직이 이번 달 18일에 의주에서 출발하여 먼저 정주에 도착해 머무르면서 (귀부가) 부임하여 안찰하기를 기다리는 것 외에도, 이에 마땅히 자문을 보내니 청컨대 잘 살펴 시행하십시오. 자문이 잘 도착하기를 바랍니다.

  위의 자문을 행병부(行兵部)에 보냅니다.

  만력 21년 1월 17일.

13. 張都司買辦牛騾合力運粮[41]
15b-16a(32~33쪽)

遼東都司軍政僉書管屯兼局捕事都指揮使 張,

爲 遵旨專責部臣, 經略倭患 事.

蒙 欽差經略薊遼山東等處防海禦倭軍務兵部右侍郎 宋 憲牌

　據 分守遼海東寧道 呈稱.

　　買完牛騾驢一百五十一隻頭, 聽候明文取用等情. 在卷.

　近據 委官都司張 呈稱.

　　朝鮮國牛馬止五百匹隻, 運粮不足使用緣由. 前來.

查得, 前項牛馬買完聽用, 擬合發運. 爲此, 牌仰本司, 照牌事理, 即將分守道發去牛騾驢一百五十一匹隻收候, 往軍前駄運糧料, 就令朝鮮人喂養, 駄完之日, 具由呈報, 以憑發落, 毋得遲悞. 等因.

備行本司.

蒙此. 擬合行會. 爲此, 合咨前去, 貴國煩照憲牌咨內事理, 即將發到牛

---

[41] 본 문서는 『선조실록』에서 관련 기사가 확인된다(『宣祖實錄』 卷34, 宣祖 26年 正月 丁巳(2日)).

騾驢一百五十一隻, 速發戶曹會同各曹經管官員, 作速駄運米豆草束, 赴大兵軍前接濟. 再諭本國撥人喂養牛馬. 仍希文回復, 以憑轉報施行. 請勿遲緩未便. 須至咨者.
右咨朝鮮國王.

萬曆二十一年正月日.

발신: 요동도사군정첨서관둔겸국포사도지휘사 장(張)
사유: 성지에 따라 부신(部臣)에게 전적으로 책임을 맡겨 왜환을 경략하시길 바랍니다.

[장삼외] 흠차경략계요산동등처방해어왜군무병부우시랑 송(宋)으로부터 헌패를 받았습니다.

[송응창] 분수요해동녕도로부터 정문을 받았소. 구매한 소, 당나귀, 노새 151두를 공문의 내용에 따라 기다렸다가 취해다 쓸 것이라는 등의 내용이오. 최근에 받은 위관 도사 장(張)의 (呈文)에, "조선국의 우마가 500마리뿐이어서 군량 운반에 사용하기에는 부족합니다."라고 했소. 조사해 보건대, 이전 문서에 언급한 우마(牛馬)의 매입을 완료해서 명(命)에 따라 사용할 수 있게 됐으니 마땅히 조발해 운송하시오. 이에 패문을 본사(요동도지휘사사)에 내리니, 바라건대 패문의 내용을 살펴 즉시 분수도에서 소·당나귀·노새 151두를 출발시켜 대기하고 있다가 조선에 있는 군전으로 보내 군량을 운반토록 하시오. 조선인들로 하여금 잘 먹이도록 하고 운송 임

무를 완료하면 (조선으로 하여금) 사유를 갖추어 보고하도록 해서 이를 근거로 결정할 수 있도록 하시오. 지체하여 그르침이 없어야 할 것이오.

[장삼외] 본사에 이와 같은 지시를 보냈습니다. 이를 받고 헤아려 보건대, 두루 알려야 하겠습니다. 이에 마땅히 자문을 보냅니다. 귀국은 번거롭더라도 헌패와 자문 안의 내용을 살펴서 보낸 소·당나귀·노새 151두가 도착하는 즉시, 속히 호조와 각 조로 하여금 회동하여 담당 관원들을 내고, 조속히 쌀·콩·마초를 운반하여 대병의 군전에 보내어 접제하고 재차 본국의 파발인을 유시하여 소와 말을 관리하게 하십시오. 이어서 바라건대, 문서로 회답하셔서 이를 근거로 전보(轉報)하게 해 주기 바랍니다. 청컨대, 지체되어 불편한 일이 없도록 해 주기 바랍니다. 자문이 잘 도착하기를 바랍니다.

이 자문을 조선국왕에게 보냅니다.

만력 21년 1월 일.

14. 回咨
16a-16b(33~34쪽)

朝鮮國王,

准來咨該 爲 經略倭患 事, 蒙 欽差經略薊遼等處禦倭軍務兵部右侍郞宋 憲牌 云云. 等因.

准此. 爲照, 旣發糧草運到境上, 又買頭畜, 令速馱運, 雖父爲子謀, 無以逾此. 今准咨內事理, 候將原發來牛騾驢一百五十一隻, 另行喂養, 刻期馱運, 趱赴大兵軍前聽用, 仍遵依查報外, 爲此, 合行回咨, 請照驗轉報施行. 須至咨者.

右咨遼東都司軍政僉書管屯都指揮使.

萬曆二十一年正月二十六日.

발신: 조선국왕

사유: 보내온 자문을 받으니, 「왜환을 경략하는 일로 흠차경략계요등처어 왜군무병부우시랑 송(宋)의 헌패(憲牌)를 받았습니다. 운운」 하였습

니다.

이를 받고 살펴보건대, 이미 징발한 군량과 말먹이 풀이 국경에 도착했고 또 가축을 구입해서 속히 실어서 운반하게 했으니, 비록 아버지가 아들을 위해서 계획하는 것이라도 이보다 낫지는 못할 것입니다. 지금 받은 자문 내의 내용과 같이 원래 징발한 소·당나귀·노새 151두를 기다렸다가 특별히 잘 먹이고 군량 운송에 기간을 정해서 대병의 군전으로 속히 보내어 명령에 따라 쓰도록 하겠습니다. 이어서 의거하신 대로 조사하여 보고하는 것 외에도, 이에 마땅히 자문으로 회답하니 청컨대 살펴서 전보(轉報)해 주십시오. 자문이 잘 도착하기를 바랍니다.

   이 자문을 요동도사군정첨서관둔도지휘사에게 보냅니다.

만력 21년 1월 26일.

15. 本國請分銳把守益水等處
16b-17b(34~36쪽)

朝鮮國王,

爲 進兵示威, 以紓賊患 事.

議政府 狀啓. 節該.
　天兵已到開城, 西路一帶隄備俱爲空虛. 如益水東海劍山嶺等處, 雖令本國官兵, 分往把截, 而兵力單弱, 防守不固. 加以近日春雪向消, 溪逕漸開, 賊若徑踰充斥, 委難抵敵. 腹裏地面再被兵燹, 禍在不測, 誠非細慮. 擬合咨請兵部, 乞將原調精銳官軍一二千名, 或炮手六七百名, 派往本處, 添助把截, 耀示兵威. 若將征進, 使兇賊褫魄, 收營自遁. 相應. 等因.
具啓. 據此. 參詳, 天兵遄邁, 西路輟備. 北賊乘虛, 將肆猘突. 煩乞貴部, 行下各該將領等官, 就著分調手下精銳一二千名, 或炮手六七百名, 前往益水等處, 耀兵示威 若將征勦 使兇賊畏而自遁, 西路恃而無虞, 允爲便益. 爲此, 合行移咨, 請照驗行下施行. 須至咨者.
右咨行兵部.

萬曆二十一年正月二十六日.

발신: 조선국왕
사유: 군사를 진격시켜 위엄을 보임으로써 적환(賊患)을 늦추어 주시기 바랍니다.

[조선국왕] 의정부에서 올린 장계는 대략 다음과 같습니다.

[의정부] 천병이 이미 개성에 도착했는데 서로(西路) 일대는 방어가 모두 공허합니다. 예를 들어 익수·동해·검산령42) 같은 곳은 비록 본국 병사들로 하여금 나누어 나아가 파수하도록 했지만 병력이 적고 방어가 견고치 못합니다. 게다가 최근 내린 봄눈이 점차 녹으면서 계곡의 샛길이 조금씩 열렸습니다. 적이 넘어 들어와 넘친다면 실로 적을 막는 것이 어려울 것입니다. (그러면) 나라 안은 다시 병화를 입을 것이고 피해는 예측할 수 없을 것입니다. 진실로 작은 걱정이 아닙니다. 마땅히 자문을 (명군) 병부에 보내어 원래 징발한 정예 (명) 관군 1~2천 명 혹 포수 6~7백 명을 이 지역으로 파견시켜 파절을 도움으로써 명군의 위세를 드러내도록 청해야 합니다. 만약 진격해서 흉적들이 혼을 빼놓는다면 영(營)을 거두어 스스로 달아날 것입니다.43)

[조선국왕] 갖춘 장계를 받고 자세히 살펴보니 천병이 빠르게 지나가면서 서로는 방비가 해이해졌습니다. 내려오는 북쪽의 왜적이 공허한 틈을 타서 장

---

42) 평안남도 영원군과 함경남도 정평군 사이에 있는 마유령의 옛 지명이다. 낭림산맥의 험준한 지형으로 차단된 평안도와 함경도를 잇는 교통의 요지로 알려져 있다.
43) 원문의 상응(相應)은 공문서의 마지막에서 종결의 의미로 쓰인다.

차 제멋대로 나타날 수 있습니다. 부디 바라옵건대 귀부(행병부)에서 각 해당 장수들에 명령해서 수하의 정예 1~2천 명 혹 포수 6~7백 명을 나누어 뽑아 익수 등 지역으로 나아가 위세를 보이고 정벌하여 흉적으로 스스로 도망치게 한다면, 서로는 믿고 근심하지 않을 것이니, 진실로 이렇게 하면 좋겠습니다. 이에 마땅히 자문을 보내니 청컨대 잘 살펴 명령을 내리시길 바랍니다. 자문이 잘 도착하기를 바랍니다.

이 자문을 행병부에 보냅니다.

만력 21년 1월 26일.

16. 回咨
17b-18a(36~37쪽)

欽差經略薊遼保定山東等處防海禦倭軍務兵部右侍郎 宋,
爲 進兵示威, 以紓賊患 事.

准 朝鮮國王 咨.
　議政府 狀啓. 前事.
　　煩乞貴部行各將領等官, 就著分調手下精銳一二千名, 或炮手六七百名, 前往益水等處, 耀兵示威, 若將征勦, 使兇賊畏而自遁, 西路恃而無虞, 允爲便益. 合行移咨, 請照驗施行. 等因.
到部. 看得, 我兵進取王京, 平壤一帶糧餉, 地方委應撥兵防守, 除咨行兵部, 速催劉綎陳璘李承勛等, 兵馬前來, 接應本部. 仍先摘調寬奠靉陽清河等堡, 幷遊擊將軍宋大斌, 各官軍前往益水東海劍山等處防禦外. 擬合咨復. 爲此, 合咨前去, 煩請知會施行. 須至咨者.
右咨朝鮮國王.

萬曆二十一年二月初六日.

발신: 흠차경략계료보정산동등처방해어왜군무병부우시랑 송(宋)
사유: 군사를 진격시켜 위엄을 보임으로써 적환(賊患)을 늦추어 주시기 바랍니다.

[송응창] 조선국왕의 자문을 받았습니다.
　[조선국왕] 전사(前事)[44]에 대한 의정부의 장계를 받았습니다.
　　[의정부] 번거로이 귀부에 바라건대, 장령들에게 수하 가운데 정예 1~2천 명 혹 포수 6~7백 명을 나누어 뽑아 익수 등지에 나아가 위세를 보이고 정벌하여 흉적으로 하여금 두려워 스스로 도망치게 한다면 서로는 믿고 근심하지 않을 것이니 진실로 편하고 좋을 것입니다. 마땅히 자문을 보내니, 살펴 주십시오.
[송응창] 본부에 도착해서 살펴보았습니다. 우리 군대가 왕경으로 진격함에 있어 평양 일대의 군량은 지방에서 마땅히 병사를 동원해서 지켜야 합니다. 병부에 자문을 보내어 유정, 진린, 이승훈 등으로 하여금 속히 재촉해 병마를 보내 본부에 협조토록 했습니다. 그리고 우선 관전보·애양보·청하보에서 차출하고 아울러 유격장군 송대빈 및 각 관군 군전으로 하여금 익수·동해·검산에 나가 방어하게 하는 것 외에도, 헤아려 보건대 마땅히 자문으로 회답해야 할 것입니다. 이에 마땅히 자문을 보내 드리니 부디 청컨대 통지하십시오. 자문이 잘 도착하기를 바랍니다.
　이 자문을 조선국왕에게 보냅니다.

만력 21년 2월 6일.

---

44) 전사(前事)는 '進兵示威以紓賊患'을 가리킨다.

17. 張都司因經略牌發回弱軍運餉
18a-19b(37~40쪽)

遼東都司軍政僉書管屯兼局捕事都指揮使 張,
爲 遵旨, 專責部臣, 經略倭患 事.

蒙 欽差經略薊遼保定山東等處防海禦倭軍務兵部右侍郞 宋 憲牌.
已經牌行, 張卽會朝鮮國王督令該管官員, 將李提督挑選發回弱軍一萬名, 酌量沿途, 每十里, 撥兵二百名, 至五百里, 一萬名. 每百名, 卽付原管將領, 責令各兵, 照依原撥地里, 往來搬運芻糧及軍火器械, 其平壤至王京一路, 亦照此法務使轉運流行, 不致停閣悞事. 去後, 今照, 天氣融和冰凍漸消. 若平壤至王京一帶江海, 可以行舡, 比之陸地轉運, 尤爲省便. 擬合行查. 爲此, 牌仰本官, 照牌事理, 卽將應運糧草, 一面照前速運, 一面會同朝鮮國王, 查勘平壤至王京, 海運有無可通. 如果能行, 作速拘雇船隻裝載, 陸路亦照前轉運, 寧使有餘, 勿致欠缺. 如偏僻城堡人家積有糧草者, 許令搬移軍馬經過去處, 更爲近便. 應償價值, 聽朝鮮國王議給. 查明, 具由速報, 以憑施行. 等因.
蒙此. 合咨前去, 貴國卽諭戶工二曹官員, 趂時著實擧行, 仍將查議過緣由, 作速希由回復, 以憑緊等轉報施行. 請勿遲緩未便. 須至咨者.

右咨朝鮮國王.

萬曆二十一年正月日.

발신: 요동도사군정첨서관둔겸국포사도지휘사 장(張)
사유: 성지에 따라 부신(部臣)에게 전적으로 책임지워 왜환을 경략하시기 바랍니다.

[장삼외] 흠차경략계료보정산동등처방해어왜군무병부우시랑 송(宋)의 헌패를 받았습니다.

[송응창] 이미 헌패를 보내어 "장(張) 도사는 즉시 조선국왕과 함께 해당 관원을 독촉해서 제독 이(李)로 하여금 쇠약한 명군 1만 명을 선발해 돌려보내도록 하라. 운반 길을 가늠해서 10리마다 200명을 배치하면 500리에 걸쳐 1만 명이 된다. 100명마다 원래의 관할(지역) 장령을 붙여 관할 병력을 책령(責令)하도록 하고, 원래 보내던 지역의 사정을 살펴 왕래하며 군량·마초 및 군화(軍火)·기계(器械)를 운반케 하라. 왕경-평양 간 일대도 또한 이 법에 따라 운송에 힘씀으로써 지연해 일을 그르치지 말라."라고 명했소. 이제 살펴보니 날씨가 풀려 얼음이 점차 녹고 있소. 만약 왕경-평양 일대의 강과 바다로 운행할 수 있으면 육지로 운반하는 것과 어느 것이 더 좋을지 비교토록 하시오. 마땅히 자문을 보내어 조사토록 하시오. 이에 패문을 본관에게 내리니 패문의 내용을 살펴 즉시 응당 운반할 군량과 마초를 이전과 같이 속히 운반함과 동시에 조선국왕을 만나 왕경-평양

까지 해운이 통할 수 있는지 없는지 조사하시오. 만약 진행할 수 있다면 얼른 빌린 배에 장재케 하고 육로도 또한 이전과 같이 운송케 해서 여분이 남을지언정 부족함은 없게 하시오. 만약 후미진 지역의 성보나 인가 가운데 양초를 비축해 놓은 경우, 군마가 지나가는 곳으로 옮겨 운반하도록 허락함으로써 더욱 가깝고 편리하게 하시오. 보상에 준하는 값어치는 조선국왕의 의견을 들어 지급하시오. 조사한 바가 명백하면 사유를 갖추어 즉시 보고해 이를 근거로 시행하시오.

[장삼외] 이를 받고 마땅히 자문을 보내니 귀국은 즉시 호조와 공조 관원에 유시해서 이들이 시간을 다투어 착실하게 거행하도록 하십시오. 이어서 조사하고 논의한 연유를 속히 회신하셔서 긴급히 전보할 근거로 삼을 수 있도록 해 주시길 바랍니다. 지체해서 불편한 일이 발생하지 않도록 부탁드립니다. 자문이 잘 도착하기를 바랍니다.

  이 자문을 조선국왕에게 보냅니다.

만력 21년 1월 일.

18. 回咨
19b-20a(40~41쪽)

朝鮮國王,

准來咨該 爲 經略倭患 事. 蒙 欽差經略薊遼等處禦倭軍務兵部右侍郞 宋 憲牌 云云. 等因.

准此. 查照, 其發回弱軍一萬名, 酌量汛途, 每十里, 發兵二百名, 卽付元管將領, 照依原發地里, 搬運蒭糧器械, 不致停閣 一節, 先准貴司咨行事理. 已經遵依督同運發, 去後, 今准前因, 就查, 已今事理再著. 沿路管運官員, 申嚴戒飭, 另行償運外, 爲照, 應運糧草一刻爲急, 爲緣牛馬不敷, 致令駄運不前坐悞時日, 誠爲憫迫. 除從旱路陸續轉輸外, 卽目天氣向暖江水漸開, 平壤至王京海運有路, 可以漕轉. 今蒙咨諭就拘本處舡戶, 如果凍解可使舡隻, 將運過糧草裝到京城卸下接濟. 一面轉行前路郡邑, 將偏僻城堡人家存積糧草, 就於軍馬經行去處, 作速搬移應用外, 爲此, 合行回咨, 請照驗轉報施行. 須至咨者.

右咨遼東都司軍政僉書管屯都指揮使.

萬曆二十一年二月初一日.

발신: 조선국왕
사유: 보내온 자문을 받으니, 「왜환을 경략하는 일입니다. 흠차경략계요등처 어왜군무병부우시랑 송(宋) 헌패를 받았습니다. 운운」 하였습니다.

이를 받고 조사해 보건대, '돌려보낸 지친 명군 1만 명에 대해서 길을 헤아려서 10리마다 200명씩 뽑아 원래 소속된 장령에게 부치되 원래 징발된 곳에 따라 군량·마초·기계를 운반하여 방치하지 말도록 하라.'라는 부분에 대해서는 이전에 귀사가 보낸 자문에서 받았습니다. 이미 그 지시를 따라 운송을 독려해서 조치한 후 지금 보내온 자문의 사항을 받았기에 바로 조사해 보니 그 내용이 더 분명해졌습니다. 연로의 담당 관원들을 거듭 엄하게 경계하여 타일러서 특별히 운송을 독촉하도록 하는 것 외에도, 살펴 보건대 양초 운반을 담당하는 일은 마땅히 일각을 급히 해야 합니다. 우마가 부족하여 짐 운반이 나가지 못해 시일을 그르치게 하는 데 이르렀으니 실로 민망합니다. 육로를 따라 계속 운송하는 것 외에 지금 날씨가 풀리고 강 얼음이 점차 풀려 평양에서 왕경까지 해운길로 나를 수 있을 것 같습니다. 지금 받은 자문의 유시와 같이 본국의 해당 지역 선호를 뽑아서 만약 얼음이 녹아 배를 띄울 수 있게 되면 양초를 실어 운반하여 경성에 도착해 짐을 풀어 접제하도록 할 것입니다. 동시에 앞길의 군읍에 차례로 알려 후미진 지역 중 양초를 저장한 성보 및 인가는 군마가 지나가는 곳에 나아가 속히 운반하여 응용하도록 하는 것 외에도, 이에 마땅히 자문으로 회답하니 청컨대 잘 살펴 전보하십시오. 자문이 잘 도착하기를 바랍니다.
 이 자문을 요동도사군정첨서관둔도지휘사에게 보냅니다.

 만력 21년 2월 1일.

19. 張都司催運火器
20a-20b(41~42쪽)

遼東都司軍政僉書管屯兼局捕事都指揮使 張,
爲 緊急倭情 事.

照得, 各處運到軍火器械, 到彼已差本國委官, 陸續轉運. 去後, 近訪得, 載運車輛, 在途損壞, 原差委官去棄, 彼中不行看守. 俱各躲避, 有悞軍機, 國典森嚴, 法難輕貸, 擬合行查. 爲此, 合咨前去, 貴國煩照咨文內事理, 選差的當官員, 沿途一帶, 挨程細查, 催促星夜, 作速趕運, 軍前立等應用. 仍將催運過軍火器械車輛各數目, 希由回復, 以憑立等轉報施行, 請勿遲延未便. 須至咨者.
右咨朝鮮國王.

萬曆二十一年 正月二十八日.

발신 : 요동도사군정첨서관둔겸국포사도지휘사 장(張)
사유 : 긴급한 왜정에 관한 일입니다.

살피건대, 각처에서 운송한 군화와 기계 중 그곳에 도착한 것은 이미 본국의 위관이 파견되어 계속하여 전운(轉運)하였습니다. 그 후 근일 전해 들으니, 짐을 실은 차량이 길에 머문 채 손상을 입거나 파괴되었으며 원래 파견되었던 위관은 떠나 버려서 점검을 행하지 않고 있다고 합니다. 모두 숨고 피하여 군기에 착오가 발생하였습니다. 국법이 삼엄하니 법은 가벼이 용서할 수 없는 것입니다. 마땅히 조사를 행해야 합니다. 이에 마땅히 자문을 보내니, 귀국은 번거롭겠지만 자문 내의 사리를 살펴 적당한 관원을 선발해 보내 연도 일대를 상세히 조사하여 밤낮으로 재촉하여 서둘러 운송하여 군전에 도달하는 것을 기다려 즉시 응용하게 하십시오. 아울러 바라건대 독촉 운송한 군화·기계·차량의 각 수목(數目)을 회보해 주어, 이에 의거하여 즉시 전보시행(轉報施行)하여 주십시오. 청컨대 지연되어 편치 않은 일이 발생하지 않도록 해 주십시오. 자문이 잘 도착하기를 바랍니다.

이 자문을 조선국왕에게 보냅니다.

만력 21년 1월 28일.

20. 回咨
21a-21b(43~44쪽)

朝鮮國王,

准來咨該 爲 緊急倭情 事 云云. 等因.

准此. 當職爲照, 上國矜恤小邦, 隨事指敎, 不勝感激. 目今大兵已向京城, 合用軍火器械, 委宜星火激運, 另差幹辦官員, 沿路督併運送軍前. 去後, 爲因各站官司馬牛夫役不敷, 以致濡滯日久. 委應責歸本官. 除將前項官吏嚴行査究, 按律科罪外, 再行原差委官, 刻期趲運, 觧赴軍前. 完日擬將運過軍火器械車輛各樣數目, 備開前去. 爲此, 合行回咨, 請照驗施行. 須至咨者.

右咨遼東都司軍政僉書管屯都指揮使.

萬曆二十一年二月初一日.

발신 : 조선국왕

사유 : 보내온 자문을 받으니, 「긴급한 왜정에 관한 일입니다. 운운」 하였

습니다.

이를 받고 당직이 삼가 살펴보니, 상국(上國)이 소방을 불쌍히 여기고 일에 따라 지교(指敎)해 주심에 감격하기를 이를 데가 없습니다. 지금 대병이 이미 경성으로 향하고 있어 마땅히 사용할 군화와 기계를 성화와 같이 옮기기 위해 별도로 일을 담당할 관원을 보내어 연로에서 감독하게 하고, 아울러 군전에 도달하게 하였습니다. 그 후 각 참의 관사에 말·소·인력이 충분하지 않아 막히고 정체된 지가 오래되었습니다. 마땅히 책임은 본관에 있습니다. 전항의 관리를 엄히 조사하고 율에 따라 죄를 주는 외에, 다시 원래의 위관을 파견해서 기한을 정해 운반을 재촉하여 군전에 보내도록 하겠습니다. 일이 마무리되면 운반한 군화·기계·차량 각각의 수목을 헤아려 갖추어 열거하여 보내도록 하겠습니다. 이에 마땅히 자문에 회답하니 청컨대 살펴서 시행하십시오. 자문이 잘 도착하기를 바랍니다.
  이 자문을 요동도사군정첨서관둔도지휘사에게 보냅니다.

만력 21년 2월 1일.

# 21. 都司因經略傳示討取醫藥治療傷瘡
21b(44쪽)

遼東都司軍政僉書管屯兼局捕事都指揮使 張.
爲 倭情 事.

本月二十八日, 奉 欽差經略薊遼保定山東等處防海禦倭軍務兵部右侍郎宋, 差夜不收傳示本司, 卽傳貴國命醫士多置藥材于本院老爺處, 討出藥方, 修合刀甃箭傷藥劑, 前赴李都督軍前, 醫治被傷官軍. 請勿遲延. 須至咨者.
右咨朝鮮國王.

萬曆二十一年正月二十八日.

발신: 요동도사군정첨서관둔겸국포사도지휘사 장(張)
사유: 왜정에 관한 일입니다.

본월 28일, 흠차경략계요보정산동등처방해어왜군무병부우시랑 송(宋)이 보낸 야불수가 본사에 전시(傳示)하기를, 즉시 귀국에 전하여 의사(醫士)에게 명해 약재를 본원 노야가 있는 곳에 가져다 놓을 것이며, 약 처방을 찾아내어 칼에 의한 부상과 화살에 의한 상처에 맞는 약을 제조하여 이(李) 도독의 진영에 가져다 놓아 부상당한 관군을 치료하도록 하라는 것이었습니다. 청컨대 지연되지 않도록 하십시오. 자문이 잘 도착하기를 바랍니다.

이 자문을 조선국왕에게 보냅니다.

만력 21년 1월 28일.

22. 回咨
21b-22a(44~45쪽)

朝鮮國王,

准來咨該 爲 倭情 事. 本月二十八日, 奉 欽差經略薊遼保定山東等處防海御倭軍務兵部右侍郞 宋 傳示本司 云云. 等因.

准此. 當職爲照, 療治傷瘡, 委係緊急. 當職就著該管官曹, 卽差醫士, 前去經略兵部根前, 多將藥料, 討出該方, 修劑宜藥, 前赴提督軍前, 遇有被傷官軍, 遵依療救. 務要痊活外, 爲此, 合行回咨, 請照驗施行. 須至咨者. 右咨遼東都司軍政僉書管屯都指揮使.

萬曆二十一年二月初二日.

발신: 조선국왕

사유: 보내온 자문을 받으니, 「왜정에 관한 일입니다. 본월 28일에 흠차 경략계요보정산동등처방해어왜군무병부우시랑 송(宋)이 본사에 전시(傳示)하였습니다. 운운」 하였습니다.

이를 받고 당직이 삼가 살펴보니, 부상자를 치료하는 일이 실로 긴급합니다. 당직이 담당 관서로 하여금 즉시 의사를 파견하여 경략병부의 처소에 나아가게 하고, 약재를 많이 가져다 놓을 것이며, 해당 약 처방을 찾아 마땅한 약을 제조하여 제독 군전에 가져다 놓아 부상당한 관군이 있으면 뜻하신 바와 같이 치료에 도움이 되도록 하겠습니다. 치료와 재활에 힘쓰는 것 외에, 이에 마땅히 자문에 회답하니 청컨대 살펴 시행하십시오. 자문이 잘 도착하기를 바랍니다.

이 자문을 요동도사군정첨서관둔도지휘사에게 보냅니다.

만력 21년 2월 2일.

23. 艾戶部行查運餉海道
22a-23a(45~47쪽)

欽差經理征倭糧餉戶部主事 艾,

爲 查海道, 以便接濟 事.

照得, 糧餉爲三軍司命, 關係匪細, 卽今數萬軍馬, 雲集王京, 饋餉不繼, 深爲可慮. 除陸路轉運外, 本部嚴催海盖道, 整頓船隻, 由海運糧, 前赴朝鮮, 水陸兼進, 庶克有濟. 本道已回, 船隻俱備. 等情.
到部. 但查得, 平壤東有大江, 開城西有大江, 俱通于海, 今議將糧船, 由旅順金州, 各口開船遵海, 而東過馬頭山, 或至愛州, 或至平壤, 或至開城. 其海路應否可行, 相去各若干里, 風順幾日可到, 該國官民知之必熟, 相應行查. 爲此, 合咨前去朝鮮國王, 遵照咨文事理, 卽將前項海運道路查明, 作速回咨本部, 以憑立等轉發施行. 須至咨者.
右咨朝鮮國王.

萬曆二十一年正月二十八日.

발신: 흠차경리정왜양향호부주사 애(艾)

사유: 해도를 살펴 접제(보급)를 편하게 해 주시기 바랍니다.

살펴보건대, 양향(糧餉)은 삼군(三軍)의 사명(司命)을 다룸에 관계됨이 적지 않은즉, 지금 수만의 군마가 왕경에 운집하였는데, 먹일 군량이 이어지지 않아 심히 우려됩니다. 육로로 운반하는 외에 본부에서 해개도(海盖道)에 선박을 정비하여 바다로 곡식을 운반하여 조선으로 보내 수륙으로 아울러 나아가도록 독촉하면 거의 구제될 수 있을 듯합니다. 본도(本道)에서는 이미 회답을 보내 선박이 구비(俱備)되었다는 내용이 본부에 도착했습니다. 다만 알아본바, 평양 동쪽에 큰 강이 있고 개성 서쪽에 큰 강이 있어 모두 바다로 통한다고 하여, 지금 의논해 보건대 운량하는 선박을 여순(旅順)·금주(金州)를 거쳐 각 포구에서 배를 띄워 바닷길을 따라 동쪽으로 마두산(馬頭山)을 지나면 애주(愛州)45)에 이르기도 하고, 평양에 이르기도 할 것이며, 또는 개성에 이른다고 합니다. 그 해로의 갈 수 있는지 여부와 가히 갈 만하다면 거리가 각각 몇 리 정도이며 바람이 순풍이면 며칠 만에 도착할 수 있을지를 해당 지역의 관민(官民)이 반드시 익숙히 알 것이니 당연히 조사해야 할 것입니다. 이에 마땅히 자문을 작성하여 조선국왕에게 보내니 자문의 내용에 따라 곧바로 전항의 해운하는 경로를 명백히 조사하여 서둘러 본부에 자문으로 회답해 주십시오. 이를 근거로 즉시 전달하려 합니다. 자문이 잘 도착하기를 바랍니다.

이 자문을 조선국왕에게 보냅니다.

만력 21년 1월 28일.

---

45) 의주(義州)를 가리킨다.

24. 回咨
23a-23b(47~48쪽)

朝鮮國王,

准來咨該 爲 查海道, 以便接濟 事 云云. 等因.

准此. 行該戶曹狀啓.
　就將熟知海路船戶人等拘問, 自義州鴨綠江沿海, 邐迆而東, 至平壤府大同江六百餘里, 自大同江沿海, 邐迆而南, 至開城府禮成江七百餘里. 其間雖有洲嶼礁港, 水路迂曲, 而別無難通去處, 風和汛順, 則自義州至開城, 四五日可到. 等因.

當職爲照, 天朝曲垂矜恤, 旣行先調軍馬, 進剿兇醜, 又要接濟糧餉, 查問海路, 其爲小邦慮備, 至雖父母之撫赤子, 無以加焉. 旣拘船戶, 查問明白, 理宜回復, 聽候通行. 爲此, 合行回咨, 請照驗施行. 須至咨者.

右咨戶部分司.

萬曆二十一年二月初一日.

발신: 조선국왕

사유: 보내온 자문을 받으니, 「바닷길을 조사하여 접제에 편하게 해 주십시오. 운운」 하였습니다.

[조선국왕] 이를 받고 관련하여 호조에 문서를 보내 장계를 받았습니다.

[호조] 곧바로 나아가 해로를 익숙히 알고 있는 선호(船戶)의 인민에게 구문(拘問)하니 의주의 압록강 연해로부터 동으로 이어져 평양부 대동강까지 6백여 리이며, 대동강 연해로부터 남으로 이어져 개성부 예성강까지 7백여 리라고 합니다. 그 사이에 비록 주서(洲嶼)·초항(譙港) 등이 있으며 수로가 굽어져 있다고는 하지만, 통과하기 어려운 곳은 따로 없다고 합니다. 풍랑이 온화하면 의주에서 개성까지 4, 5일 만에 도착할 수 있습니다.

[조선국왕] 당직이 살펴보건대, 천조에서 곡진하게 긍휼히 여겨 먼저 군마를 조발하여 흉적을 초멸하고 또한 군량을 보급하려 하여 해로까지 조사하니, 그 소방을 위하여 염려하고 대비함이 비록 부모가 갓난아기를 돌본다 하더라도 이보다 더할 수 없을 것입니다. 이미 선호에 구문하여 조사가 명백하여 이치상 마땅히 회보[回復]하고 (귀부에서) 두루 전달해 주기를 기다리겠습니다. 이에 마땅히 자문으로 회답하니 청컨대 살펴 주십시오. 자문이 잘 도착하기를 바랍니다.

이 자문을 호부분사(戶部分司)에 보냅니다.

만력 21년 2월 1일.

25. 張都司發送布帽換貿粮料
23b-24b(48~50쪽)

遼東都司軍政僉書管屯兼局捕事都指揮使 張,
爲 緊急倭情 事.

據 委官東寧衛指揮使趙國英 呈.
　蒙 欽差分守遼海東寧道兼理邊備屯田山西布政使司右參政使 韓 憲票,
　差委本官, 易買靑藍布匹絨毛帽送呈.
到司. 據此. 查驗足數俱, 照彼中時值價銀, 靑布一千二百匹, 每匹銀三錢五分, 共銀四百二十兩, 藍布三千九百九十七匹, 每匹銀二錢二分, 共銀八百七十九兩三錢四分, 平陽府, 絨帽五百頂, 每頂銀八分, 共銀四十兩, 羊毛帽五百頂, 每頂銀四分五釐, 共銀二十二兩五錢, 通共用價銀, 一千三百六十一兩八錢四分. 照數查交, 本國鎭撫洪道, 轉發臨近州縣, 易換糧料, 送至軍前, 接濟大兵支用. 爲此, 合咨前去, 煩請貴國, 再差能幹老成官二員, 分投易換米豆草束, 無分星夜, 運至軍前應用, 勿致延緩. 希文回照查考施行. 須至咨者.
右咨朝鮮國王.

萬曆二十一年正月二十七日.

발신: 요동도사군정첨서관둔겸국포사도지휘사 장(張)
사유: 긴급한 왜정에 관한 일입니다.

[장삼외] 위관 동녕위(東寧衛) 지휘사 조국영의 정문을 받았습니다.
　[조국영] 흠차분수요해동녕도겸리변비둔전산서포정사사우참정사 한(韓)[46]의 헌표를 받들었는데 (그 내용은) 본관(조국영)을 차임하여 교역매매[易買]할 청람포필(靑藍布匹)과 융모모(絨毛帽)를 보내는 것입니다.
[장삼외] 정문이 본사(本司)에 도착했습니다. 이를 받으니 다음과 같았습니다. 전부 갖추어져 있는 것을 검토하여 다 헤아리고 저들의 시가에 따라 은으로 값을 매겨 보니, 청포(靑布)는 1,200필에 각필마다 은 3전 5푼이므로 총 은 420냥이고, 남포(藍布)는 3,997필에 각필마다 은 2전 2푼이므로 총 은 879냥 3전 4푼이고, 평양부(平陽府) 융모(絨帽)는 500정(頂)에 각정마다 은 8푼이므로 총 은 40냥이며, 양모 모자는 500정에 각정마다 은 4푼 5리이므로 총 22냥 5전이었습니다. 총 공용가 은(銀)은 1,361냥 8전 4푼이었습니다. 수량을 대조하고 교차 검토한 후 본국의 진무(鎭撫) 홍도(洪道)가 인근 주현에 옮겨 두어, 양료(糧料)로 교환하여 군전에 보내 대병(大兵)이 사용할 수 있도록 보급하고자 합니다. 이에 마땅히 자문을 작성하여 보내니 번거롭겠지만 청컨대 귀국에서는 다시 유능하고 노성한 관원 2명을 차임하고 나누어 보내어 미두(米豆)와 말먹이를 교환하는 일을 분각(分刻)의 틈을 두지

---

46) 한취선(韓取善, 1546~1618)을 가리킨다.

말고 성화와 같이 서둘러 군전에 운반하여 마땅히 처리하여 주시고 지연됨에 이르지 않게 해 주십시오. 바라건대 검토하여 시행한 내용을 우리가 조사하고 살필 수 있도록 문서로 회보해 주십시오. 자문이 잘 도착하기를 바랍니다.

　이 자문을 조선국왕에게 보냅니다.

만력 21년 1월 27일.

26. 回咨
24b-25b(50~52쪽)

朝鮮國王,

准來咨該 爲 緊急倭情 事. 據 委官東寧衛指揮使趙國英 呈. 蒙 欽差分守遼海東寧道右布政使 韓 憲票 云云. 等因.

准此. 查照, 先該, 本年正月內, 准貴司咨, 將靑藍布匹絨帽等件, 易換米豆草束, 助濟糧餉等事, 備開前來, 已著該管官曹, 先差的當官役, 以待搬運, 至日分投貿換. 去後, 今准前因, 當職爲照, 上國官司, 猶慮小邦糧餉不敷, 至將另項貨物, 懋遷有無, 通融使用, 以濟大兵支用, 雖家人父子之間, 亦不是過. 第以小邦喪敗之餘, 物力匱竭, 以致答應不全, 貽憂上國, 至於此極, 實深慙惕. 今照咨內事理, 就著該曹, 轉行各道附近州縣, 如遇前項貨物運送前來, 照依原定價值, 隨便易換米豆草束, 刻期趲運, 遞送軍前, 以備應用, 毋致窘乏外, 爲此, 合行回咨, 請照驗查考施行. 須至咨者.
右咨遼東都司軍政僉書管屯都指揮使.

萬曆二十一年二月初四日.

발신: 조선국왕

사유: 보내온 자문을 받으니, 「긴급한 왜정의 일입니다. 위관(委官) 동녕위 지휘사 조국영의 정문입니다. 흠차분수요해동녕도우포정사 한(韓)의 헌표(憲票)를 받들었습니다. 운운」 하였습니다.

이를 받아 살펴보니 이전 본년(1593) 1월 중 받은 귀사의 자문에 청람포필·융모 등 건을 쌀·콩·풀과 교환하여 군량을 보급하라는 등의 일을 갖추어 기술하여 보내왔기에, 이미 해당 관서로 하여금 먼저 적당한 관원을 차임하여 운반되어 오는 것을 기다려 도착하는 날에 나눠 보내어 교환하게 하였습니다. 이러한 조치를 취한 뒤 지금 앞의 문서를 받아 당직이 살펴보건대 상국의 관사(官司)에서 여전히 소방의 군량이 부족함을 염려하여, 별도의 물자 항목은 교역하도록 하여 융통 및 사용이 되게 하여 대병이 사용할 물자로 보급하게까지 했습니다. 비록 가족으로서 부자지간이라 하더라도 또한 이보다 더하지는 못할 것입니다. 다만 소방이 심하게 손상된 나머지 물력이 고갈되어 대응[答應]이 온전하지 못하여 상국에 걱정을 끼치게 하였으니, 이토록 망극함에 이르러서는 실로 심히 부끄럽고 두려울 따름입니다. 지금 자문의 내용에 따라 곧바로 해조(該曹)로 하여금 각 도 부근의 주현에 전달하게 하여 만약 전항의 물자를 운송하여 보내오면, 원래 정해진 가격대로 편의에 따라 쌀·콩·풀을 교환하고 기한을 정해 급히 운반하도록 하겠습니다. 그리하여 군전으로 체송(遞送)하도록 하여 응용에 대비하고 모자람에 이르지 않도록 하는 외에도, 이에 마땅히 자문으로 회답하니 청컨대 살펴 주십시오. 자문이 잘 도착하기를 바랍니다.

이 자문을 요동도사군정첨서관둔도지휘사에게 보냅니다.

만력 21년 2월 4일.

27. 經略請國王進駐平壤
25b-26b(52~54쪽)

欽差經略薊遼山東等處防海禦倭軍務兵部右侍郎 宋,
爲 天討方張, 平壤已復, 合知會國王, 鼎新防守, 以還舊業 事.

粤自倭奴倡亂, 奪據本國三韓八道, 奄爲倭有所未下者, 肅寧以及義州數百里耳. 天朝念國王世篤忠貞, 乞哀甚切, 特發大兵援救. 王師一擧, 斬獲數多, 恢復平壤, 不踰一日, 此實我聖天子神武布昭, 天威赫奕之所致也. 顧平壤爲本國重鎭都會之區, 相應知會整飭修守, 以還舊業. 爲此, 除具題請旨宣諭外, 合先咨請國王, 即便督率軍民, 前去平壤, 坐鎭防守. 王其念今日江山失而復得, 先王基業幸而再存, 兢兢於國步之艱, 拳拳於鼎新之治, 建置臣工, 招集豪傑, 選將練兵, 儲粮置器, 修理城池, 把守險隘, 撫恤瘡痍, 慰安士女. 一面上緊派撥人夫車馬, 自義州起至王京, 遞運中國及王本國粮料, 以便進攻王京大兵支用. 此係萬萬喫緊, 非一時一刻所可緩者. 仍號召八道軍兵前來恊助, 庶幾倭奴可乘勝而盡除, 王京可一鼓而復下. 王其勉之毋怠. 須至咨者.
右咨朝鮮國王.

萬曆二十一年正月二十四日.

발신: 흠차경략계료산동등처방해어왜군무병부우시랑 송(宋)
사유: 천토(天討)를 시행하여 평양이 회복되었음을 마땅히 국왕에게 알리니, 마음을 가다듬고 지킴으로써 구업(舊業)으로 돌아가야 할 것입니다.

왜노가 난리를 일으킨 뒤 본국의 삼한, 팔도를 탈취하고 점거하였는데 왜인들에게 들어가지 않은 것은 숙녕(肅寧)47)부터 의주(義州)에 이르는 수백 리 뿐이었습니다. 천조(天朝)에서는 국왕이 대대로 충정(忠貞)을 돈독히 해온 점과 애처로운 간청이 심히 간절함을 생각하여 특별히 대군을 내어 구원하였습니다. 왕사(王師)를 한 번 움직여 수많은 참획을 얻고 하루 만에 평양을 회복하였으니, 이는 실로 우리 성천자(聖天子)의 신묘한 무공이 널리 퍼지고 천위가 빛났기에 가능했습니다. 돌아보건대, 평양은 본국의 중진(重鎭)으로 번성한 지역이니 마땅히 수비 태세를 정돈하여 구업으로 돌아가야 할 것입니다. 이에 제(題)를 갖추어 성지(聖旨)를 청하여 선유하게 하는 것 외에도, 마땅히 먼저 자문으로 국왕께 청하오니 곧바로 군민(軍民)을 독려하여 이끌고 평양에 가서 좌진(坐鎭)하며 지키십시오. 왕께서는 오늘날 강산을 잃었다가 다시 찾으셨으니 선왕의 기업이 다행히 유지되었음을 생각하여 국운의 어려움에 조심히 삼가고 새로이 고치는 다스림에 마음을 다하여, 여러 신하

---

47) 조선시대 평안도 숙천(肅川)에 위치했다. 평안도 관할 13관(館)의 하나인 숙녕관(肅寧館)이 숙천에 설치되었으며 숙녕역(肅寧驛)도 주요 역도의 일부였다. 선조 26년(1593) 초부터 명군의 여러 주둔지 가운데 하나였으며, 그해 2~6월에는 의주까지 파천했던 선조가 영유에 행궁(行宮)을 두고 숙천과 안주 등지를 행행했으며, 6월 말에 이르러 강서현의 행궁으로 이동했다. 그 사이에 선조는 종종 숙녕관에서 명의 장수와 관원들을 접견했다.

들을 적소에 배치하고 호걸들을 불러모으며 장수를 뽑아 군사를 훈련시키고, 양곡과 무기를 저축하며 성지를 수리하고 험한 곳을 파수하며 질고를 어루만져서 백성들을 위로하고 안심시키십시오. 동시에 시급히 인부·수레·말을 보내어 의주에서부터 왕경까지 중국과 왕의 나라의 군량(粮料)을 운반함으로써 왕경으로 진공하는 대군이 쓰기 편하도록 하십시오. 이는 매우 긴요한 것이니 한시 한때라도 늦출 수 있는 것이 아닙니다. 이어서 팔도의 군병들을 불러와 협조하게 하면 왜노에게 승승장구하여 모두 제거하고, 한 번의 진격으로 왕경을 수복할 수 있을 것입니다. 왕께서는 힘쓰기를 게을리하지 마십시오. 자문이 잘 도착하기를 바랍니다.

이 자문을 조선국왕에게 보냅니다.

만력 21년 1월 24일.

28. 劉員外酌置派撥以便急報
26b-28a(54~57쪽)

欽差經略贊畫薊遼保定山東等處防海禦倭軍務加四品服兵部武庫淸吏司員外郞 劉,

爲 大兵遠出, 酌置傳報, 以便調度 事.

奉 欽差經略薊遼保定山東等處防海禦倭軍務賜一品服兵部右侍郞 宋 箚付.
前事, 准本部咨.

　　職方淸吏司案呈, 該本部題. 照得, 邇者, 經略提督諸臣, 業已奉命, 督師赴援朝鮮, 征進之機, 遠在彼中, 固非臣等所能遙度. 又屢具題請悉聽便宜行事, 亦非臣等所可中制. 惟是內地之防禦, 實視敵人之情形, 故偵探少有未眞, 傳報少有不速, 一悞軍機, 干係匪細. 查得萬曆二十年, 寧夏軍事, 俱五日一報, 今日似當照例申飭. 卽事關機密者, 不宜輒自宣洩, 而敵人進退之狀, 與夫臨陣攻取之略, 不妨據實上聞, 一以上慰聖懷, 一以下便調度. 又查薊遼一帶沿途, 派撥塘軍, 率多疲弊, 不免有悞, 似應厚給粮料, 稍恤奔命之苦, 以便責成. 合無恭候命下本部, 移文經略侍郞 宋, 將彼中倭寇情形消息, 幷軍中一應事理, 除應秘密者不報外, 其餘或咨或奏, 具要五日一報. 仍行薊遼總督撫鎭衙門, 將沿途派撥走塘軍馬料糧, 量加優厚, 仍傳諭如遇經略提督公文到日, 即勒限時刻, 無分晝夜, 火速傳遞. 少有遲悞, 嚴行挨查究以軍法. 等因.
奉聖旨.
　是
欽此.
備查到部. 擬合就行. 爲此, 箚仰該司, 照依本部題奉欽依內事理, 即將倭寇情形消息, 幷軍中一應事理, 每五日一次, 據實依限呈報本部, 以憑轉報施行. 此係題奉欽依事理, 毋得遺漏遲悞, 及參差未便. 等因. 奉此. 爲照, 平壤已克, 大兵雲集, 王京相機進勦, 本司旅駐義州, 道路遙隔, 其倭寇情形消息, 幷軍中一應事理, 不得預聞, 難以轉報. 今奉箚開諭前因, 擬合就行. 爲此, 合咨前去, 煩爲查照題奉欽依內事理, 即便備行兵曹僉判及領兵等官, 查將倭寇去向情形消息, 幷軍中一應事理, 每五日一次, 據實依限馬上飛報本司, 以憑轉報施行. 勿得遺漏違遲及參差未便. 須至咨者.
右咨朝鮮國王.

萬曆二十一年正月二十九日.

발신: 흠차경략찬획계료보정산동등처방해어왜군무의 직함에 4품복을 더한 병부무고청리사 원외랑 유(劉)[48]

---

48) 유황상(劉黃裳, ?~?)을 가리킨다.

사유: 대군이 멀리 출정했으니 적절히 파발(傳報)을 설치하여 조발하기 편하게 해야 합니다.

[유황상] 흠차경략계요보정산동등처방해어왜군무의 직함에 1품복을 하사받은 병부우시랑 송(宋)의 차부(箚付)를 받았습니다.
　[송응창] 전사(前事)에 관한 본부의 자문을 받았소.
　　[병부] 직방청리사의 안정으로 본부가 올린 제(題)입니다. 「생각건대 이번에 경략과 제독, 여러 신하들이 군대를 거느리고 조선에 가라는 명을 받들었는데, 정벌하는 중요한 일이 멀리 저곳에 있으므로 진실로 신들이 멀리서 헤아릴 수 있는 바가 아닙니다. 또 누차 제를 갖추어 모두 편의대로 일을 행하게 할 것을 청하였으나, 이 또한 신들이 중간에서 절제할 수 있는 바가 아닙니다. 생각건대, 내지의 방어는 실제로 적의 정형을 보기 때문에 정탐함에 있어 조금이라도 진상이 아님이 있거나, 보고를 전함에 있어 조금이라도 신속하지 않음이 있으면 군기를 그르치게 되니 관계됨이 작지 않습니다. 조사해 보건대, 만력 20년(1592) 영하(寧夏)에시 치른 진쟁에시는 5일마다 한 차례씩 보고하였으니 오늘날에도 마땅히 이 전례를 따르도록 신칙해야 하겠습니다. 일과 직접 관계된 기밀은 번번이 누설되지 않도록 함이 마땅하겠으나, 적들이 오가는 상황과 전투에서 공격해서 취하는 기략은 사실대로 아뢰게 해도 무방할 것이니 위로는 성상의 마음이 위로되고 아래로는 일처리가 편리해질 것입니다. 또 계주(薊州)와 요동(遼東) 일대 연도의 파발과 당보군(塘報軍)이 거의 대부분 피폐하여 착오를 면치 못하니, 응당 양료(粮料)를 후하게 지급하여 명(命)을 가지고 내달리는 고통을 조금이라도 위로하여 이로써 책임지고 임무를 완수하기 편하도록 해 주어야 하겠습니다. 공경히 병부에

명하시기를 기다렸다가 경략시랑 송응창에게 문서를 보내어 저들 가운데 왜구의 정형 및 소식이나 군중의 일체 사리를 아울러 비밀에 해당하여 보고하지 않을 것은 제외하고, 그 나머지는 자문이나 주본으로 갖추어 5일마다 한 차례씩 보고하게 하는 것이 어떨까 합니다. 이어서 계료총독과 순무·진수총병 아문에서 연도의 파발과 당보군의 마료(馬料)·군량을 헤아려서 더욱 후하게 지급하도록 하고, 또 유시를 전하여 만약 경략과 제독의 공문이 도착하게 되면 즉시 기한을 정하여 낮과 밤을 가리지 않고 신속히 전하게 하십시오. 조금이라도 지연되거나 착오가 있으면 엄히 철저하게 조사하여 군법을 적용하게 하소서.」 이에 성지를 받았습니다.

[황제] "옳다."

[병부] 삼가 받들었습니다.

[송응창] (이상의 내용을) 참고하도록 부(部)에 보냈소. 헤아리건대 마땅히 곧바로 시행해야 하겠소. 이에 차부를 내리니 바라건대 해사(該司)는 본부의 제본(題本)과 받든 성지의 사리를 살펴서 즉각 왜구의 정형 및 소식이나 군중의 일체 사리를 아울러 5일마다 한 차례씩 사실대로 기한에 의거하여 정문으로 본부에 보고하여 이를 근거로 전보(轉報)하게 하시오. 이는 제본으로 받든 성지의 사리인 만큼, 빠뜨리거나 지연되어서는 안 될 것이며 들쭉날쭉하게 되면 불편하게 될 것이오.

[유황상] 이를 받고 살펴보건대 평양을 이미 함락하였고 대군이 운집하여 기회를 살펴 왕경으로 진격하여 초멸하고자 하는데 본사가 모두 주둔한 의주는 길이 멀어서 왜구의 정형 및 소식이나 군중의 일체 사리를 아울러 미리 듣기 어려우므로 전보하기 어렵습니다. 지금 받든 차부에서 거론한 전인(前因)을 헤아리건대 마땅히 곧바로 시행해야 하겠습니다. 이에 마땅히 자문을

보내니 번거롭더라도 제본과 받든 성지의 사리를 살펴서 즉각 편의대로 병조참판49)과 군대를 이끄는 관원들에게 왜구의 행적에 대한 정형 및 소식이나 군중의 일체 사리를 아울러 조사하여 5일마다 한 차례씩 사실에 의거하여 기한 내에 신속히 본사에 보고하고 이에 의거하여 전보하게 해 주십시오. 빠뜨리거나 지연되어서는 안 될 것이며 들쭉날쭉하게 되면 불편할 것입니다. 자문이 잘 도착하기를 바랍니다.

이 자문을 조선국왕에게 보냅니다.

만력 21년 1월 29일.

---

49) 문맥으로 보아 '僉判'은 '參判'의 오기로 추정된다.

29. 回咨
28b-29a(58~59쪽)

朝鮮國王,

准來咨該 爲 大兵遠出, 酌置傳報, 以便調度 事. 奉 欽差經略薊遼保定山東等處防海禦倭軍務賜一品服兵部右侍郞 宋 箚付, 前事 云云. 等因.

准此. 當職爲照, 行部奉命督師赴援本國, 深慮傳報遲延有悞軍機, 量加走塘粮料, 著令五日一報. 至於江東沿路, 亦要照例飛報. 其專心機務, 矜恤小邦之意至矣, 不勝感激. 今依題奉欽依內事理, 就行兵曹等官, 查將倭寇去向消息, 幷軍中一應事理, 照依內地走報事例, 著令定限飛報外, 爲此, 合行回咨, 請照驗轉報施行. 須至咨者.
右咨兵部分司.

萬曆二十一年二月初六日.

발신: 조선국왕

사유: 보내온 자문을 받으니, 「대군이 멀리 출정했으니 적절히 파발(傳報)

을 설치하여 조발하기 편하게 해야 합니다. 전사(前事)에 대한 흠차 경략계료보정산동등처방해어왜군무의 직함에 1품복을 하사받은 병부 우시랑 송(宋)의 차부(箚付)를 받았습니다. 운운」 하였습니다.

이를 받고 당직이 살펴보건대, 행부(行部)가 명을 받들어 군대를 거느리고 본국을 구원하였는데 전보가 지연되어 군기를 그르치는 일이 있을까 깊이 걱정하여 파발과 당보군의 양료(糧料)를 헤아려서 더 지급하고 5일마다 한 차례씩 보고하도록 했습니다. 강 동쪽의 연도에서도 비보(飛報)할 때 이 예에 따르도록 하겠습니다. 그 기무에 마음을 다하고 소방을 가엾게 여기는 뜻이 지극하니, 감격스러움을 이기지 못하겠습니다. 지금 제(題)와 받든 성지(聖旨)의 사리대로 곧바로 병조의 관원 등에게 왜구의 행적에 대한 정형 및 소식이나 군중의 일체 사리를 아울러 조사하여 내지의 주보하는 일의 예를 따라서 정해진 기한에 비보하게 하는 것 외에도, 이에 마땅히 자문에 회답하니, 청컨대 밝게 살펴서 전보(轉報)해 주십시오. 자문이 잘 도착하기를 바랍니다.

　이 자문을 병부분사에 보냅니다.

만력 21년 2월 6일.

30. 本國懇陳運餉情理
29a-30a(59~61쪽)

朝鮮國王,

爲 俯諒微悰, 另加寬宥 事.

萬曆二十一年二月初五日, 准 欽差經略征倭糧餉戶部主事 艾 咨.

該爲 查究該國稽悮軍需 事. 節該.

餘醜迯遁王京, 我兵乘勝進取, 所賴糧草, 最爲喫緊. 該國君臣, 自當竭力盡心晝夜搬運接濟. 今查義州鎭催調人畜甚少, 以致搬運不前. 及查前途州縣, 該國有司, 通不稽查催趲. 近准提督, 屢稱.

不能接濟, 該國 上負聖上救援之仁, 下孤三軍遠征之苦, 法當重處, 姑免參究. 等因.

准此. 查照, 先該, 本年正月二十四日, 准本部咨.

奉欽差經略薊遼等處禦倭軍務兵部右侍郎 宋, 差官齎迗令旗令牌.

卽將一應糧草行令作速轉運. 如有委官稽悮者, 拿赴令旗令牌前, 卽時斬首示衆. 等因.

到部. 爲照, 進取王京應用糧草, 須當速運, 庶無匱乏. 若怠緩逡巡以

> 致遲悞, 乞照前項軍法施行. 等因.
>
> 得此. 已經嚴諭該管官員, 督同沿路官司, 盡調人夫牛馬, 星夜催運接濟軍用. 去後, 今該前因. 當職爲照, 小邦被賊殘破潰散, 而況沿路一帶凋弊尤極. 目今王師電邁一刻爲急, 而糧草欠缺士馬俱飢, 致使兇醜餘黨假息日久. 今蒙該部切責, 當職慙懼交幷. 伏乞貴部體皇上撫綏之仁, 念小邦殘弊之極, 特加寬容, 終始拯濟. 爲此, 合行移咨, 請照驗施行. 須至咨者.
> 右咨行兵部.
>
> 萬曆二十一年二月初八日.

발신: 조선국왕

사유: 미미한 정성을 굽어 살펴 따로 너그러움을 베풀 것을 바랍니다.

[조선국왕] 만력 21년 2월 5일, 「그 나라가 군수를 지연시킨 일을 조사하는 일」에 대한 흠차경략정왜양향호부주사 애(艾)의 자문을 받았는데, 대략 다음과 같습니다.

[애유신] 남은 무리가 왕경으로 도망하매 우리 군대가 승기를 타고 나아가 취하려 하는데 의지하는 바는 군량과 마초로서 (이는) 가장 긴급한 것입니다. 조선의 군신은 스스로 마땅히 힘과 마음을 다하여 밤낮으로 운반하고 접제해야 했습니다. 지금 조사한 바로는 의주진에서 징발한 사람과 가축이 매우 적어 운반이 나아가지 못하는 상황에 이르렀습니다. 또한 조사해 보니 앞길 주현의 경우 조선의 담당 관리들은 운송 독촉을 전혀 조사하지 않았습니다. 최근 제독께서 저희에게 보낸 문서에 여러 번 '접제가 안 된다. 조선이 위로는 성상께서 구원하려는 인덕을 저버리고 아래로는

외로운 삼군이 원정하는 고충을 내버려 두는 것이다. 법으로는 마땅히 중벌에 처해야 할 것이나 우선 논핵하는 것을 면해 준다.'라고 하였습니다.

[조선국왕] 이를 받고 살펴보건대 앞서 본년 1월 24일에 본부의 자문을 받았습니다.

[호부] 흠차경략계요등처어왜군무병부우시랑 송(宋)의 차관이 가져온 영기와 영패를 받습니다.

[송응창] 즉시 일체의 군량과 말먹이 풀을 속히 운반하고 만약 위관 중 태만한 자가 있거든 영기와 영패 앞으로 붙잡아 와서 즉시 참수해서 무리에게 돌려 보이도록 하십시오.

[호부] 본부에 도착하여 살펴보았습니다. 왕경으로 진격할 때 응땅 쓸 군량과 말먹이 풀은 마땅히 속히 운반해야 궤핍함이 없게 될 것입니다. 만약 태만하거나 느릿느릿 뒤로 물러나 지체되는 잘못에 이른다면 바로 전항에 따라 군법을 시행해야 합니다.

[조선국왕] 이를 받고 이미 엄중히 해당 관리들에게 유시해서 그들이 운송로를 담당하는 관리들로 하여금 인부와 우마를 모두 조발해서 속히 군수품을 운반, 접제토록 했습니다. 이러한 조치를 다한 후 이번 자문을 받았습니다. 당직이 생각하건대 소방은 적의 침략으로 파괴되고 흩어졌고 더욱이 연로 일대는 피해가 극에 달했습니다. 지금 왕사(王師)가 우레와 같이 진격함이 일각이 급합니다만 군량과 마초 (수송)에 흠결이 있어 인마가 모두 주려서 (마침내) 흉한 무리의 여당이 틈을 갖고 쉬는 날이 길어지게 하는 데 이르렀습니다. 이제 귀부의 엄한 질책을 받으니 당직은 부끄러움과 두려움이 함께 어우러집니다. 삼가 바라건대 귀부(행병부)는 황상께서 어루만지고 편안케 하는 인덕을 체득하고 소방의 잔폐가 극에 달함을 생각하여 특별히 관용을 더해서 끝까지 구제하여 주십시오. 이에 마땅히 자문을 보내니 청컨대 살

펴 주십시오. 자문이 잘 도착하기를 바랍니다.
 이 자문을 행병부에 보냅니다.

 만력 21년 2월 8일.

31. 回咨
30a-31b(61~64쪽)

欽差經略薊遼保定山東等處防海禦倭軍務兵部右侍郎 宋,
爲 俯諒微悰, 另加寬宥 事.

准 朝鮮國王 咨. 前事, 內稱.
　小邦被賊殘破軍民潰散, 而況沿路一帶, 凋弊尤極. 目今王師電邁一刻
　爲急, 而糧草欠缺, 士馬俱飢, 致使兇醜餘黨假息日久. 今蒙該部切責,
　當職慚懼交幷. 伏乞體皇上撫綏之仁, 念小邦殘弊之極, 特加寬容, 終
　始拯濟. 等因.
到部. 准此. 先據 委官都司張三畏 呈稱.
　准國王咨, 開.
　　本國自義州至平壤一帶存儲, 糧料大小米共計四萬五千五百餘石, 可
　　彀五萬軍兵, 四十餘日支用, 黃豆三萬五千五百六十餘石, 草八萬八
　　千九十餘束 可彀三萬馬匹, 三十餘日餧養. 等因.
故我大兵, 以王京蒭糧已備, 幷力前進. 今幸一戰取平壤, 再戰就開城,
三戰碧蹄舘又復斬級. 平安黃海京畿江原等道 中和黃州鳳山瑞興等郡縣

悉還朝鮮. 正宜乘此兵威, 盡滅醜類, 而王國軍糧告匱, 中國糧料又轉運不前, 致使兵屯開城, 士多枵腹. 夫人生一日, 不再食則飢, 況被甲挽強之衆, 值此風霜冰雪, 欲使之冒白刃, 奮勇血戰, 以成戰功, 而使其腹不得飽馬不得騰, 倘軍心怨憤, 遂爾脫巾, 寧不悞大事耶. 故管糧艾主事, 身任度支, 覩此千里餽糧接濟不及, 是以, 爲此激切之語, 其情實有大不得已者. 今中國糧料現在搬運, 王國亦宜亟督人夫倂力轉輪, 務使三軍不致乏食, 庶克有濟. 爲此, 合行移咨, 查照施行. 須至咨者.
右咨朝鮮國王.

萬曆二十一年二月十七日.

발신: 흠차경략계요보정산동등처방해어왜군무병부우시랑 송(宋)
사유: 미미한 정성을 굽어살펴 따로 너그러움을 베풀 것을 바랍니다.

[송응창] 전사(前事)에 대해 받은 조선국왕의 자문은 다음과 같습니다.
　[조선국왕] 소방은 왜적의 침략으로 파괴되고 흩어졌는데 더욱이 연로 일대는 피폐함이 극에 달했고 지금 왕사(王師)가 우레와 같이 진격함이 일각이 급한데 군량과 말먹이 풀이 부족하여 인마가 모두 주리고 있어 흉한 무리의 여당이 휴식하기에 이르렀습니다. 이제 귀부의 절책을 받으니 당직은 부끄러움과 두려움이 함께 어우러집니다. 삼가 바라건대 귀부에서는 황상께서 어루만지고 편안케 하는 인덕을 체념(體念)하고 저희 나라의 피폐함이 극에 달함을 생각해서 특별히 관용을 더하여 끝까지 구제하여 주십

시오.

[송응창] 본부에 도착했습니다. 이것을 받았습니다. 위관 도사 장삼외(張三畏)로부터 받은 정(呈)은 다음과 같습니다.

[장삼외] 국왕에게서 받은 자문에서 "본국이 의주로부터 평양에 이르는 일대에 비축한 양료(糧料)는 대소미 총 4만 5,500여 석으로 5만 명의 군병에 40여 일을 보급할 수 있는 양이고, 황두(黃豆)는 3만 5,560여 석, 풀은 8만 8,090속으로 3만 필의 말을 30여 일 먹일 수 있는 양입니다."라고 하였습니다.

[송응창] 그래서 우리 대병은 왕경으로 갈 수 있는 군량과 마초가 이미 준비됐다고 생각해서 힘을 더해 전진했습니다. 지금 다행히 첫 번째 전투에서 평양을 취했고 두 번째 전투에서 개성으로 나갔고 세 번째 전투에서는 벽제관에서 다시 참급했습니다. 평안도·황해도·경기도·강원도와 중화·황주·봉산·서흥 등 군현이 모두 조선에게 되돌아갔습니다. 마땅히 이 기세를 타고 추한 무리를 진멸해야 할 것인데, 왕의 나라는 군량이 다했다고 하고 중국에서 가져온 군량과 마초도 운송을 제대로 못해서 명군이 개성에 둔전하는 상황에 이르게 했고 병사들은 많이 주리고 있습니다. 대저 사람이 살아가면서 하루에 두 끼를 먹지 못하면 주리게 되는데 하물며 정예 병력의 무리가 이와 같이 바람 불고 서리와 눈이 내리는 날씨를 만나 칼날을 무릅쓰고 용감히 싸워 전공을 이루게 하려는데 이들의 배가 부르지 않게 하고 말이 뛰어오르지 못하게 하니 행여 군심이 원망하여 마침내 소요를 일으킨다면 어찌 대사(大事)를 그르치지 않겠습니까? 그리하여 군량 관리를 맡고 있는 애 주사가 탁지 임무를 부여받은 몸으로 이와 같이 천리의 군량 조달과 접제가 미치지 못함을 목도하자 이런 이유로 이 같은 격절한 말을 했는데 그 실상은 부득이함이 많습니다. 지금 중국의 군량과 마초가 운반되고 있는 중이니 왕의 나

라도 또한 마땅히 인부를 속히 독려하고 힘을 모아 운송해서 명군의 군량이 궁핍하게 되는 데 이르지 않기를 힘쓴다면 아마도 거의 구제함이 있을 것입니다. 이에 마땅히 자문으로 회답하니 조사해 주시기 바랍니다. 자문이 잘 도착하기를 바랍니다.

이 자문을 조선국왕에게 보냅니다.

만력 21년 2월 17일.

32. 本國責罰本國稽運糧草官吏
31b-32b(64~66쪽)

朝鮮國王,

爲 查究怠慢陪臣, 革去本職 事.

該本月初七日, 據 禮曹判書尹根壽 狀啓.
　臣蒙委留義州鎭, 等候經略兵部過江之日, 本月初五日, 有經理糧餉戶
　部主事艾爺, 就叫本國原委陪臣, 金應南閔汝慶李𥘺, 責以糧草遲運之
　失, 將應南汝慶, 俱行棍打. 仍聽得提督 李爺, 以芻糧缺乏等情, 行文
　經略兵部, 轉行戶部分司, 嗔恠違慢, 致被棍打, 責有所歸. 等因.
具啓. 當職, 據此. 參照, 上國官司, 垂念小邦糧草不敷, 先事區畫, 明示
指諭. 當職起離義州, 存留數三陪臣, 專委督責, 星火趲運, 趂期接濟. 此
雖馬牛夫役, 消損所致, 實緣陪臣怠慢之罪, 當職慮惑, 搬運不前, 倍加
戒飭, 前項陪臣等, 委宜加謹體念, 坐守督倂, 豈期遲悞至此, 却蒙責打,
罪宜認甘. 除將悞事, 陪臣金應南, 重行查究, 革去本職, 就著陪臣柳永
吉, 替伊原委句當, 晝夜趲運外, 當職不勝慚懼之至. 爲此, 合行移咨. 請
照驗施行. 須至咨者.

右咨戶部分司.

萬曆二十一年二月十日.

발신: 조선국왕
사유: 태만한 배신을 조사하여 본직에서 해임한 일입니다.

[조선국왕] 본월 7일 예조판서 윤근수(尹根壽)의 장계를 받았습니다.
  [윤근수] 신이 의주진 등에서 주둔하는 임무를 맡아 경략병부가 도강하는 날을 기다리고 있었는데, 본월 5일 경리양향호부주사 애야(艾爺)가 본국의 원위배신(原委陪臣) 김응남, 민여경, 이곽을 불러 군량과 말먹이 운반을 더디게 한 실책을 책망하고 응남과 여경에게 모두 곤장을 쳤습니다. 또한 듣기로는 제독 이야(李爺)가 말먹이와 군량이 결핍되었다는 사정 등을 경략병부에 보고하고 호부분사에 전달되어, 어긋나고 게을리한 것에 대한 노여움이 곤장을 맞는 데 이른 것이니 책임이 돌아갈 곳으로 간 것입니다.
[조선국왕] 갖춘 장계를 당직이 살펴보건대, 상국의 관사에서 소방의 군량과 말먹이가 충분하지 않음을 염려하시어 일에 앞서 구획하시고 지시를 명시하였습니다. 당직이 의주에서 떠날 때 수삼 명의 배신을 두어 성화와 같이 운송을 독책하여 접제 기일에 맞추는 임무를 전역으로 위임하였습니다. 비록 우마와 부역이 손상됨에 이르렀다 하더라도 실로 배신들이 태만한 죄이기에, 당직이 운반이 이르지 않을까 염려되어 계칙을 더해 전항의 배신 등에게 더욱 경계하여 체념(體念)하고 머무르며 재촉하도록 하였으나 늦어지고 그릇됨이 여기에 이르렀으니, 책타(責打)를 받은 일은 그 죄가 마땅히 감내할 일

일 것입니다. 그르친 일에 대해서는 배신 김응남을 다시 조사하여 본직에서 혁거하였고, 배신 유영길로 하여금 원래 담당자와 교체하여 밤낮으로 운반에 임하도록 하였습니다. 당직은 부끄럽고 두려움을 이길 수가 없습니다. 이에 마땅히 자문을 보내니 청컨대 밝게 살펴 주십시오. 자문이 잘 도착하기를 바랍니다.

이 자문을 호부분사에 보냅니다.

만력 21년 2월 10일.

33. 都司查問本國糧草
32b-33b(66~68쪽)

遼東都指揮使司,

爲 倭情 事.

准 欽差分守遼海東寧道兼理邊備屯田山西布政使司 韓 咨.

  本年正月二十七日, 蒙 欽差巡撫遼東地方兼贊理軍務都察院右僉都御史 趙 案驗.

    准 欽差總督遼東保定等處軍務兼理糧餉兵部右侍郎兼都察院右僉都御史 郝 咨.

      近據提督 李總兵差人口報, 大兵渡江, 於初八日, 功尅平壤. 等因. 據此. 爲照, 大兵渡江遠征, 已尅平壤, 所遺餘蘗, 計當盡殲. 但師行糧食, 刻不可缺, 朝鮮原備糧餉, 果否足以應用, 在我尤當預備, 庶不致悞軍機, 合行酌議. 爲此, 除行分守道及管糧衙門, 作速查議, 要見朝鮮備用糧料草束, 是否足支, 倘或大兵相持日久, 該國錢糧不繼, 應當作何運用, 務要設法處置, 足備大兵關支, 庶爲妥當外, 合咨前去, 煩爲一體查照施行, 希將行過緣由, 咨報查考.

等因.

　准此. 擬合就行. 爲此, 案仰本道, 照依咨案內事理, 即便會行都司, 移咨朝鮮國王, 查議要見朝鮮備用糧料草束, 是否足支.

　蒙此. 擬合行會. 爲此, 合咨前去, 煩爲移咨朝鮮國王. 仍速希復, 回咨過道, 以憑立等轉報施行. 等因.

准此. 擬合就行. 爲此, 合咨前去, 貴國煩照案驗咨內事理, 查議立等回復, 轉報施行. 須至咨者.

右咨朝鮮國王.

萬曆二十一年正月三十日.

발신: 요동도지휘사사
사유: 왜정에 관한 일입니다.

[요동도지휘사사] 흠차분수요해동녕도겸리변비둔전산서포정사사 한(韓)의 자문을 받았습니다.

　[한취선] 본년 1월 27일 흠차순무요동지방겸찬리군무도찰원우첨도어사 조(趙)의 안험을 받았습니다.

　　[조요] 흠차총독요동보정등처군무겸리양향병부우시랑겸도찰원우도어사 학(郝)의 자문을 받았소.

　　　[학걸] 최근 제독 이 총병이 보낸 차인의 구보에 "대병이 8일 (압록)강을 건너 평양에서 승전하였다."라고 하였습니다. 이를 받고 살펴보

건대, 대병이 강을 건너 이미 평양에서 승리하였고 남은 잔당들은 모두 섬멸될 것입니다. 다만 군대가 움직이는 데 양식은 한시라도 결핍되어서는 안 됩니다. 조선이 준비해 둔 양향이 과연 쓰기에 부족하다면 우리로서는 미리 갖추어 두어야 거의 군기를 그르치지 않게 될 것이니 마땅히 헤아려 논의해야 합니다. 이에 분수도 및 관량 아문으로 하여금 조선에 준비된 군량과 말먹이가 지탱하기에 족한지의 여부를 살피도록 하고, 만약 대병이 대치한 시일이 오래되어 그 나라가 전량(錢糧)을 이어 댈 수 없거든 응당 어떻게 운반해서 쓸 것인지 힘써 방안을 세워 처치하여 대병의 지공에 충분히 대비한다면 타당하리라는 것 외에, 마땅히 자문을 보내니 번거롭겠지만 함께 살펴 시행하고, 바라건대 시행 경과를 자문으로 보고하여 참고하게 해 주십시오.

[조요] 이를 받들어 헤아려 보건대 마땅히 곧바로 시행해야 하겠소. 이에 본도에 안험을 내리니 자문과 안험 내의 사리를 살펴서 즉각 요동도사와 함께 시행하고 조선국왕에게 자문을 보내 조선이 준비한 군량과 말먹이로 지탱하기에 족한지 여부를 살피고 조사하게 하시오.

[한취선] 이를 받들어 헤아려 보건대 두루 알려야겠습니다. 이에 마땅히 자문을 보내니 번거롭겠지만 조선 국왕에게 자문을 보내십시오. 또한 덧붙여 바라건대 속히 회답해서[50] (그) 회자를 본도로 넘겨 이를 근거로 전보(轉報)하게 해 주십시오.

[요동도지휘사사] 이를 받아 헤아려 보건대 마땅히 곧바로 시행해야 하겠습니다. 이에 마땅히 자문을 보내니, 귀국은 번거롭겠지만 안험과 자문의 사리를 살펴, 조사하고 의논한 바를 곧장 회답하여 이를 근거로 전보하게 해 주

---

50) '仍速希復'는 '仍希速復'의 오기이다.

십시오. 자문이 잘 도착하기를 바랍니다.

  이 자문을 조선국왕에게 보냅니다.

만력 21년 1월 30일.

34. 回咨
33b-34b(68~70쪽)

朝鮮國王,

准來咨該 爲 緊急倭情 事. 准 欽差分守遼海東寧道兼理邊備屯田山西布政司右參政使 韓 咨. 本年正月二十七日, 蒙 欽差巡撫遼東地方兼贊理軍務都察院右僉都御史 趙 案驗. 准 欽差總督薊遼保定等處軍務兼理糧餉兵部右侍郎兼都察院右僉都御史 郝 咨 云云. 等因.

准此. 隨該議政府 狀啓.
　據 戶曹 呈.
　　先將平安等道, 安定等州, 各處糧草扣查. 除僻遠郡縣外, 該儲糧草, 足句一箇月以上. 等因.
　臣等 竊照, 八道州縣, 並被殘破, 唯全羅忠清二道沿海地面, 得免兵禍, 然而一國調度, 專靠於此, 搬用絡繹, 將告罄渴. 雖責令各該管糧官員, 派往各處, 多方購募, 奈此所得尠少, 委難接濟大軍支用. 如兇醜遊魂, 久逃殲殄, 日後支放, 恐有不繼之患. 等因.
　具啓. 據此. 參詳, 軍民潰散, 田土荒廢, 見辦糧草, 僅句一月, 當職, 尋常煎慮, 今蒙咨諭, 著令查報明白, 務要議處, 不勝感激. 爲此, 合行回咨, 請照驗轉報施行, 須至咨者.

右咨遼東都都指揮使司.

萬曆二十一年二月初七日.

발신: 조선국왕

사유: 보내온 자문을 받으니, 「왜정에 관한 일입니다. 흠차분수요해동녕도겸리변비둔전산서포정사우참정사 한(韓)의 자문을 받았습니다. 본년 1월 27일에 흠차순무요동지방겸찬리군무도찰원우첨도어사 조(趙)의 안험을 받았습니다. 흠차총독계요보정등처군무겸리양향병부우시랑겸도찰원우첨도어사 학(郝)의 자문을 받았습니다. 운운」 하였습니다.

[조선국왕] 이를 받고 이어서 의정부 장계를 받았습니다.

[의정부] 호조의 정(呈)을 받으니, "앞서 평안도 등의 지역의 안주·정주 등에서 각처의 군량과 말먹이를 구사(扣查)하였습니다. 벽지고 먼 군현 외에는 저장된 군량과 말먹이가 족히 1개월 이상 지급하기에 충분합니다." 하였습니다. 신들이 가만히 살펴보니 8도의 주현이 모두 잔파되었고 오직 전라, 충청 두 도의 연해 지역만 병화를 면했습니다. 그러나 한 나라의 조도(調度)51)가 오로지 이 지역에 의지하여 운송과 이용이 끊이지 않으니 장차 고갈될 것입니다. 비록 각 해당 관량 관원을 책령하여 각처에 파견하여 다방면으로 구모(購募)하고 있으나 얻은 것이 매우 적어 실로 대군의

---
51) 절도있는 범위 내에서 조발한다는 의미이다.

지용으로 접제하기 어렵습니다. 만약 흉적의 잔당이 오래도록 섬멸을 면하게 되면, 앞으로의 (군량) 지급이 이어지지 않는 걱정이 있을까 두렵습니다.

[조선국왕] 갖춘 장계를 받고 자세히 살펴보건대, 군민(軍民)이 궤산하고 전토(田土)가 황폐하여, 군량과 말먹이가 마련되었으나 겨우 1개월 분량이라 당직은 항상 초조히 걱정하고 있었는데, 지금 자문으로 깨우쳐 주시어 명백히 사보(查報)케 하여 의논하여 처리하는 데에 힘쓰라고 하시니 감격을 이길 수가 없습니다. 이에 마땅히 자문에 회답하니 청컨대 살펴서 전보(轉報)해 주십시오. 자문이 잘 도착하기를 바랍니다.

이 자문을 요동도지휘사사에 보냅니다.

만력 21년 2월 7일.

35. 詔書謄黃[52]
34b-36a(70~73쪽)

奉天承運皇帝詔曰, 朕纘承丕緒, 君主華夷, 內安外寧, 茲二十載, 夙夜兢兢, 惟敬天勤民, 是念, 端居靜攝, 毋敢怠荒, 祗圖邊境乂安, 與民休息, 何期變亂之事, 忽起朔方之間. 逆賊哱拜哱承恩父子者, 本以夷種, 冒竊冠裳, 包藏禍心, 素恃强狠, 乃搆叛卒劉東暘許朝土文秀等. 借言撫馭乖方, 粮餉虧尅, 乘機煽禍, 羣造反謀, 戕殺命官, 據城負固. 妄意祿山之故事, 敢萌元昊之邪心, 辮髮從夷, 僭稱王號, 傳播僞檄, 擅毀勅書, 奪庫放囚, 搜金括帛, 燒毀衙舍, 逼脅親藩, 句虜爲援, 毒民肆虐. 欲奪靈州, 以成掎角, 謀窺關陝, 而犯中原, 九塞因是而驛騷, 三秦爲之震動, 誠神人共憤, 而罪惡滔天者也. 幸賴皇穹厭禍, 宗社垂庥, 大小臣工, 効謀於內, 文武將吏, 宣力於外, 兵摧强虜, 水灌堅城, 犬羊膽寒, 豺狼氣奪. 旣熊羆之畢集, 乃晝夜而兼攻, 釜底遊魚, 尙思奮鬣, 檻中逸獸, 無計逃生. 衆士咸賈勇以先登, 羣兇遂就擒而授首. 三旬逆命, 未馴干羽之來, 六月興師, 竟奏玁狁之捷, 遙傳露布, 驪動雷聲, 解一方之倒懸, 開三面之密

---

[52] 본 문서는 『선조실록』에 요약, 수록돼 있다(『宣祖實錄』 卷35, 宣祖 26年 2月 己丑(4日)). 詔書謄黃은 천자가 조서를 내린 후 各 省의 督撫가 조서를 黃紙에 등사한 형태의 문서이다.

> 綱, 論功行賞, 吊死扶傷, 僭竊掃平, 地方寧靜. 除劉東暘等, 臨陣先誅, 闔門受戮, 今檻致哱承恩等獻俘, 千里傳首九邊, 近足以洩忠義不平之心, 遠足以垂叛亂無將之戒, 逆天者, 孰能逃於憲典, 犯法者, 果何益於身家. 生靈不幸, 以致於斯, 天地至仁, 豈樂有此. 玆特宣示, 薄海內外, 九邊四夷, 軍民人等, 安分者, 爲良民, 保身者, 爲常道, 恪遵王法, 共享太平. 嗚呼. 除殘去暴, 赫彰天討之公, 鑒往懲來. 聳聽皇綸之播, 布告天下, 咸使聞知.
>
> 萬曆二十年十二月初八日.

봉천승운(奉天承運) 황제는 조서를 내리노라. 짐은 대업[조서]을 이어 화(華)와 이(夷)의 군주가 되어 내외가 평안한 지 이제 20년이다. 밤낮으로 삼가고 오직 경천근민(敬天勤民) 이것만을 생각하여 거동을 단정히 하며 정양하고 감히 태만하지 않았다. 이에 변경을 잘 다스려 백성과 휴식하기만을 도모하였으니 어찌 변란이 갑자기 삭방(朔方) 사이에 일어나리라 예상했겠는가. 역적 발배(哱拜)와 발승은(哱承恩) 부자라는 놈들은 본래 오랑캐의 종자로 외람되게 의관을 갖추고 화를 일으키려는 마음을 품어 평소 사나움에 의지하여 마침내 반졸(叛卒) 유동양(劉東暘), 허조(許朝), 토문수(土文秀) 등을 이끌었다. 무어(撫御)가 정도에 어긋나고 군량 조달이 잘못되었다는 말을 빌려 기회를 틈타 화를 부추겨 무리를 짓고 모반을 일으켜 조정의 관원을 장살하고 성에 웅거하여 견고함에 의지하였다. (이어서) 망령되게 안녹산의 고사를 의도하며 감히 원호(元昊)[53]와도 같은 사심(邪心)을 싹틔워 변발을

---

53) 송 인종 당시 서하를 건국하고 칭제한 인물이다. 감숙(甘肅), 오르도스, 난주(蘭州) 등을 장악하고 송과

하고 오랑캐를 따라 왕의 칭호를 참칭하여 거짓 격문(檄文)을 전파하고 칙서를 멋대로 훼손하였다. 창고를 약탈하고 죄수를 놓아 주며 금백(金帛)을 거두어 갔으며, 관아에 불을 지르고 친번(親藩)을 협박하고 오랑캐를 유인하여 지원으로 삼아 백성에 해독을 끼치고 포악을 자행하였다. 영주(靈州)54)를 탈취하여 기각(掎角)을 이루고 섬서[關陝]를 엿보아 중원을 범하려 도모하여 구새(九塞)가 이로 인하여 역참이 소란해지고 삼진(三秦)55)이 그 때문에 동요했으니 진실로 신인(神人)이 함께 분노하고 죄악이 하늘에 이를 정도였던 것이다. 다행히 황천[皇穹]이 화를 싫어하고 종묘사직에 복을 드리워 대소 신하가 안에서 모책을 만들고 문무 장신(將臣)이 바깥에서 힘을 떨쳐 군사들이 완강한 오랑캐를 꺾고 견고한 성에 물을 대어 견양(犬羊)과 같은 무리들의 간담이 서늘해지고 승냥이와 같은 무리들이 기운을 빼앗겼다. 이미 웅비(熊羆)와 같은 군사들이 모두 모여 마침내 주야로 함께 공격하니 솥 안의 물고기가 여전히 지느러미를 떨쳐 보기를 생각한들 우리 안의 도망가는 짐승일 뿐이어서 죽음에서 벗어날 꾀는 없었다. 군사들이 모두 용력을 과시하며56) 먼저 오르니, 군흉(羣兇)이 마침내 사로잡혀 참수되었다. 삼순(三旬) 동안 천명을 거슬렀고57) 간우(干羽)58)의 춤에도 교화되지 않아, 6월에 군대를 일으키니59) 마침내 험윤(玁狁)60)을 이겼다는 첩보(捷報)를 아뢰었는데,

---

오랜 전쟁을 지속하다 결국 강화를 맺었다.
54) 현재 寧夏 회족 자치구 吳忠市. 延安市 좌측, 西安市 서북쪽에 위치하고 있다.
55) 陝西의 옛 이름이다.
56) '賈勇'은 자기의 용력을 과시하여 써 주기를 바란다는 의미이다.『宣祖實錄』에는 "衆士咸鼓 勇而先登"으로 기록되어 있다.『宣祖實錄』卷35, 宣祖 26年 2月 己丑(4日).
57) '三旬逆命'은『書經』에 나오는 어구이다.『書經』卷1, 禹書, 大禹謨. 여기에서는 발배 등이 초기 반란을 일으킨 상황을 표현한다.
58) 승리와 평화의 춤을 상징하는 표현으로『서경』에 나온다.『書經』卷1, 禹書, 大禹謨.
59) 周 宣王이 농사철인 6월에도 군사를 일으켜 玁狁을 정토했다는 고사로부터 인용되었다.『詩經』卷10, 小雅, 六月.

멀리부터 승전보[露布]를 전해 오니 환호성이 우레와도 같았다. 한 지방이 거꾸로 매달리는 것과 같은 고통을 풀어 주고 3면에 친 촘촘한 그물을 열어 주었으며, 공을 논하여 상을 주고 죽은 자를 조문하고 부상당한 자를 부지하였으며, 참람된 자들을 쓸어버리듯이 평정하였고 지방을 평안하게 하였다. 지난번 유동양 등을 전장에서 먼저 주륙하기도 했고 지금 합문(閤門)에서 도륙하기도 하였으며, 지금 가두어 송치한 발승은 등은 헌부(獻俘)[61]하고 천여 리에 걸쳐 구변(九邊)에 수급을 돌려보내어 가깝게는 족히 충의한 자들의 불평한 마음을 씻어 주고 멀게는 족히 반란의 무리에게 무장(無將)의 경계[62]를 드리어 주니 하늘에 거스르는 이 중 누가 능히 국법으로부터 도망갈 수 있으며, 법을 범하는 자가 과연 자신과 일가에 무슨 보탬이 되겠는가. 백성들이 불행하여 이 지경에 이르렀으니 천지의 지극한 인으로 어찌 이를 즐기겠는가. 이에 특별히 사해[薄海]의 내외, 구변과 사이(四夷)의 군사와 백성들에게 널리 알리니 분수를 지키려는 자는 양민이 될 것이요, 몸을 보전하려는 자는 정도[常道]를 행하여 삼가 왕법을 준행하여 함께 태평을 누리도록 하라. 아아, 잔학하고 포악한 이들을 제거하여 천토(天討)의 공변됨을 환히 빛내니 지난날을 거울삼아 앞날을 경계할지어다. 황륜(皇綸)이 전파됨을 귀 기울여 듣고 천하에 포고하여 모두 알게 하라.

만력 20년 12월 8일.

---

60) 周代의 흉노로, 여기서는 중국의 안정을 흔드는 오랑캐를 상징하는 말로 쓰였다. 『詩經』 卷9, 小雅, 采薇 ; 『詩經』 卷10, 小雅, 六月.
61) 포로를 생포하여 종묘 등지에 바치고 승전을 고하는 의식을 가리킨다. '獻俘禮'라고도 한다.
62) 『春秋公羊傳』의 "君親無將 將而必誅焉"이라는 문구에서 유래되었으며, 여기서 將이란 윗사람을 어떻게 해보겠다는 將心, 즉 逆心을 의미한다. 따라서 역심을 품지 말아야 한다는 교훈으로 해석할 수 있다.

36. 本國賀平寧夏表
36a-37a(73~75쪽)

朝鮮國王臣姓諱言. 萬曆二十一年二月初四日, 遼東都司差來通事, 百戶桂聯芳, 齎奉詔書謄黃一道, 先來本國, 除欽遵開讀外, 臣諱誠惶誠忭, 稽首稽首, 謹奉表稱賀者. 伏以仁者無敵, 旣示一怒之威, 王師有征, 俄馳三捷之奏, 華夷震疊, 朝野歡呼. 欽惟皇帝陛下黃籤, 剛健居中, 恩威御下, 暨聲敎於化外, 德洽九圍, 制兵要於幾先, 明見萬里, 何意逆竪, 敢逞兇圖, 據雄藩而干名, 以禍爲樂, 飛僞檄而憎衆, 謂天可欺. 方壓卵而靡遺, 孰累基而不墮. 皇穹黙祐, 再底疆場之安, 聖武布昭, 快洩神人之憤. 成在廟筭, 斷自宸衷, 伏念臣幸際昌辰, 偏蒙洪造, 叢霄集玉帛, 莫逐駿奔之儀, 薄海混車書, 遙切燕賀之懇. 臣無任望天仰聖, 激切屛營之至, 謹奉表, 稱賀以聞.

萬曆二十一年二月初十日.
朝鮮國王臣姓諱 謹上表.

조선국왕 신 성(姓) 휘(諱)는63) 아룁니다. 만력(萬曆) 21년(1593) 2월 4일 요동도사의 차래통사(差來通事) 백호(百戶) 계연방(桂聯芳)이 받들어 가지고 온 조서등황 1통을 본국(조선)에 먼저 보내 주셔서 삼가 준수하여 개독(開讀)하는 외에 신은 진실로 두렵고도 기뻐서 고개를 조아리고 또 조아리며 삼가 표를 바쳐 칭하(稱賀)드립니다. 삼가 생각건대 인자무적(仁者無敵)이라고 하였으니 이미 한 번 노하는 위엄을 보여 왕사(王師)의 정토를 내어 잠깐 사이에 세 차례의 승첩[三捷]을 치계(馳啓)하니 화(華)와 이(夷)를 진동시키고 조야가 환호하였습니다. 삼가 생각건대 황제 폐하께서는 —황첨(黃籤)64)— 군건함으로 중도(中道)에 거하였고 은위(恩威)로 아랫사람을 다스리시어 성교(聲教)가 외방을 교화함에 미쳐서는 덕이 9주[九圍]에 스며들었으며 군사를 제어함에 기미에 대처함[幾先]을 요체로 삼으셔서 만리 밖까지 훤히 살피셨습니다.65) 그런데 역수(逆豎)들이 감히 멋대로 흉계를 꾸며 웅번(雄藩)에 의지하여 명성을 구하고 화를 즐거움으로 삼아 거짓 격문(檄文)을 날려 뭇사람들을 겁주기를 하늘을 속일 수 있다고 말할 줄을 어찌 생각했겠습니까. (그러나) 이제 태산이 알을 누르는 것과 같은 위세를 여지없이 행하였으니 누구인들 터전을 닦아 놓았다 하여 무너지지 않았겠습니까. 황천[皇穹]이 조용히 도우시어 다시 강역의 안정을 내리시니 성무[聖武]를 밝게 베푸시어 신인[神人]의 공분을 쾌히 씻어 주셨습니다. 성공이 묘당(廟堂)의 계책에 달려 있었다고 하나 결단은 폐하의 마음속으로부터 나왔으니, 삼가 생각건대 신은 융성한 시기를 만나 외람된 은혜를 입었습니다. (다만) 드높

---

63) 원문은 '臣姓諱'라고 되어 있다. 원래 명에 전달한 문서에는 '臣 李昖'으로 기재되어 있었을 것이다. 『사대문궤』를 편찬하는 과정에서 피휘한 것이다.
64) 황제 폐하라는 문구를 노출하지 않기 위하여 누런색 첨지로 붙인다는 뜻의 細註이다.
65) 漢 광무제가 河西의 竇融에게 친서를 보내어, 그가 두융의 실정을 꿰뚫어 보는 것 같이했다. 이에 하서 사람들이 말하기를, "천자는 만리까지 밝게 보는구나."라고 하였다. 『後漢書』 卷23, 竇融傳.

은 천조[叢霄]의 조회에 옥백(玉帛)이 모이고 있음에도 달려가 바치는 예를 행하지 못합니다. 사해에 문자와 수레바퀴가 통하고 있으니 멀리서 간절한 마음으로 축하를 드릴 뿐입니다. 신은 하늘을 바라보고 성총(聖聰)을 우러러 격절함과 황공함이 지극함을 가누지 못하고 삼가 표를 바쳐 칭하하며 아룁니다.

만력 21년 2월 10일.
조선국왕 신 성(姓) 휘(諱)는 삼가 표문을 올립니다.

37. 禮部移咨
37a-37b(75~76쪽)

朝鮮國王,
爲 進賀 事.

該萬曆二十一年二月初四日, 遼東都司差來通事, 百戶桂聯芳, 齎奉詔書
謄黃一道前來, 本國除欽遵開讀外, 當職與一國臣民, 不勝歡抃, 修撰到
進賀表文一道, 差陪臣吏曹判書韓準, 前赴京師進呈外, 爲此, 合行移咨,
請照驗聞奏施行. 須至咨者.
右咨禮部.

萬曆二十一年二月初十日.

발신: 조선국왕
사유: 진하하는 일입니다.

당해 만력 21년 2월 4일에 요동도사 차래통사 백호(百戶) 계연방(桂聯芳)이 조서등황 1통을 받들어 가지고 와 본국에서 삼가 준수하여 개독하는 외에 당직이 일국의 신민과 더불어 기뻐함을 이기지 못하여 진하 표문 1통을 지어 배신 이조판서 한준을 차임하여 경사(京師)로 나아가 올리도록 하는 것 외에도, 이에 마땅히 자문을 보내니 청컨대 살펴서 주문(奏聞)해 주시기 바랍니다. 자문이 잘 도착하기를 바랍니다.

이 자문을 예부에 보냅니다.

만력 21년 2월 10일.

38. 天兵克復平壤奏
37b-42b(76~86쪽)

朝鮮國王臣姓諱 謹奏,

爲 仰仗皇威, 克復平壤, 飛報捷音 事.

該 萬曆二十一年正月初九日 陪臣諸道都體察使柳成龍 馳啓.

據 諸道都巡察使金命元 呈.

該 平安道觀察使李元翼 申.

本月初六日, 有欽差提督薊遼保定山東等處防海禦倭軍務總兵官都督同知李如松, 統率大勢官軍, 直抵平壤城外, 部分諸將, 圍抱本城. 有倭賊二千餘名, 登城北牡丹峯, 建靑白旗, 發喊放砲. 又有倭賊一萬餘名, 擺立城上, 前植鹿角柵子, 擁楯揚劍, 勢甚猖獗. 又有倭賊四五千名, 建大將旗, 鳴鼓吹螺, 巡視城中, 指揮諸賊. 本城裏外設險, 勢難遽攻, 總兵收軍回營. 本日寅夜, 有倭賊約[67]

---

66) 본 문서는 이호민의 문집인 『오봉집』에서 확인되며(李好閔, 『五峯集』 卷12, 奏文, 復平壤獻捷奏文(癸巳二月))『선조실록』에도 일부 요약되어 실려 있다(『宣祖實錄』 卷35, 宣祖 26年 2月 乙未(10日)).
67) '約'은 『오봉집』과 『선조실록』에는 없다.

三千餘名, 含⁶⁸⁾枚潛出襲⁶⁹⁾楊元, 都督李如栢, 都指揮張世爵等營, 被本官等統兵殺退. 初七日夜, 有⁷⁰⁾倭賊約八百餘名, 復斫都督李如栢營, 又被本官殺退. 初八日黎明, 総兵焚香卜日得吉, 喫飯訖, 與三營將官, 分統各該將領官軍人等, 擺陣於七星含毬普通等門外. 総兵領親兵二百餘騎, 往來指揮, 將士踴躍,⁷¹⁾ 咸思盡力. 辰時分⁷²⁾諸軍鱗次漸進, 各樣火器, 一時齊發, 聲震天地, 大野晦冥. 火箭一枝, 著密德土窟, 俄而赤焰⁷³⁾亘天, 延爇殆盡. 守陣倭賊, 亂用鉛丸湯水石塊, 以死拒守. 又用長槍大刀, 向外齊刃, 森如蝟毛. 総兵手斬畏怯者一名, 號示陣前, 諸軍鼓噪薄城. 負麻牌持矛戟, 相雜齊進, 或發射放炮, 或仰刺守陣之賊, 賊不能支吾, 稍自引退. 総兵挺身先登, 督諸將進入. 天兵一起⁷⁴⁾與本國官軍, 入含毬門, 一起入普通門, 一起登密德東城,⁷⁵⁾ 騎步雲集, 四面砍殺, 衆賊崩潰. 天兵當陣斬獲首級一千二百八十五顆, 內查, 有賊酋平秀忠平鎭信宗逸等二十五人首級.⁷⁶⁾ 生擒倭賊二名幷通事張大膳, 奪獲馬二千九百八十五匹,⁷⁷⁾ 得獲倭器四百五十

---

68) 『오봉집』에는 '含'이 '嗡'으로 되어 있다. 『선조실록』은 『사대문궤』와 같다.
69) 『오봉집』과 『선조실록』에는 '襲'과 '楊元' 사이에 '都督'이라는 글자가 있다. 양원은 도독의 직함이었는데 『사대문궤』에서는 보이지 않는다.
70) '有'는 『선조실록』에 없다. 『오봉집』은 『사대문궤』와 같다.
71) 『선조실록』에는 '踴躍'이 '踴踴'으로 되어 있다.
72) '分'은 『선조실록』에 없다.
73) 『선조실록』과 『사대문궤』에는 '焰'으로, 『오봉집』에는 '燄'으로 되어 있다.
74) 『사대문궤』와 『오봉집』에는 '一起'로, 『선조실록』에는 '一把'로 되어 있다.
75) 『사대문궤』와 『오봉집』에는 '東城'이지만, 『선조실록』에는 '赤城'으로 되어 있다.
76) '內查~二十五人首級'까지는 『선조실록』에 없는 부분이다.
77) 『선조실록』에는 획득한 말이 2,585필인데, 『오봉집』에는 『사대문궤』와 같이 2,985필이라고 되어 있다.

二件,78) 救出本國被擄男婦一千一十五名口.79) 天兵乘勝縱火, 悉燒房屋, 衆賊投竄, 被燒死者, 約一萬餘名,80) 臭聞一十餘里. 餘賊躱入風月樓小城, 總兵督運柴草, 四面堆積, 仍用火箭飛射, 一時焚燒, 俱成灰燼. 又有餘賊跳城過江, 氷陷溺死者, 不記其數.81) 七星普通牡丹等處諸賊, 仍據土窟, 堅固難拔. 総兵收兵傳食曰, 賊必夜遁, 就遣副総兵參將等官, 李寧祖承訓葛逢夏等, 領兵埋伏. 總兵同揚李張三副將,82) 由大路追趕, 本賊四散遁去, 被寧83) 等伏路邀截. 斬獲首級三百五十九顆, 生擒倭賊三名. 餘賊棄甲抛戈, 驚亂遁走, 臣嶺迤西, 悉底蕩平.

臣竊念, 平壤一府, 實本國舊都, 城池險固, 而兇賊豨突, 據爲窟穴. 卽目天兵進討, 一鼓蕩破, 梟獍餘孼, 逃命無所. 本國再造之機,84) 實在於此. 臣與李元翼等, 督運各處蒭85)粮, 進入本城, 聽候督府調用外, 緣係捷音事理, 爲此, 具啓. 等因.86)

臣據此. 參詳, 小邦軍兵脆弱, 日久愈削, 兼且平壤城險, 未易收復. 臣87)日夜憂煎, 不知死所, 欽蒙聖明天地父母. 曲念先故, 不以臣失職而

---

78) 『선조실록』에는 획득한 왜기(倭器)가 455건으로 나와 있어 452건과 차이를 보인다.
79) 『선조실록』에는 '口'가 없다.
80) 『선조실록』에는 불에 타 죽은 인원의 구체적인 수치(約一萬餘名)가 보이지 않는다.
81) 『선조실록』에는 '又有餘賊跳城過江 氷陷溺死者 不記其數' 부분이 없다.
82) '揚'은 '楊'의 오기이고, 부장(副將)은 부총병(副總兵)과 같다. 따라서 '揚李張三副將'은 곧 부총병 양원, 이여백, 장세작을 가리킨다.
83) '寧'은 곧 이녕(李寧)을 가리킨다. 『오봉집』과 『선조실록』에는 모두 '李'가 있다.
84) '機'는 『선조실록』에 '基'로 되어 있으나, 『사대문궤』 및 『오봉집』에는 '機'로 되어 있다.
85) 『오봉집』과 『선조실록』에는 '蒭'를 '芻'로 기록했는데, 같은 의미이다.
86) 『선조실록』에는 '外 緣係捷音事理 爲此 具啓 等因' 부분이 '云'으로 처리되어 있다.
87) 『사대문궤』와 『선조실록』에 보이는 '臣'이 『오봉집』에서는 확인되지 않는다.

加罪, 命調南北精兵, 以拯濟小邦塗炭. 慮軍犒之乏, 則先賜銀兩, 憂粮草之缺, 則陸續飛輓. 士卒暴露於野, 驢騾顚損於道, 以臣之故, 貽戚天朝, 至於如此, 臣感激怔營, 若無所措. 竊照,[88] 王師有征, 天吏無敵. 乃於本年正月初八日壬戌, 進攻平壤, 不崇朝而城破, 除焚溺斬殺之外, 餘賊喪魄逃遁. 其軍威之盛, 戰勝之速, 委前史所未有. 臣與大小陪臣, 初聞捷音, 不覺涕淚之交下. 兹蓋聖天子盛德誕敷, 神武遠暢, 而名公贊謨, 本兵運籌. 侍郞宋[89]專心機務, 指揮[90]方略, 謀猷克合, 用集殊功. 摠兵李[91]誓師慷慨, 義氣動人, 軍行所過, 秋毫無犯, 臨陣督戰, 身先列校. 至於鉛彈[92]擊馬, 火毒熏身, 色不怖而愈厲. 克城之日, 祭箕子而先封其墓, 恤瘡痍而遍醊陣亡, 宣布德意, 慰問孤寡, 雖裵度之平淮西, 曹彬之下江南, 無以過此. 副參遊擊都司以下, 各該將領等官, 關如虓虎如神助勢, 至有巨石滾下, 而拒之直上者, 丸入胃膛[93]而鏖殺未已者. 小邦將士[94]袖手駭縮, 莫敢助力於其間,[95] 徒觀其鐵騎所蹴飛塵蔽野. 火箭所及, 赤焰彌天, 礮觸列柵, 則決若吹毛, 槍刺守陣, 則捷若飛鶻. 腥烟漫空, 流血渾江, 天地爲之擺裂, 山淵爲之反覆. 彼賊之鳥銃湯石, 政猶螳臂拒轍, 無敢抵敵. 臣竊念, 平壤一城, 實伊精兵器械之處, 臣竭一道之力, 經年莫規. 而克復之後, 聞其所設守備, 則決非小邦兵力所可攻

---

88) 『선조실록』에는 '竊照'가 '竊恐'으로 되어 있다.
89) 『오봉집』에는 '宋應昌'으로 기록했다.
90) 『오봉집』과 『선조실록』에는 '指揮'가 '指授'로 되어 있다.
91) 『오봉집』에는 '李如松'으로 기록했다.
92) 『사대문궤』와 『오봉집』에는 '鉛彈'으로 나와 있는데, 『선조실록』에는 '鉛丸'으로 되어 있다.
93) 『사대문궤』에는 '胃膛', 『오봉집』에는 '胃臙', 『선조실록』에는 '胸膛'이라고 기록되어 있다.
94) 『선조실록』에는 '將士' 두 글자가 빠져 있다.
95) 『선조실록』에는 '於其間' 세 글자가 빠져 있다.

陷. 天威一震, 列屯望風, 已成破竹之勢, 黃海以東, 不戰自却, 舊都指日可復, 宗社次第汛掃. 臣思先靈地下之感, 念遺黎其蘇之望, 悲哀喜幸, 惝怳難雙. 雖欲報答生成, 實難爲圖. 抑臣之所大快96)者, 念惟小醜跳梁, 自大於鱗介之鄕, 昧天之威, 屢肆狂言, 臣常痛之. 今者, 鬼啓其衷, 自取天誅, 其海讋島慄, 惴惴97)然不敢喘息者, 殆終無98)遺育, 是豈徒雪小邦之羞, 實亦彰百王之烈矣. 臣又聞之, 有願曲遂, 天地之大德, 所懷必達, 臣子之至情. 臣念今兇賊被勦, 專出99)天師, 而於小邦, 則未始有一毫創也. 渠見天將旋師, 國內孤弱, 再逞反噬之計, 則其禍益甚, 而益難防矣. 臣恐復勤聖上東顧之憂, 而重微臣失禦之罪也. 伏乞聖慈, 憐海隅孑遺之民, 終天朝子惠之仁,100) 著令督府, 量抽江浙炮手101)五千名, 仍付一二將官, 分屯沿海要害釜山等處若干月. 一以敎訓小邦軍民, 一以消戢梟獍兇謀, 則臣庶可永仗天威, 收拾餘燼, 以備其後矣. 臣旣復邦土,102) 又望善後, 極知僭猥, 罪固難貰, 而天朝俯恤, 旣有加於內服, 下邦控訴, 敢自外於一家, 臣益增隕越焉. 臣一面孤撥人畜, 督運糧草, 一面調集兵馬, 恊同王師, 以圖進取京城, 又備咸鏡向西之賊. 臣擬待收復訖, 卽103)還京城, 迎勞官軍, 仍將前後受恩緣由, 別行稱謝外, 緣係仰仗

---

96) 『오봉집』에는 '快'가 '報'로 되어 있다.
97) 『오봉집』에는 '惴惴'가 '揣揣'로 되어 있다.
98) 『선조실록』에는 '無'가 '其'로 되어 있다.
99) 『선조실록』에는 '出'이 '在'로 되어 있다.
100) 『선조실록』에는 '子惠之仁'이 '字惠之仁'으로 나타난다. 실록의 찬자가 '자소(字小)'의 개념을 염두에 두고 수정한 것일 수도 있고, 혹은 후대의 『오봉집』 및 『사대문궤』 편찬자가 오기한 것일 수 있다.
101) 여기서 '江浙'은 '浙江'을 거꾸로 쓴 것이다. 『오봉집』에는 '江浙砲手'로 되어 있고, 『선조실록』에는 '浙江砲手'이라고 쓰여 있다. '절강성의 포수', 즉 남병(南兵)을 가리킨다.
102) 『오봉집』에는 '邦土'가 '彊土'로 되어 있다.
103) 『선조실록』에는 '卽'이 누락되어 있다.

> 皇威, 克復平壤, 飛報捷音事理. 爲此, 謹具奏聞.
>
> 右謹奏聞. 萬曆二十一年二月初十日. 朝鮮國王臣姓諱.
> 李好閔製. 有禮部咨.

발신: 조선국왕 신 이(李) 휘(諱)는 삼가 상주합니다.
사유: 우러러 황상의 위엄에 의지하여 평양을 수복한 승전을 비보합니다.

[조선국왕] 만력 21년 1월 9일, 배신 제도도체찰사 유성룡(柳成龍)이 치계하였습니다.

 [유성룡] 제도도순찰사 김명원(金命元)의 정(呈)을 받았습니다.

  [김명원] 평안도 관찰사 이원익(李元翼)의 신(申)입니다.

   [이원익] 이달 6일, 흠차제독계료보정산동등처방해어왜군무총병관도독동지 이여송(李如松)이 대군을 거느리고 곧장 평양성의 밖으로 나아가니 여러 장수가 부대를 나누어 본성을 포위하였습니다. 왜적 2천여 명이 성의 북쪽 모란봉에 올라 청백의 기치를 세우고 함성을 지르며 포를 쏘아 댔습니다. 또 왜적 1만여 명이 성 위에 늘어서서는 앞에 녹각책(鹿角柵)을 세우고 방패를 두른 채 칼을 휘둘렀는데 형세가 매우 왕성하였습니다. 또 왜적 4~5천 명이 대장기(大將旗)를 세우고, 북을 울리고 나팔을 불어 대며 성을 순시하면서 여러 적을 지휘하였습니다. 본성은 성의 안팎에 장애물이 설치되어 있어 갑자기 공격하기 어려운 형세였으므로 총병이 군대를 거두어 돌아갔습니다. 이날 밤, 인시에 왜적 3천여 명이 재갈을 물고 몰래 나와

(도독) 양원(楊元), 도독 이여백(李如栢), 도지휘 장세작(張世爵) 등의 군영을 습격했으나 그들이 통솔한 병사들에 의해 격퇴되었습니다. 7일 밤에 왜적 800여 명이 다시 도독 이여백의 군영을 공격했으나 역시 본관에게 격퇴되었습니다. 8일 동틀 무렵, 총병이 향을 피우고 날을 점쳤는데 '길(吉)'을 얻었기에, 밥 지어 먹기를 마치고 세 군영의 장관들과 함께 각기 관할 장수와 군병을 통솔하여 칠성문(七星門)·함구문(含毬門)·보통문(普通門) 밖에 진을 쳤습니다. 총병이 친병 200여 기를 거느리고 오가면서 지휘하니 장사들이 뛸 듯이 기뻐하면서 모두 힘껏 싸울 각오를 다졌습니다. 진시에 여러 군사들을 나누어 비늘처럼 차례대로 조금씩 전진하게 하고, 각종 화기를 일제히 쏘니 소리는 하늘과 땅을 뒤흔들었고, 온 들판이 어두워졌습니다. 화전(火箭) 하나가 밀덕(密德)의 토굴에 닿자 갑자기 벌건 불이 하늘로 치솟았고 불길이 번지면서 주변을 모조리 태웠습니다. 성가퀴를 지키는 왜적이 연환(鉛丸)과 끓는 물, 돌덩이 등을 섞어 쓰면서 죽기로 버티며 지켰고, 또 긴 창과 큰 칼을 밖으로 내어 일제히 날을 세웠는데 고슴도치의 털처럼 빽빽하였습니다. 총병이 손수 겁을 내는 자 하나를 베어 진(陣) 앞에 걸어 두니 여러 군사들이 북을 치고 함성을 지르며 성에 다가갔습니다. 삼베로 만든 방패를 등에 걸고 창을 쥐고서 서로 앞다투어 일제히 나가며 혹 활을 쏘거나 포를 놓고, 혹 성가퀴를 지키는 적병을 올려다 찌르기도 하니 적이 지탱해 내지 못하고 조금씩 물러났습니다. 그러자 총병이 몸을 솟구쳐 먼저 (성에) 오르고 여러 장수를 독려하여 들어가게 했습니다. 천병 한 갈래는 본국의 관군과 함께 함구문으로 들어가고 한 갈래는 보통문으로 들어갔으며 한 갈래는 밀덕의 동쪽 성에 올

랐는데, 기병과 보병이 구름처럼 모여 사면에서 쳐죽이니 많은 적병들이 무너져 흩어졌습니다. 천병이 전투에서 참획한 수급 1,285과를 조사해 보니 그 안에 적의 추장인 평수충(平秀忠), 평진신(平鎭信), 종일(宗逸) 등 25명의 수급이 있었습니다. 왜적 2명과 통사 장대선(張大膳)을 생포하였고 말 2,985필을 빼앗았으며 일본 무기 452건을 얻고 본국의 잡혀갔던 남녀 1,015명을 구출하였습니다. 천병이 승세를 타고 불을 놓아 건물을 모두 소각하니 숨어들었던 많은 적병이 불에 타 1만여 명이 죽었는데 그 냄새가 10여 리나 퍼졌습니다. 남은 적들은 풍월루(風月樓)의 작은 성에 숨어들어갔는데 총병이 땔나무와 풀을 운반하게 하여 사방에 쌓아 두고 이어서 화전을 쏘아 대니 순식간에 불타서 모두 재가 되었습니다. 또 남은 적들 가운데는 성을 넘어 강을 건너다가 얼음이 깨지면서 익사한 자들도 있었는데 그 수를 다 기록할 수 없었습니다. 칠성문·보통문·모란봉(牡丹峯) 등지의 여러 적들은 그대로 토굴에 웅거하고 있었는데 견고하여 빼앗기 어려웠습니다. 총병이 군병을 거두어 밥을 먹이며 말하기를 "적들이 반드시 야반도주할 것이다." 하고, 곧바로 참장 이녕(李寧), 부총병 조승훈(祖承訓), 유격 갈봉하(葛逢夏)104) 등의 관원을 파견하여 군병을 이끌고 매복하게 하였습니다. 총병이 양원, 이여백, 장세작 등 3명의 부장과 함께 큰 길을 따라서 추격하니 그 적들이 사방으로 흩어져 달아나다가 이녕 등이 매복한 길목에서 요격되었습니다. 359과를 참획하였고 왜적 3명을 생포하였습니다. 남

---

104) 원문에 따르면 '부총병과 참장 등의 관원 이녕'이지만, 『선조실록』 동년 1월 11일자의 영병수목(領兵數目)에 나타나는 명군 지휘부의 명단을 토대로 정리했음을 밝힌다. 이녕은 유격이라고 하지만 '원임참장(原任參將)'이라고 나타나는 점으로 미루어 참장으로 기술했다.

은 적들이 갑옷을 벗고 창을 내던지면서 겁에 질려 도망하니 절령(岊嶺)105)의 서쪽은 모두 탕평되었습니다.

[유성룡] 신이 가만히 생각해 보건대, 평양부는 실로 본국의 옛 도읍으로서 성지가 험하고 견고한데 흉적들이 짓쳐들어 와서 점거하고 소굴로 삼았었습니다. 지금 천병이 진격하자 북소리 한 번에 격파되었고, 흉악한 잔적들은 도망쳐 목숨을 부지할 곳이 없게 되었습니다. 본국을 재조(再造)할 기회가 실로 여기에 있습니다. 신은 이원익 등과 함께 각처의 말먹이와 군량을 운반하여 본성에 들여서 독부(督府)의 쓰임에 대비하게 하는 것 외에, 승전 보고[捷音]이므로 이에 갖추어 아룁니다.

[조선국왕] 신은 이를 받고 자세히 살펴보건대 소방의 군병은 취약하고 날로 줄어드는데 또 평양성은 험하여 쉽게 수복할 수 없었습니다. 신은 낮과 밤으로 걱정하고 마음 졸이면서 죽을 곳을 알지 못하다가 성명의 천지부모와 같은 은혜를 입게 되었습니다. 선대를 굽어살피어 신이 직사에 실패한 점에 죄를 가하지 않고, 도리어 남북의 정예병을 조발하라고 명하여 소방을 도탄에서 구하셨습니다. 군병의 먹을 것이 부족할까 걱정하여 은량을 먼저 내리셨고, 군량과 말먹이가 부족할까 걱정하여 계속해서 날라 주셨습니다. 사졸들이 들판에서 이슬에 젖고 노새와 나귀가 길에서 나뒹굴다 죽는 것은 신의 허물로써 천조에 걱정 끼치기를 이렇게까지 하였으니 신은 감격하고도 두려워서 어찌할 바를 모르겠습니다. 삼가 살피건대, 왕사(王師)의 정벌함에 천자의 관리에게는 대적할 수 없는 것입니다. 이에 본년 1월 8일 임술일에 평양으로 진공하여 아침이 끝나기도 전에 성을 격파하니 타 죽고, 빠져 죽고, 참살된 자들 외에 남은 적들은 혼비백산하였습니다. 그 성대한 군대의 위엄과 신속한 승전은 실로 전대의 역사에서도 있지 않았던 바입니다. 신은 대소의 배신들과 함

---
105) 황해도 봉산과 서흥 사이에 위치한 자비령(慈悲嶺)을 달리 이르는 말이다.

께 처음 승전보를 듣고서 알지 못하는 사이에 눈물이 마구 흘러내렸습니다. 이는 대개 성천자의 성대한 덕이 널리 퍼지고, 신묘한 무공이 멀리까지 펼쳐진 데다 명공(名公)들이 계책을 돕고 본병(本兵)이 전략을 세웠기 때문입니다. 시랑 송응창이 기무에 온 마음을 다해 방략을 지휘했기에 계책이 부합하여 큰 공을 이룰 수 있었습니다. 총병 이여송은 강개하게 군대를 경계시켰으며, 의로운 기운으로 사람을 움직였습니다. 군사들이 지나는 길에 터럭만큼도 범함이 없었고, 전투에서는 싸움을 독려하며 몸소 여러 장교들보다 앞장섰습니다. 심지어 말이 납탄에 맞고 불길이 몸을 에워싸기에 이르러서도 두려운 기색 없이 오히려 태연했습니다. 성을 함락하던 날에는 기자(箕子)에게 제사 지내고 먼저 그 무덤을 봉했으며 다친 자를 어루만지고, 전사자들의 영혼을 두루 위로하여 덕의를 선포하고 고아와 과부를 위로하였으니 비록 배도(裵度)가 회서(淮西)를 평정한 일106)이나 조빈(曹彬)이 강남에 내려간 일107)도 이보다 더할 수는 없습니다. 부총병·참장·유격·도사 이하 각 급의 장령들도 용감하기가 호랑이가 포효하는 듯하고 신이 기세를 돕는 듯하여, 큰 돌이 떨어지는 상황에서도 이를 무릅쓰고 올라간 자도 있었고 탄환이 가슴에 박혔는데도 무찌르기를 그치지 않는 자도 있었습니다. 소방의 장사들은 소매에 손을 넣은 채 놀라서 움츠러들어 그 사이에 감히 힘을 보태지 못하고 단지 철기의 말발굽이 먼지를 일으키면서 들판을 달리는 것을 바라볼 뿐이었습니다. 화전이 미치는 곳에는 벌건 화염이 하늘을 찔렀고, 포탄이 방책에 닿으면 털이 흩

---

106) 배도(裵度)는 당 헌종 13년(818) 중서시랑(中書侍郞) 동중서문하평장사(同中書門下平章事)으로서 군대를 이끌고 회서(淮西, 지금의 안휘성 북부) 지역의 번진 세력을 평정하였다. 배도의 정벌 이후, 하북성의 번진들이 당 조정에 귀순했다.

107) 조빈(曹彬)은 오대(五代)의 후한(後漢)부터 송대 초에 이르기까지 활약한 관인으로 관직이 동평장사(同平章事)에 이르렀다. 본 고사는 개보(開寶) 7년(974) 승주서남로행영마보군전도도부서(昇州西南路行營馬步軍戰櫂都部署)에 임명되어 남당(南唐)을 정벌하고 금릉(金陵)을 함락시키면서 함부로 사람을 죽이지 않은 일로 명성을 떨친 것을 가리킨다.

날리듯이 부서졌으며 창으로 성가퀴를 지키는 자를 찌를 때 민첩하기가 날아오르는 매와 같았습니다. 비린 연기는 하늘에 가득하고 흐르는 피는 여러 갈래로 흘러 강을 이루었으니 천지가 찢어져서 산과 연못이 뒤바뀌었습니다. 저 적들의 조총이나 끓는 물, 돌멩이는 바로 사마귀가 수레바퀴에 맞서는 듯 감히 대적할 수 없었습니다. 신이 삼가 생각하건대, 평양성은 실로 그들의 정예병과 기계가 있는 곳이어서 신이 한 도의 힘을 다하였으나 해가 지나도록 엿보지 못했습니다. 수복한 뒤에 그곳에 설치된 방비에 대해 들으니 결코 소방의 병력으로 공격하여 함락시킬 수 있는 바가 아니었습니다. 천자의 위엄이 한 번 떨쳐지자 여러 부대가 소문만 듣고 이미 대나무가 쪼개지는 형세가 이루어져, 황해도 동쪽은 싸우지도 않고 스스로 물러갔으니 옛 도읍을 수복할 날도 얼마 남지 않았고 종사도 차례대로 회복될 것입니다. 신은 선령들이 땅 속에서 감격할 것을 생각하고, 남은 백성들이 소생될 희망을 생각하니 슬픔과 기쁨이 교차하여 멍할 뿐입니다. 비록 되살려 준 은혜에 보답하고자 하지만 실로 도모할 길이 없습니다. 그럼에도 신이 크게 통쾌하게 여기는 것은, 보잘 것없는 자가 날뛰면서 바다 한 모퉁이에서 스스로를 높이고, 천자의 위엄을 알지 못하고 누차 방자하게 미친 소리를 해대는 것을 신은 늘 통탄했는데, 지금 귀신이 그 본심을 열어 스스로 천벌을 취하여 바다와 섬이 두려워서 벌벌 떨며 감히 숨도 제대로 못 쉬고 거의 살아가지도 못하게 된 것이니 이것이 어찌 다만 소방의 수치를 씻는 것이겠습니까. 실로 또한 백왕의 위엄을 드러내는 것입니다. 신은 또 들건대, 소원이 있으면 곡진히 들어줌이 천지의 큰 덕이요, 품은 바가 있으면 반드시 진달하는 것이 신자의 지극한 정리라고 합니다. 신이 생각하건대, 오늘날 흉적이 초멸된 것은 전적으로 천사(天師)에 의한 것이요, 소방은 터럭만큼도 한 일이 없습니다. 저들이 천조의 장수가 회군하는 것과 나라 안이 외롭고 약함을 보고 다시 침략하여 씹어 먹을 계책을 낸다면 그 화는 더욱 심하여 막아 내기 어려울 것입니다. 신은 다시 성상께 동쪽을 돌아보는 걱정을 끼치고 미열한 신이 '방어에 실패한 죄'를 거듭 짓게 될까 두렵습니다. 엎드려 바라옵건대, 성상의 자애로움으로 바다 귀퉁이의 잔약한 백성을 불쌍히 여기고 끝까지 천조의 자혜지인(子惠之仁)을 베풀어서 독부로 하여금 절강 포수 5천 명을 적절히 헤아려 뽑고 이들을 한두 명의 장관에게 맡겨서 연해의 요해처인 부산 등지에 몇 달간 나누어 주둔하게 하십시오. 한편으로는 소방의 군민을 가르치고 한편으로는 흉악한 적들의 음모를 소멸시키게 한다면, 신은 아마도 천자의 위엄에 영원히 의지하여 타다 남은 것을 수습하여 훗날에 대비할 수 있게 될 것입니다. 신이 이미 나라의 땅을 회복하고도 선후책을 바라는 것은 지극히 참람하고 외람되어 죄가 진실로 용서하기 어려운 것임을 알지만, 천조에서 굽어살피어 긍휼히 여김이 이미 내복과도 같음이 있으니 하방(下邦)이 어찌 감히 외국이라 자처하겠습니까. 신은 한편으로 사람과 가축을 징발하여 군량과 말먹이의 운반을 독려하고 한편으로는 병마를 조발해 모아서 왕사와 힘을 합쳐 경성으로 진격하여 취하기를 도모하고 또 함경도에서 서쪽으로 향한 적들에 대비하고자 합니다. 신은 수복하기를 기다렸다가 즉시 경성으로 돌아가 관군을 맞이하여 위로하고, 이어서 전후에 받은 은혜에 별도로 사례하는 것 외에도, 우러러 황상의 위엄에 의지하여 평양을 수복했다는 승전보를 비보합니다. 이에 삼가 주본을 갖추어 아룁니다.

만력 21년 2월 10일 조선국왕 신 이(李) 휘(諱)가 이같이 삼가 주문합니다. ─ 이호민이 지었다. 예부에 보낸 자문이 있다.[108] ─

---

108) 이호민이 본 주본의 찬술을 맡았으며, 주본과 동일한 내용의 자문을 예부에도 보냈음을 의미한다.

# 39. 奏聞使護送
43a(87쪽)

朝鮮國王,

爲 護送 事.

差陪臣吏曹判書韓準, 齎捧實封奏本, 幷齎進賀表文一道, 前赴京師, 經由貴治馳驛前去外, 合行移咨, 請照驗護送施行. 須至咨者.
右咨遼東都指揮使司.

萬曆二十一年二月初十日.

발신: 조선국왕
사유: 호송해 주시기 바랍니다.

배신 이조판서 한준(韓準)을 파견하여 실봉주본(實封奏本)과 아울러 진하표문(進賀表文) 1통을 가지고 경사(京師)로 나아가게 했는데 귀사(貴司)의 관할에 속한 역참을 경유하여 나아가게 하는 것 외에도, 마땅히 자문을 보내오니 밝게 살펴서 호송해 주시기 바랍니다. 자문이 잘 도착하기를 바랍니다.

이 자문을 요동도지휘사사에 보냅니다.

만력 21년 2월 10일.

40. 請出檄文全還王子[109]
43a-44a(87~89쪽)

朝鮮國王,

爲 懇訴情, 悃冀紓憫迫 事.

該本月初四日, 據 咸鏡道觀察使尹卓然 馳啓.
　備迆南各州郡, 節次申報.
　　各處住賊, 俱聚徒衆, 向往咸興府, 又將曾被擄王子臨海君順和君, 幷原隨陪臣原任議政府左議政金貴榮判中樞府事黃廷彧原任承政院右承旨黃赫, 裏擄前到本府, 將一時被擄會寧鎭節制使等官文夢軒等, 一十餘人殺死, 其二王子及見跟陪臣等, 牢固防守, 備極困辱, 勢益危逼, 終難完保. 等因.
得此. 當職爲照, 小邦久被賊禍, 槍殺焚燒, 殆無紀極, 不期, 當職二子, 亦被伊賊搶去, 久繫賊營, 羈留不放, 百計圖出, 終無善策, 晝夜痛泣, 罔知攸爲. 今因大兵, 旣克平壤, 轉向京城, 勢若摧枯, 朝夕當勦. 伊賊兇虐, 情固叵測, 終當逃遁, 自應逼割, 其勢誠爲岌岌. 當職仍念, 督府聲望, 已播賊衆, 怛威褫魄, 旣致挫衂, 今又兵分向北, 先聲自暨, 亦必震慄. 倘蒙寫出檄文一通, 詞備誘惵, 嚴示禍福, "如以本國王子二人, 幷各眷聚跟官等, 使得全還, 固當貸汝不死, 仍加褒賞, 如或違悖天道, 怙負不伏, 當提兵直擣, 必殺不饒" 等詞, 反覆據理, 峻辭哄惵, 以示賊衆, 亦有効順之理. 當職痛迫私情, 不避煩瀆, 玆敢咨請, 煩爲照驗救命施行.
須至咨者.
右咨提督府.

萬曆二十一年二月十一日.

발신: 조선국왕
사유: 사정을 간절히 호소하여 근심을 풀기를 바랍니다.

[조선국왕] 본월 4일 함경도관찰사(咸鏡道觀察使) 윤탁연(尹卓然)의 치계를 받았습니다.

[윤탁연] 이남의 각 주군(州郡)에서 차례대로 올린 신보(申報)에 이르기를, "각처에 주둔하는 적이 대부분 무리를 이루어 함흥부로 향하였고, 또한 일찍이 포로가 된 임해군(臨海君)과 순화군(順和君) 그리고 원래 수행하던 배신 원임 의정부 좌의정 김귀영(金貴榮), 판중추부사(判中樞府事) 황정욱(黃廷彧), 원임 승정원 우승지(右承旨) 황혁(黃赫) 등을 생포하여 본부(함흥부)에 도착했고, 같은 때 사로잡힌 회령진(會寧鎭) 절제사 문몽헌(文夢軒) 등 관원 10여 인은 살해했습니다. 두 왕자 및 수행하는 배신

---

109) 본 문서는 『선조실록』에 요약된 형태로 수록되어 있다(『宣祖實錄』 卷35, 宣祖 26年 2月 丙申(11日)).

등을 굳게 지켰으나 곤욕이 심하였고 형세가 점점 위태로워져서 마침내 보전하기 어려웠습니다." 하였습니다.

[조선국왕] 이를 받고 당직(當職)이 살펴보건대 소방은 적화(賊禍)를 입은 지 오래인지라 살육과 방화가 끝이 없을 듯합니다. 뜻밖에도 당직의 두 아들 또한 저 적들에게 잡혀가서 오랫동안 적의 진영에 구속되어 구류된 채 풀려나지 못해 온갖 계책을 내보려 했으나 끝내 좋은 계책이 없어 주야로 통곡만 할 뿐 행할 바를 알지 못했습니다. 지금 대병으로 인하여 이미 평양에서 승리했고 경성으로 향하여 (적의) 형세가 썩은 나무가 꺾이는 것처럼 조석간에 마땅히 초멸될 것입니다. 저 적의 흉학함은 그 실정을 진실로 헤아리기 어려우나 끝내는 도주하여 저절로 응당 고립될 것이니 그 형세가 참으로 위태롭게 되었습니다. 당직이 이에 생각해 보건대 독부(督府)의 성망(聲望)이 이미 적 사이에 퍼져 위엄을 두려워하고 넋을 잃어 기세가 꺾였으니 지금 또한 군사를 나누어 북으로 향하게 한다면110) 먼저 소식이 저절로 미치게 되어 또한 반드시 두려워할 것입니다. 혹 격문 한 통을 받아 언사가 달래기도 하고 위협하기도 하여 엄히 화복(禍福)을 보여 주기를 "본국의 왕자 두 사람, 아울러 각 권속과 수행 관원 등을 온전히 귀환시킨다면 진실로 마땅히 너희를 용서하여 죽이지 않고 포상을 더해 줄 것이다 만약 천도(天道)를 거슬러, 형세를 믿고 항복하지 않는다면 마땅히 군사를 이끌고 바로 짓밟아 반드시 죽이고 용서하지 않을 것이다." 등의 말을 반복하여 이치에 근거하여 준엄한 말로 떠들썩하게 겁을 주어 적중에 보인다면, 또한 이에 따를 수도 있을 것입니다. 애통하고 박절한 사정(私情)이지만 당직이 번거로움을 피하지 않고 이에 감히 자문을 작성하여 청하니 번거로우시겠지만 살펴 검토하

---

110) 『선조실록』에는 '今又分兵向北'으로 기록돼 있다.

여 구제하여 주십시오. 자문이 잘 도착하기를 바랍니다.
　이 자문을 제독부에 보냅니다.

　만력 21년 2월 11일.

41. 戶部咨調本國海船運糧
44b-45a(90~91쪽)

欽差經理征倭糧餉戶部主事 艾,
爲 緊急倭情 事.

照得, 大兵進取王京, 應用糧草, 一向陸運接濟, 但今時下, 江河氷解, 必須由海運送, 合用舩隻水手, 相應預備. 爲此, 合咨前去朝鮮國王, 遵照咨文事理, 卽查該國舩隻, 實數若干, 不拘官民, 盡數查出, 除留本地, 搬運糧草外, 其餘仍有若干, 聽候調赴金州, 由海運送糧草. 若或不敷, 亦要明白咨復, 另行議處, 不許虛報悞事. 仍將查過船隻幷水手, 各數目, 作速回咨, 本部以憑施行. 再照, 該國卽今多事往來, 文移最繁, 凡本部差去人員, 不必給賞. 如有指稱誆騙需索財物者, 卽便咨開本部. 定行重治. 須至咨者.
右咨朝鮮國王.

萬曆二十一年二月初十日.

발신: 흠차경리정왜양향호부주사 애(艾)
사유: 긴급한 왜정에 관한 일입니다.

살펴보건대 대군이 왕경을 취해야 함에 응용(應用)할 양초(糧草)를 전적으로 육로로 운송하여 접제해야 할 것입니다. 다만 현재 강물의 얼음이 녹고 있어 반드시 바다를 통해 운송함에 선박과 선원을 아울러 써야 하므로 상응하여 예비해야 합니다. 이에 마땅히 자문을 작성하여 조선국왕에게 보내니 자문의 내용에 따라 즉시 본국의 선박이 실제 몇 척인지 관, 민에 구애되지 말고 전체 숫자를 조사하되, 본지(本地)에 머무르며 양초를 운반하는 외에 그 나머지가 계속 얼마간 남으면 금주(金州)에 이동되는 것을 기다려 해운으로 양초를 운송해야 할 것입니다. 만약 부족하다면 또한 명백히 다시 자문을 보내어 별도로 의논 조처해야 할 것이로되 허위로 일을 그르치는 것을 용납하지 않을 것입니다. 덧붙여 조사한 선박 및 선원 각각의 숫자를 서둘러 자문으로 회답하면 본부에서 근거로 삼도록 하겠습니다. (그리고) 거듭 살펴보건대 본국은 지금 왕래가 너무 많아 문서의 왕래가 극도로 번잡합니다. 무릇 본부에서 차견하는 인원에게 상을 지급할 필요가 없습니다. 만약 재물을 편취하거나 억지로 요구했다는 지적이 나오면 즉시 본부에 자문하여 일일이 기술하여 주십시오. 정법을 행하여 무겁게 다스릴 것입니다. 자문이 잘 도착하기를 바랍니다.
　이 자문을 조선국왕에게 보냅니다.

만력 21년 2월 10일.

42. 回咨
45a-45b(91~92쪽)

朝鮮國王,

准來咨該 爲 緊急倭情 事 云云. 等因.

准此. 隨該議政府 狀啓.
　據 戶工二曹 呈.
　　就行該管官司, 將平壤迤西各處海舩, 除調集, 大同淸川大定三江, 駕搭浮橋, 及那往鴨綠火兒二口, 裝運粮草, 其餘遺下船隻及該坐水手, 未委該數若干, 仍令沿海州郡, 逐一查點, 作速回報外, 竊念, 獐子島迤西水路, 本國人役, 未嘗經行, 恐有難通去處. 等因.
　備呈.
具啓. 當職爲照, 貴部承命督運, 爲慮陸運不前, 著令查調遺下舩隻, 前赴金州, 運送粮草, 至於公差員役, 另加禁約, 不許誆騙財物, 其矜恤小邦至矣. 覆護恩私, 隕結難報. 但獐子島迤西水路, 小邦人役, 未嘗經行, 所據, 遺下舩隻, 及該坐水手, 待查點訖, 委宜調到本島等處, 聽候指示外, 爲此, 合行回咨, 請照驗施行. 須至咨者.

右咨戶部分司.

萬曆二十一年二月十四日.

발신: 조선국왕
사유: 보내온 자문을 받으니, 「긴급한 왜정에 관한 일입니다. 운운」 하였습니다.

[조선국왕] 이를 받고 곧바로 관련하여 의정부에서 장계하였습니다.
  [의정부] 호조와 공조의 정문을 받았습니다.
    [호조·공조] 즉시 해당 관사(官司)가 평양 이서로 가서 각처의 해운 선박을 징발하여 대동강·청천강·대정강(大定江)[111] 세 강에 부교(浮橋)를 설치하고 아울러 그들은 압록·화아(火兒) 두 어귀로 가 양초(粮草)를 운반했고 그 나머지 남아 있는 선박 및 그에 소속된 선원의 수가 얼마나 되는지는 알지 못하여 곧이어 연해 주군(州郡)으로 하여금 일일이 조사하여 속히 회보하게 하는 외에, 삼가 생각건대 장자도 이서의 수로는 본국의 인역(人役)이 일찍이 통행한 적이 없으므로 지나가기 어려운 곳이 있을 듯합니다.
  [의정부] 정문이 도착했습니다.
[조선국왕] 갖춘 장계를 당직이 살펴보건대 귀부에서는 명을 받들어 독운(督運)함에 육운(陸運)이 이르지 못하는 것을 우려하여 남아 있는 선박을 조사

---
111) 청천강의 지류로, 가산과 박천 사이를 흐른다.

하여 금주(金州)로 보내어 양초를 운반하게 하였고, 공차(公差)한 원역에 이르러서는 따로 금약(禁約)을 더하여 재물을 편취하는 것을 허락하지 않았으니 소방을 불쌍히 여기심이 지극합니다. 보호하는 은총을 살아서는 목숨을 바치고 죽어서 결초보은한다 해도 갚지 못할 것입니다. 다만 장자도 이서의 수로는 소방의 인역이 일찍이 통행한 적이 없다고 보고를 받은 바 남아 있는 선박 및 소속 선원을 조사가 마치기를 기다렸다가 마땅히 징발하여 본도(本島)에 보내 지시를 기다리도록 하는 외에도, 이에 마땅히 자문으로 회답하니 청컨대 살펴 주시기 바랍니다. 자문이 잘 도착하기를 바랍니다.

이 자문을 호부분사에 보냅니다.

만력 21년 2월 14일.

43. 兵部分司將勦北道倭賊咨備粮草
46a-46b(93~94쪽)

欽差經略防海禦倭軍務加四品服兵部武庫淸吏司員外 劉, 職方淸吏司主事 袁,

爲 緊急倭情 事.

照得, 咸鏡道倭奴聚集未散, 先遣策士金相馮仲纓, 率帶官兵前去征勦, 未據實報. 今蒙 欽差經略軍務兵部右侍郞 宋 憲牌.
　差委參軍祖庶, 督同指揮趙應爵旗鼓中軍千摠等官張汝翼黃邦奇楊文哲王大有等, 率領官兵陳英楊武等前來, 接應其隨征兵馬并嚮導人民. 爾國相應調發沿路行粮草料, 多方設法應付務. 使倂力齊心, 早完大事. 擬合咨會.
爲此, 合咨朝鮮國王, 請照咨文內事理, 希乞一一調度施行. 須至咨者.
右咨朝鮮國王.

萬曆二十一年二月日.

발신: 흠차경략방해어왜군무의 직함에 4품복을 더한 병부무고청리사 원외 유(劉), 직방청리사주사 원(袁)

사유: 긴급한 왜정입니다.

[유황상·원황] 살펴보니 함경도 왜적들이 모여서 아직 흩어지지 않았기에 먼저 책사 김상과 풍중영을 보내 관병을 거느리고 가서 정초케 했는데 아직 정확한 보고를 받지 못했습니다. 이번에 흠차경략군무병부우시랑 송(宋)의 헌패를 받았는데 다음과 같은 내용입니다.

[송응창] 참군 조염에 임무를 맡기되 지휘 조응작과 기고·중군·천총 등의 군관인 장여익, 황사기, 양문절, 왕대유 등으로 하여금 관병 진영, 양무 등을 이끌고 가서 따라 들어간 병마와 향도인을 지원하도록 하시오. 너희 나라(조선)는 마땅히 연로의 행량과 양초를 조발하고 수단과 방법을 가리지 말고 부여된 임무에 응하도록 하시오. 힘을 합치고 마음을 모으게 해서 조기에 대사를 완수하시오. 헤아려 보건대, 마땅히 자문으로 알려야 할 것이오.

[유황상·원황] 이에 마땅히 자문을 조선 국왕에게 보냅니다. 청컨대 자문의 내용을 살피시어 바라건대 일일이 절도 있는 범위 내에서 조발하시길 바랍니다. 자문이 잘 도착하기를 바랍니다.

이 자문을 조선국왕에 보냅니다.

만력 21년 2월 일.

44. 回咨
46b-47a(94~95쪽)

朝鮮國王

准來咨該 爲 緊急倭情 事 云云. 等因.

准此. 查照, 先該, 本月內, 有貴部差來策士金相馮仲纓二人, 率帶官兵二十名, 前到本州. 已經差委通事柳宗伯司勇韓山斗田連等, 跟同前往咸鏡道地面. 去後, 今該前因. 當職爲照, 貴部矜恤小邦酷被兇禍, 旣遣別枝軍馬, 征剿北路. 又差各該將官前來接應, 拯援之恩, 粉糜難報. 第念兵燹之餘, 糧草必欠, 轉行沿路州縣, 設法應付. 其隨征人馬嚮導人民, 亦令該管官司選調聽候. 庶幾併力殲賊外, 爲此, 合行回咨, 請照驗施行. 須至咨者.

右咨兵部分司.

萬曆二十一年二月十五日.

발신: 조선국왕

사유: 보내온 자문을 받으니, 「긴급한 왜정에 관한 일입니다. 운운」 하였습니다.

이를 받고 살펴보건대, 먼저 이번 달에 귀부에서 책사 김상과 풍중영 두 사람을 파견해 관병 20명을 이끌고 본주에 도착했다는 내용이었습니다. 이미 통사 유종백, 사용 한산두, 전연 등을 파견해서 수종하며 함경도 지역으로 나가게 했습니다. 위의 조치를 취한 후 지금 이번 자문의 내용을 받았습니다. 당직이 살펴보니 귀부가 소방의 혹독한 피해와 흉측한 화를 긍휼히 여겨 이미 별도로 한 갈래의 군대를 보내 북로(北路)를 정벌케 했습니다. 게다가 각 해당 장관들을 파견하여 접응케 했으니 구원의 은혜는 분골쇄신해서도 갚기 어려울 지경입니다. 단지 생각건대 병화를 입은 나머지 양초가 반드시 모자랄 것이라 연로의 주현에 명령을 전달해서 수단과 방법을 가리지 말고 부여된 임무에 응하도록 했습니다. 따라 들어간 병마와 향도인에 대해서도 해당 관사에서 선별해 대기하도록 했습니다. 아마도 힘을 모아 적을 섬멸할 수 있을 것 외에도, 이에 마땅히 자문으로 회답하니 청컨대 잘 살펴 시행하시길 바랍니다. 자문이 잘 도착하기를 바랍니다.

  이 자문을 병부분사에 보냅니다.

만력 21년 2월 15일.

45. 經略宣諭本國進守平壤
47a-48b(95~98쪽)

欽差經略薊遼保定山東等處防海禦倭軍務兵部右侍郎 宋,
爲 天討方張平壤已復, 合行宣諭國王督發軍民防守, 以廣皇仁, 以昭大義 事.

准本部咨.
　該本部題, 職方淸吏司案呈, 奉本部送.
　　准 經略侍郎 宋 咨. 前事, 內稱.
　　　平壤已克, 乞宣諭國王, 令其撥發軍民, 防守平壤緣由. 等因.
　到部, 送司案呈到部.
　　爲照, 倭奴占據朝鮮, 潛圖內犯, 以致該國君臣宗祀失守, 播越江干, 仰賴我皇上憐念恭順屬封. 慨然命將興師, 出疆援勦, 而大兵甫至平壤, 遂一鼓而下. 前後節據揭報, 大約 擒斬倭奴一千六百有餘, 焚溺死者, 以萬計, 則中國之威業, 已大振矣. 但平壤旣得, 防守宜嚴, 朝鮮君臣, 豈宜仍前播越. 今據經略侍郎 宋咨稱, 請旨諭, 令朝鮮王還居平壤, 一以示天朝字小之仁, 一以繫彼國勤王之志. 相應題請, 合

候命下　本部移文經略衙門轉行朝鮮國王, 卽日率領陪臣軍民人等, 還赴平壤駐箚防守. 仍乞天語諄勅, 乘此破竹之勢, 淬礪義兵, 會合征勦, 期於蕩平, 如旣克王京, 卽聽進守, 不得再候, 題請以致稽遲. 等因.

奉聖旨.

是. 平壤旣復, 便行與朝鮮國王, 仍舊居守還, 令乘勝鼓勇, 會兵進勦, 務期蕩平.

欽此.

備咨到部. 擬合就行.

爲此, 合咨前去, 煩照本部題奉欽依內事理, 卽日率領陪臣軍民人等, 還赴平壤駐箚防守, 施行. 希由知照. 須至咨者.

右咨朝鮮國王.

萬曆二十一年二月十一日.

발신: 흠차경략계요보정산동등처방해어왜군무병부우시랑 송(宋)

사유: 천토를 펼쳐서 이미 평양을 회복했으니 마땅히 국왕을 선유하여 군민을 독려해 지키게 함으로써 황제의 인자함을 넓히고 대의를 밝히는 일입니다.

[송응창] 병부 자문을 받았습니다.

　[병부] 본부에서 제본을 올렸는데, 직방청리사의 안정이 도착했습니다.

[직방청리사] 본부에서 받은 전사(前事)에 대한 경략시랑 송의 자문을 받았습니다.

[송응창] 평양이 이미 탈환됐으니 바라건대 황제께서는 국왕을 선유하시어 국왕이 군민을 조발하여 평양을 지키게 하십시오.

[병부] 본부에 도착하여, (문서를) 사(司)로 보냈고 그에 대한 안정이 본부에 이르렀습니다.

[직방청리사] 살펴보니 왜노가 조선을 점거하여 내륙을 범할 계획을 은연히 도모해서 해당국 군신은 종사를 지키지 못하고 달아나 강을 건너 삼가 우리 황상께서 공순한 속방을 불쌍히 여김에 의지했습니다. 개연히 명하여 군사를 보내어 구원하고 정벌했으며 대병이 곧 평양에 이르러 마침내 함락시켰습니다. 전후 게보를 요약해 의거하면 사로잡거나 참수한 왜노가 1,600여 명, 불에 타 죽고 물에 빠져 죽은 자는 만 단위로 계산되니 중국의 위엄이 이미 크게 떨친 것입니다. 단 평양을 이미 회복했으니 마땅히 엄히 지켜야 할 터인데 조선의 군신은 어찌 이전과 같이 강을 건너 피해 있는 것입니까? 지금 받은 경략시랑 송의 자문에 '황지(皇旨)로 선유하셔서 이제 조선왕은 평양으로 돌아가 거하며 한편으로는 천조의 자소한 인덕을 보이고 한편으로는 조선의 근왕의 뜻을 맺도록 하십시오.'라고 청했습니다. (따라서) 마땅히 제본을 청하고 명이 내려지기를 기다려 본부가 경략아문에 자문으로 보내시고 송응창이 조선국왕에게 자문을 보내어 자문을 받는 즉시 배신과 군민 등을 이끌고 평양으로 돌아가 거기서 머무르며 지키도록 하십시오. 또한 바라건대 '지금의 파죽지세를 타고 의병을 북돋아 모이게 해서 정초한다면 함께 마땅히 크게 소탕함을 기약할 수 있을 것이고 만약 왕경을 수복했다면 즉시 순종하여 나아가 지키라.'라는 말씀으로 후히 신칙하시어 다시 기다

려 주청해 지체함에 이르지 않게 하십시오.

[병부] 성지를 받았습니다.

[황제] 허락한다. 평양이 이미 회복됐으니 바로 조선국왕과 (宋은) 함께 옛 거처에서 나와 돌아가 지키고 이제 승기를 몰아 용기를 북돋고 병사를 모아 정초하여 모두 소탕하기를 기약하는 데 힘쓰도록 하라.

[병부] 이상의 내용을 담은 자문이 본부에 도착했습니다. 곧바로 시행해야 하겠습니다.

[송응창] 이에 마땅히 자문을 보내니 번거롭더라도 병부가 제본을 올려 받은 '즉시 배신과 군민을 거느리고 평양으로 돌아가 머무르며 지키라.'라는 성지의 내용대로 시행하시길 바랍니다. 바라건대 사유를 잘 아시길 바랍니다. 자문이 잘 도착하기를 바랍니다.

이 자문을 조선국왕에게 보냅니다.

만력 21년 2월 11일.

46. 回咨
48b-49b(98~100쪽)

朝鮮國王,

准來咨該 爲 天討方張, 平壤已復, 合行宣諭國王督發軍民防守, 以廣皇仁以昭大義 事. 准本部咨. 該本部題, 職方淸吏司案呈, 奉本部送. 准經略侍郞 宋 咨, 前事 云云. 等因.

准此. 查照, 先該, 本年正月內, 准貴部咨. 節該.
　天朝念國王世篤忠貞, 特發大兵援救, 王師一擧恢復平壤, 不踰一日, 顧平壤爲本國重鎭, 相應知會, 整飭修守以還舊業. 爲此, 除具題請旨宣諭外, 咨請國王卽便督率軍民前去坐鎭防守. 等因.
准此. 已令該管官曹前去本處, 修理城池慰安士女. 仍將聽候部臨, 面會接管, 就進防守緣由, 備行咨復. 去後, 今准前因. 當職爲照, 天朝憐念小邦酷被兇禍大, 調精銳渡江援勦, 特命貴部經略該務. 思惟貴部跋涉遐荒, 冒犯霜雪, 仰體皇上撫綏之仁, 深憫小邦播越之患, 要令蕩平餘寇, 奠安遺黎. 旣經咨勸前進, 又行題請宣諭, 至蒙天語丁寧勅, 以鼓勇進勦. 小邦宗社之復, 委由貴部將就之力. 當職與一國臣民, 感激鴻私, 無路仰報,

> 欽遵本部題奉欽依內事理, 就行簡率臣僚, 於本月十七日, 起程前進平壤, 以圖防守外, 爲此, 合行咨, 請照驗施行. 須至咨者.
> 右咨行兵部.
>
> 萬曆二十一年二月十六日.

발신: 조선국왕

사유: 보내온 자문을 받으니,「천토를 펼쳐서 이미 평양을 회복했으니 마땅히 국왕을 선유하여 군민을 독려해 지키게 함으로써 황제의 인자함을 넓히고 대의를 밝히라는 내용입니다. 본부(本部)의 자문을 받았습니다. 본부가 올린 제본에 관한 것으로 본부에서 보낸 문서를 받은 직방청리사의 안정입니다. 전사(前事)와 관련한 경략시랑 송(응창)의 자문에 대한 것입니다. 운운」하였습니다.

[조선국왕] 이를 받고 조사해보건대, 앞서 본년 1월 귀부(貴部)로부터 받은 자문은 대략 다음과 같습니다.

　[행병부] 천조는 국왕이 세세토록 충정을 두터이 함을 생각하여 특별히 대병을 동원해 구원했으니 왕사(명군)가 일거에 평양을 회복하는 데 하루도 걸리지 않았습니다. 평양이 조선의 중요한 요충지임을 고려해 보건대 마땅히 정돈하고 수리하고 지켜 구업으로 돌아가야 함을 알려야겠습니다. 이에 제본을 갖추어 성지로 선유할 것을 청하는 외에 자문으로 청하니 국왕은 즉시 군민을 통솔해 앞으로 나가 평양에 머무르며 지키십시오.

[조선국왕] 이를 받고서 이미 해당 관리들로 하여금 본처에 나가 성지를 수리하고 백성과 병사를 위안케 했습니다. 이어서 행병부가 오기를 대기했다가

얼굴을 맞대고 대접하면서 전진하여 방수하는 연유를 설명하고자 자문을 갖추어 회답했습니다. 앞의 조치를 다한 후에 이번에 위의 문서를 다시 받았습니다. 당직이 살펴보니 천조가 소방이 혹독하게 왜적에게 화를 당함이 큼을 가련히 여겨 정예를 조발하여 강을 넘어 구원하였고 특별히 귀부는 경략으로 하여금 해당 임무를 맡도록 명했습니다. 생각해 보면 병부는 멀리 외진 곳을 넘어 서리와 눈을 무릅쓰고 맞으며 우러러 황상의 어루만지는 인자함을 체득해서 소방이 겪은 의주파천의 환란을 깊게 불쌍히 여겨 이제 남은 왜적을 소탕하고 살아남은 백성들을 안정시켰습니다. 앞으로 나갈 것을 권하는 자문을 보낸 후에 또다시 제본으로 선유할 것을 주청해서 '용기를 북돋아 정벌함에 나가라.'라는 간곡한 신칙을 받는 데 이르렀습니다. 소방의 종사가 회복된 것은 실로 행병부의 추진력으로 말미암은 것입니다. 당직은 온 나라 신민과 함께 큰 은혜에 감격하여 우러러 갚을 길이 없습니다. 본부가 주청해서 받든 성지의 내용을 삼가 받들어 즉시 누추하나마 신료를 이끌고 본월 17일에 평양으로 돌아가 방수를 도모하는 것 외에도, 이에 마땅히 자문으로 회답하니 청컨대 잘 살펴 주시기 바랍니다. 자문이 잘 도착하기를 바랍니다.

이 자문을 행병부에 보냅니다.

만력 21년 2월 16일.

47. 提督移兵平壤酌議進取
49b-50b(100~102쪽)

欽差提督薊遼保定山東等處防海禦倭軍務總兵官中軍都督 李,
爲 酌議進兵, 期滅倭奴 事

照得, 大兵屯箚開城, 因連雨半月, 道路泥深, 王京附近悉皆稻畦俱成溪壑, 兵馬不得馳騁. 遽難進攻. 但官兵久屯開城, 粮草不敷, 人皆飢色, 戰馬到斃, 一萬二千餘匹. 近該, 經略兵部聞咸鏡道倭賊欲襲平壤, 檄行本部, 選留精兵八千將官七員, 協同陪臣金命元防守. 本部移兵平壤, 就食休息防禦, 俟副將陳璘等, 領兵不日前來. 本府統率兵將前去, 殲除咸鏡之賊, 以絕侵襲之患. 俟風吹地乾, 兵粮充裕, 進取王京, 期在滅賊. 又跟隨本府陪臣通事, 悉俱謹愼供, 備經心足徵. 賢王留意, 通候事平之日, 咨行陞叙. 合併會知. 爲此, 合咨前去, 煩爲查照知會施行. 須至咨者.
右咨朝鮮國王.

萬曆二十一年二月十五日.

발신: 흠차제독계요보정산동등처방해어왜군무총병관중군도독 이(李)
사유: 진병을 헤아려 의논하여 왜노를 섬멸할 것을 기약하는 일입니다.

살펴보니 대병이 개성에 주둔하는데 연이어 비가 내린 지 15일이 되어 도로에 진흙이 깊고 왕경 부근 논밭이 모두 시냇물이 흐르는 산골짜기를 이루어 병마가 달릴 수가 없습니다. 갑자기 진공하기 어려운 상황에 처해 버렸습니다. 다만, 관병이 개성에 오래 주둔하면서 양초가 부족하여 사람들은 굶주린 기색이 역력하고 전마는 폐사한 수가 1만 2,000필에 이르렀습니다. 최근 경략(행)병부가 함경도 왜적이 평양을 습격한다는 소식을 듣고 본부에 격문을 보내 주둔군 가운데 정병 8천 명과 장관 7명을 뽑아 배신 김명원과 힘을 합쳐 함께 방수하고자 합니다. 본부는 평양으로 병사를 보내 먹고 휴식하며 방어토록 했는데 부장 진린 등이 군대를 통솔한 지 하루가 지나지 않아 평양으로 갔습니다. 본부(本府)가 장차 병사를 이끌고 나아가 함경도의 적을 섬멸해서 습격의 우환을 끊을 것입니다. 바람이 불고 땅이 말라 군량이 충족해지기를 기다려 왕경으로 나가 공격하면 적을 섬멸할 것을 기대할 수 있을 것입니다. 또한 본부를 수행하는 배신과 통사 모두 매우 공손하게 대접했기에 신경 쓰는 것을 족히 징험할 만합니다. 현왕께서는 잘 알아 두시고 일이 평정될 때까지 완전히 기다렸다가 자문을 보내어 승진시키도록 하십시오. 모두 아울러 알도록 하시기 바랍니다. 이에 마땅히 자문을 보내니 번거롭더라도 조사하여 통지하십시오. 자문이 잘 도착하기를 바랍니다.
이 자문을 조선국왕에게 보냅니다.

만력 21년 2월 15일.

48. 回咨
50b-51b(102~104쪽)

朝鮮國王,

准來咨該 爲 酌議進兵期滅倭奴 事 云云. 等因.

准此. 當職竊念, 大元帥欽奉聖天子明命, 拯濟小邦性命, 自平壤快捷之後, 黃海京畿各處賊徒, 望風奔潰, 其據有京城者, 亦焚燒房屋, 馱輸財賄, 的有走計, 小邦恢復之勢, 十已八九. 爲因地方殘破, 財力匱竭, 以致餉運不前, 將士飢餒馬匹傷損, 貽督府之憂, 滯行師之期. 此雖陪臣奉職無狀, 實由當職尉率乖, 宜咎責在躬. 慙懼交幷, 思切刻責, 寢食靡寧.

近據 咸鏡道巡察使尹卓然 馳啓.

　本道安邊府留住倭賊, 聞平壤已破, 慮被我兵截殺, 乃於本月初十日, 引聚咸興府. 留一日, 悉衆南遁. 本道節制使, 成允文等, 追趕於㐲平永興等處, 節次交鋒抄擊.

續該 咸鏡道巡察使洪世恭 馳啓.

　據高原郡守邊潤申, 本郡人曹福井, 被擄逃歸, 說稱.

　　倭賊於本月十五日, 傾巢東向, 不入安邊府, 直踰鐵嶺. 咸興府留住大勢倭賊, 與同王子及宰臣等, 本月十三日, 經由本郡走向文川郡.
等情.
據此. 咸鏡之賊, 散處險遠, 乏粮飢困, 聞天威遠震, 氣奪魂喪, 勢將次第
遁歸. 其涉險繞出, 自送其死, 理所必有. 不須費盡神算. 遠勞王師, 惟念
大軍退舍久, 留京城之賊, 別生奸計. 目今小邦南方舡路已通, 催督搬運,
庶勾支用. 煩乞貴部休兵相機迅掃殘孽, 使小邦君臣終被再造之恩, 不勝
涕泣懇祈. 仍照跟從陪臣通事, 竊蒙咨諭, 亦當遵依候事平時日, 擬再行
叙. 爲此, 合行回咨, 請照驗施行. 須至咨者.
右咨提督府.

萬曆二十一年二月二十一日

발신: 조선국왕
사유: 보내온 자문을 받으니, 「군대를 진격시킬 것을 헤아려 논의해서 왜적을 섬멸할 것을 기약하십시오. 운운」 하였습니다.

[조선국왕] 이를 받고 당직이 가만히 생각해 보건대, 대원수가 소방을 구하라는 천자의 밝은 명령을 받고 평양성에서 통쾌한 승리를 거둔 뒤로, 황해도와 경기도 각처의 적들은 바람을 따라 흩어졌습니다. 경성을 점거하던 무리도 방옥을 불태우고 재물을 실어 보내면서 바로 도망갈 계획을 세우니 소방의 회복된 기세는 거의 십중팔구입니다. 지방이 파괴되고 재력이 고갈돼 식량 수송이 앞으로 나가지 못하여 병사들이 굶주리고 마필은 손상되는 지경에 이르렀습니다. 도독께 우려를 끼쳤고 군대가 나가는 기일을 지체시켰습니

다. 배신이 직무를 수행하는 데 있어 부족함이 있었지만 실제로는 당직이 권면하고 통솔함에 어그러짐이 있기 때문인 것이기에 잘못의 책임은 마땅히 제게 있는 것입니다. 부끄러움과 두려움이 교차하면서 생각으로는 간절히 엄히 질책해 침식이 편치 못합니다. 근래 함경도순찰사 윤탁연의 치계를 받았습니다.

[윤탁연] 본도의 안변부에 머무르던 왜적이 평양 함락의 소식을 듣고 우리 병사에게 죽임을 당할까 걱정하여 본월 10일에 함흥부에 모였습니다. 하루 머물다가 온 무리가 남쪽으로 도망갔습니다. 본도 절제사 성윤문 등이 정평, 영흥 등지에서 추격해 여러 차례 교전해서 여기저기서 초격했습니다.

[조선국왕] 이어 함경도순찰사 홍세공의 치계를 받았습니다.

[홍세공] 고원군수 변윤의 보고를 받았습니다.

[변윤] 본군 사람 조복정이 잡혔다 도망쳐 와서 말하기를 '왜적이 본월 15일에 다투어 동쪽으로 병력을 집결해서 안변부로 들어가지 않고 바로 철령을 넘었고, 함흥부에 머물며 큰 세를 이루던 왜적들은 왕자 및 재신 등과 함께 본월 13일에 본군(고원군)을 경유해서 문천군 방향으로 도망쳤다.'라는 내용이었습니다.

[조선국왕] 이를 받고 살펴보건대, 함경도의 적들이 험원한 지역에 산거하는데 식량이 부족하여 굶주리고 지쳤습니다. 명군의 위세가 멀리서 진동함을 듣자 혼기를 잃었으니 장차 차례로 도망갈 형세입니다. 저들이 위험을 무릅쓰고 탈출하고자 돌아다니는 것은 스스로 죽음을 자청하는 것이니 이치상 반드시 그렇게 될 것입니다. 신묘한 계획을 다 소진할 필요가 없습니다. 멀리서 와서 수고하는 왕사가 오직 유념해야 할 바는 대군이 뒤로 물러나 있은 지 오래이니 경성에 머무는 적들이 간계를 따로 꾸미는 것입니다. 지금 소방의 남쪽 뱃길이 통해서 운반을 독촉하고 있으니 충분히 공급을 담당할

수 있을 것입니다. 번거롭더라도 귀부에서는 병사를 휴식하게 하고 기회를 잘 살펴 신속하게 잔얼들을 소탕하시어 소방의 군신이 끝내 재조지은을 입기를 바랍니다. 눈물을 흘리며 간절한 마음으로 빌기를 이기지 못하겠습니다. 그리고 근종하는 배신과 통사의 일을 살펴보니 삼가 보내 준 자문의 깨우쳐 주신 바를 받들어 뜻하신 바와 같이 일이 평정되기를 기다려 마땅히 승서시키도록 하겠습니다. 이에 마땅히 자문으로 회답하니 바라건대 잘 살펴 주십시오. 자문이 잘 도착하기를 바랍니다.

이 자문을 제독부에 보냅니다.

만력 21년 2월 21일.

49. 呂應鍾前[112]
51b-52b(104~106쪽)

日昨, 泥中久駐淸驂, 深以禮缺爲恐, 顧緣造次, 未紓滿腔哀悃. 恨不早知冠盖遠近, 留候卑館, 得吐盡微悰耳. 猶幸乍接高論, 已得本國情勢, 無容更陳, 益歎高明所見超越人萬萬. 而終始恤人之誠, 又所性也. 天兵已克平壤, 餘威令開城就復. 小邦官義諸軍, 咸思鼓勇, 水陸蒭糧, 次第稍集, 天聲所曁, 何事不濟. 且聞咸鏡賊已遁走, 而遞出京城, 相繼南走, 政要趕擊. 王師旣乘破竹, 顧不可終一蹴之勞犾. 脫賊全師過海, 則日後之憂, 有不可勝言. 況賊未遁, 而天兵退一步, 賊且進一步, 則小邦宗社, 終無稅駕之地. 高明所謂國家存亡, 在此一擧者, 至矣言也. 謹當續差陪臣, 齎咨前去, 呈達經略根前. 存亡所係, 寧嫌瀆告不自盡耶. 第念, 十聞不如一見. 今行成敗, 寔係季路一言, 謹馳下价報感. 切願高明矜[113]此危懇, 更加周旋, 使得進兵畢勦獲及賊未全退, 則小邦可得無國有國, 而臣民之頌高明, 何啻鑴金石而耀無極耶. 不勝至懇, 專此奉稟, 幸恕濫猥.[114]

---

112) 본 게첩은 이호민의 문집에 보인다(李好閔, 『五峯集』 卷13, 揭, 呂參軍 應鍾 處揭帖 癸巳).
113) 이호민의 『오봉집』에는 '軫'으로 되어 있다.

일전에 진창 속에 귀인의 행차를 오래 머물게 하였으니 심한 결례를 했다고 걱정하면서도, 도리어 경황 중이어서 마음속 가득한 안타까움을 다 펴지 못했습니다. 일찍 귀인의 행차가 원근의 누추한 관소에 머물고 있음을 알아서 작은 정성을 다 펴지 못한 것을 한스럽게 여길 뿐입니다. 그럼에도 다행히 고견을 잠깐 접하였는데, 이미 본국의 정세를 얻으셔서 다시 진달할 필요가 없었으니, 고명(高明)의 소견이 보통 사람을 훨씬 추월한 것에 더욱 탄복하였습니다. 시종일관 사람을 염려하는 정성은 또한 타고난 천성인 바입니다. 천조의 군대가 이미 평양을 점령하였고 넉넉한 위령으로 개성(開城)도 곧 회복하였습니다. 소방의 여러 관군·의병도 모두 용맹을 떨칠 생각을 하고 있고, 수로와 육로로 운반하는 군량도 순차적으로 조금씩 모이고 있으니 천조의 명성이 이르는 곳에 무슨 일이든 이루지 못하겠습니까. 또 듣건대 함경도의 왜적이 이미 도망쳐서 경성(京城)을 돌아 나와 잇따라 남쪽으로 도주하고 있다 하니 요체는 바로 추격함에 있습니다. 왕사는 이미 대나무가 쪼개지는 듯한 기세를 탔는데 도리어 한 번 추격하는 노고를 다하지 않을 수 있겠습니까. 만약 왜적이 군대를 온전히 하여 바다를 건너 되돌아가게 되면 훗날의 근심을 말로 다할 수 없을 것입니다. 하물며 왜적이 달아나지 않아서, 천병이 한 걸음 물러날 때마다 왜적이 또 한 걸음 진격해 온다면 소방의 종사는 끝내 안정될 수 없을 것입니다. 고명께서 이르신바, "국가의 존망은 이 한 번의 거사에 있는 것이다."라고 하셨으니, 지극하신 말씀입니다. 삼가 마땅히 배신을 다시 파견하여 자문을 가지고 가서 경략의 근전(根前)에 가서 정문을 진정해야 하겠습니다. 존망이 관계된바, 어찌 함부로 고한다고 혐의하면서 스스로 다하지 않을 수 있겠습니까. 다만 생각건대, 열 번 듣는 것이 한 번 보는 것만 못하다고 합니다. 지금의 성패는 진실로 계로(季路)[115]의

---

114) 이호민의 『오봉집』 말미에, "죽어 마땅한 죄입니다(死罪死罪)"라는 부분이 보인다.

한마디에 달렸다 하겠으니, 삼가 속히 사람을 보내어 감사를 표해야겠습니다. 간절히 바라건대, 고명께서 이 같은 간절함을 생각하시어 더욱 힘껏 주선하여 군대를 진격하게 해서 소탕하는 일을 끝마쳐 적이 온전히 돌아가지 못하게 해 주신다면, 소방은 없던 나라가 있게 되고 신민들은 고명을 칭송하게 될 것이니, 어찌 금석에 새겨서 무궁하게 빛날 뿐이겠습니까. 지극한 간절함을 이기지 못하여 오로지 이와 같이 품해 올리니 외람됨을 용서해 주시면 감사하겠습니다.

---

115) 공자의 제자인 중유(仲由)를 이르며, 자는 '자로(子路)'이다. 그는 다른 사람들로부터 자기의 허물을 듣기를 좋아하여 심신을 수양하였으며, 위(衛)나라의 읍재(邑宰)로 있으면서 의리 명분을 지켜 그가 섬기던 공리(孔悝)를 구제하기 위해 궁궐에 들어갔다가 살해당하였다.

50. 本國請速進兵
52b-55a(106~111쪽)

朝鮮國王,

爲 乞作速進兵, 勦殲餘賊, 以畢大功 事.

該 諸道都體察使柳成龍 馳啓.
 據 戶曹判書李誠中 呈.
  該 全羅等道, 海運米豆, 共二萬餘碩,[116] 已到東坡站, 臨津口下卸.
 又據 黃海道巡察使柳永慶 呈.
  卑職將延安等府, 堆積馬草, 俱已運到開城地面支放. 等因.
續該 全羅道巡察使權慄 馳啓.
 臣統領助防將趙儆等, 官軍二千三百員名, 於高陽郡幸州山寨下營. 本月十二日黎明, 有大勢倭賊約一萬餘名, 將本營攻圍. 臣挺劍督戰, 自卯至酉, 賊不能支吾, 一時奔潰, 僵屍遍野. 續據走回人說稱, 賊酋平秀家等三人, 俱被官軍射刺, 與伊餘黨, 帶傷回營, 俱已命盡. 等因.
又該 咸鏡道巡察使洪世恭 馳啓.

---
116) '碩'은 '石'으로 쓰였다.

據 助防將李慶濬 呈.

　有馮相公帶同家丁六名, 及嚮導通事人等, 經向安邊府去了.

續據 德原府使金信元 呈.

　該 哨探軍康俊 走報.

　　北來諸賊, 將本府公私房屋, 盡行焚燒, 帶同王子及宰臣人等, 俱向鐵嶺行走. 等情.

節據 嚮導將崔遇, 召募使黃璨等 呈, 具前事. 臣爲照兇賊捲衆南遁, 北地寧靜, 合無將劒山等口, 把截官軍撤去. 等因.

具啓. 得此. 當職爲照, 小邦軍民, 久不見兵, 猝遇勍寇, 一皆崩潰. 其間各該將領, 其軍兵之衆, 器械之盛, 比權慄軍營十倍者何限, 任賊蹂躪, 北窮咸鏡, 西至平壤. 當職寄命偏隅, 日夜痛心. 慄提孤兵赴難, 暴露原野五閱月矣, 豈復有完兵堅甲, 可以挫賊者歟. 猶且董率薄戍, 致此大捷, 實兵興以後所未有. 此豈小邦兵力, 所自辦者. 端由聖天子神武遠暢, 貴部謀略宏深. 威聲遠震, 彼驚弓之鳥, 自落於虛彈也. 咸鏡之賊, 亦且阻其山海, 謂爲可恃, 合衆咸興等處, 敢有拒敵之計, 當職心竊憂之. 今聞悉趨安邊, 經逾鐵嶺, 天威所及, 物無敢拒. 竊惟貴部, 任專經略, 連奏三捷, 此正因已勝之勢, 而收全勝之秋也. 況復小邦, 人民稍集, 糧草漸至, 如柳成龍所報, 而遼陽運到官糧, 海運陸輓, 已到開城者亦多, 前頭餽餉, 不至如前日之缺也. 且北賊已遁, 保無後虞, 前來遊擊王汝徵所領北兵, 擬備北路者, 亦可幷赴督府, 恊助東向, 則兵無不饒, 糧無不繼, 再進之威, 先慴已窮之寇, 而不待交鋒, 賊自退北矣. 兵機難得而易失, 事會一去而不再. 倘貴部不於此亟圖, 致延時日. 賊若合衆, 則攻勦不易, 更添新兵, 則後患愈大, 小邦君臣, 盖不知死所, 而其受禍有甚於前日. 伏願

50. 本國請速進兵
52b-55a(106~111쪽)

朝鮮國王,

爲 乞作速進兵, 勦殲餘賊, 以畢大功 事.

該 諸道都體察使柳成龍 馳啓.
　據 戶曹判書李誠中 呈.
　　該 全羅等道, 海運米豆, 共二萬餘碩,[116] 已到東坡站, 臨津口下卸.
　又據 黃海道巡察使柳永慶 呈.
　　卑職將延安等府, 堆積馬草, 俱已運到開城地面支放. 等因.
續該 全羅道巡察使權慄 馳啓.
　臣統領助防將趙儆等, 官軍二千三百員名, 於高陽郡幸州山寨下營. 本月十二日黎明, 有大勢倭賊約一萬餘名, 將本營攻圍. 臣挺劍督戰, 自卯至酉, 賊不能支吾, 一時奔潰, 僵屍遍野. 續據走回人說稱, 賊酋平秀家等三人, 俱被官軍射刺, 與伊餘黨, 帶傷回營, 俱已命盡. 等因.
又該 咸鏡道巡察使洪世恭 馳啓.

---
[116] '碩'은 '石'으로 쓰였다.

據 助防將李慶濬 呈.

　有馮相公帶同家丁六名, 及嚮導通事人等, 經向安邊府去了.

續據 德原府使金信元 呈.

　該 哨探軍康俊 走報.

　　北來諸賊, 將本府公私房屋, 盡行焚燒, 帶同王子及宰臣人等, 俱向鐵嶺行走. 等情.

節據 嚮導將崔遇, 召募使黃璨等 呈, 具前事. 臣爲照兇賊捲衆南遁, 北地寧靜, 合無將劍山等口, 把截官軍撤去. 等因.

具啓. 得此. 當職爲照, 小邦軍民, 久不見兵, 猝遇勍寇, 一皆崩潰. 其間各該將領, 其軍兵之衆, 器械之盛, 比權慄軍營十倍者何限, 任賊蹂躪, 北窮咸鏡, 西至平壤. 當職寄命偏隅, 日夜痛心. 慄提孤兵赴難, 暴露原野五閱月矣, 豈復有完兵堅甲, 可以挫賊者㢤. 猶且董率薄戍, 致此大捷, 實兵興以後所未有. 此豈小邦兵力, 所自辦者. 端由聖天子神武遠暢, 貴部謀略宏深. 威聲遠震, 彼驚弓之鳥, 自落於虛彈也. 咸鏡之賊, 亦且阻其山海, 謂爲可恃, 合衆咸興等處, 敢有拒敵之計, 當職心竊憂之. 今聞悉趨安邊, 經逾鐵嶺, 天威所及, 物無敢拒. 竊惟貴部, 任專經略, 連奏三捷, 此正因已勝之勢, 而收全勝之秋也. 況復小邦, 人民稍集, 糧草漸至, 如柳成龍所報, 而遼陽運到官糧, 海運陸輓, 已到開城者亦多, 前頭餽餉, 不至如前日之缺也. 且北賊已遁, 保無後虞, 前來遊擊王汝徵所領北兵, 擬備北路者, 亦可幷赴督府, 恊助東向, 則兵無不饒, 糧無不繼, 再進之威, 先慴已窮之寇, 而不待交鋒, 賊自退北矣. 兵機難得而易失, 事會一去而不再. 倘貴部不於此亟圖, 致延時日. 賊若合衆, 則攻勦不易, 更添新兵, 則後患愈大, 小邦君臣, 蓋不知死所, 而其受禍有甚於前日. 伏願貴部諒此微悃, 指授成算, 速圖前進. 兼撥精銳炮手, 以添軍勢, 則醜類可殲, 大功可集. 小邦區區宗社, 絕而復續, 幽明所冀, 只屬貴部. 不勝悲感, 切祝之至. 爲此, 合行移咨, 請照驗分付施行. 須至咨者.
右咨行兵部
提督府亦有咨.

萬曆二十一年二月二十七日.

발신: 조선국왕
사유: 속히 진격해서 남은 왜적을 섬멸하여 큰 공을 완수해 주십시오.

[조선국왕] 제도도체찰사 유성룡(柳成龍)이 치계하였습니다.
　[유성룡] 호조판서 이성중(李誠中)의 정(呈)을 받았습니다.
　　[이성중] 전라도 등에서 해로로 운반해 온 쌀과 콩 총 2만여 석이 이미 동파참(東坡站)에 도착하였으므로 임진강(臨津江)의 어귀에 내려놓았습니다.
　[유성룡] 또 황해도순찰사 유영경(柳永慶)의 정을 받았습니다.
　　[유영경] 제가 연안부(延安府) 등지에 쌓아 두었던 말먹이 풀을 모두 개성 인근으로 옮겨서 지급하였습니다.
[조선국왕] 이어서 전라도순찰사 권율(權慄)이 치계하였습니다.
　[권율] 신은 조방장 조경(趙儆) 등 관군 2,300명을 통령하여 고양군(高陽郡)의 행주산성에 주둔하였습니다. 이달 12일 동틀 무렵, 대규모의 왜적 1만여 명이 우리 진영을 에워싸고 공격하였습니다. 신은 검을 뽑아들고 묘시부터 유시에 이르기까지 싸움을 독려했는데, 적이 지탱하지 못하고 한꺼

번에 무너져 달아났으며 쓰러진 주검이 들판에 가득했습니다. 이어서 도망쳐 온 사람이 말하기를, "적추 평수가(平秀家) 등 3명이 모두 관군의 공격을 받고 그들의 남은 무리와 상처를 입은 채 회군하였는데 모두 이미 목숨이 다하였습니다."라고 하였습니다.

[조선국왕] 또 함경도순찰사 홍세공(洪世恭)이 치계하였습니다.

[홍세공] 조방장 이경준(李慶濬)의 정을 받았습니다.

[이경준] 풍 상공117)이 가정(家丁) 6명과 향도, 통사 등을 데리고 이미 안변부(安邊府)로 출발했습니다.

[홍세공] 이어서 덕원부사 김신원(金信元)의 정을 받았습니다.

[김신원] 초탐군 강준(康俊)이 달려와 보고하였습니다.

[강준] 북쪽으로 갔던 여러 적이 본부의 공(公)·사(私) 건물을 모두 불사르고 왕자와 재신 등을 데리고 모두 철령(鐵嶺)으로 도주했습니다.

[홍세공] 향도장 최우(崔遇), 소모사 황찬(黃璨) 등의 정을 차례로 받았는데 모두 전사(前事)에 대한 것이었습니다. 신이 살펴보건대, 흉적이 무리를 거두어 남쪽으로 도망쳐서 북쪽 지역은 안정되었으니 검산구(劒山口) 등을 파수하며 차단하고 있던 관군을 철수시켜야 할 것 같습니다.

[조선국왕] 갖춘 장계를 받고 당직이 살펴보건대, 소방의 군민들은 오랫동안 전쟁을 경험하지 못해서 갑자기 강한 도적을 만나자 일시에 붕궤되었습니다. 그 사이에 각급 장령으로 많은 군병과 좋은 기계를 가진 것이 권율의 군영과 비교할 때 10배나 되는 자가 어찌 없겠습니까만, 적을 만나서 유린되니 북쪽으로는 함경도까지 내몰리고, 서쪽으로는 평양에 이르렀습니다. 당직은 한쪽 모퉁이에서 간신히 연명하며 밤낮으로 마음 아파하고 있었습니다. 권율이 고단한 병력을 거느리고 위험한 곳으로 달려가서 거친 들판에서 다섯 달

---

117) 풍중영(馮仲纓, ?~?)을 가리킨다.

이나 노숙했으니, 어찌 다시 군사를 온전하고 견고히 하여 적을 꺾을 수 있었겠습니까. 그럼에도 얼마 안 되는 수졸(戍卒)만을 통솔하여 이러한 대승리를 거두었으니, 실로 전쟁이 일어난 뒤에 있지 않았던 바입니다. 이것이 어찌 소방의 병력이 스스로 해낸 바의 것이겠습니까. 성천자의 신묘한 무공이 멀리까지 펼쳐지고 귀부의 경략함이 넓고 깊었기 때문입니다. 위엄과 성세가 멀리까지 진동하여 저 경궁지조(驚弓之鳥)[118]가 스스로 빈 활시위에 떨어졌던 것입니다. 함경도의 적들 역시 그 산과 바다가 험하여 믿을 만하다 이르면서 함흥(咸興) 등지에 무리를 모아 감히 대적할 계책을 가지고 있다하니 당직은 매우 우려하고 있었습니다. 지금 듣건대, 모두 안변으로 달려가서 철령을 넘어간다고 하니 천조의 위엄이 미치는 바에 그 어떤 것도 감히 항거할 수 없었던 것입니다. 가만히 생각해 보건대 귀부께서 경략을 오로지 맡아서 연달아 3차례 대승을 거두었으니 이것이 바로 이미 이긴 형세로 인하여 완전한 승리를 거둘 때라는 것입니다. 하물며 소방은 다시 인민이 조금씩 모이고 군량과 마초가 점점 이르고 있으며, 유성룡이 보고한 바와 같이 요양(遼陽)에서 운반한 관량(官糧)을 바다에서 옮기고 육지에서 끌어와서 이미 개성에 도착한 것 또한 많다고 하니 당장 먹일 군량은 이전과 같이 모자란 데에 이르지 않을 것입니다. 또 북쪽의 왜적이 이미 도망하여 배후의 걱정거리가 전혀 없으니 전에 왔던 유격 왕여징(王汝徵)이 이끄는 북병(北兵)으로 북로(北路)를 대비하게 한 자들 또한 아울러 제독부에 나아가 동쪽으로 향함에 협조하게 한다면 병력은 넉넉하지 않음이 없고 군량은 끊어짐이 없을 것이어서, (이때) 다시 진격하려는 위세를 보여 이미 궁박해진 왜적들을 먼저 으르면 맞붙어 싸우기를 기다릴 것도 없이 왜적이 스스로 물러나 달아날

---

[118] "한 번 화살에 놀란 새는 구부러진 나무만 보아도 놀란다."라는 의미이다. 즉 봉변을 당한 뒤에 경계함을 뜻한다.

것입니다. 전쟁에서 기회란 얻기는 어려운 반면 잃기는 쉬운 것이고, 일의 기회는 한 번 가면 다시 오지 않습니다. 만약 귀부에서 이를 급히 도모하지 않는다면 시일이 늦어지게 될 것입니다. 만약 왜적이 무리를 합치게 되면 공격하기 쉽지 않게 되고, 다시 새로운 병력을 보태게 되면 후환이 더욱 커질 것이니, 소방의 군신(君臣)은 모두 죽을 곳을 알지 못하게 되어 그 화를 받음이 전보다 더욱 심할 것입니다. 엎드려 바라건대, 귀부에서는 자그마한 정성을 살피셔서 이미 정해진 계획을 알려 주시고 속히 전진하게 해 주십시오. 아울러 정예한 포수(炮手)를 뽑아서 군세에 보태게 한다면 추류를 섬멸할 수 있을 것이고 큰 공을 이룰 수 있을 것입니다. 소방의 구구한 종사가 끊어졌다가 다시 되살아났는데, 유명(幽明)이 바라는 바는 오직 귀부의 뜻을 따르는 것입니다. 비통함을 이기지 못하며 간절히 축원합니다. 이에 마땅히 자문을 보내니 밝게 살펴서 분부를 내려 주시기 바랍니다. 자문이 잘 도착하기를 바랍니다.

이 자문을 행병부에 보냅니다. ─ 제독부에도 자문을 보냈다.119) ─

만력 21년 2월 27일.

---

119) 행병부(行兵部)는 송응창을, 제독부(提督府)는 이여송을 가리킨다. 조선이 이여송에게도 동일한 자문을 보냈다는 의미다.

51. 分兵部造送炮車
55a-56a(111~113쪽)

欽差經略贊畫薊遼保定山東等處防海禦倭軍務兵部武庫淸吏司員外郞 劉, 爲 遵旨專責部臣, 經略倭患 事.

照得, 本部製造輕車三百輛, 每輛上置麻牌, 三面遮蔽鈏子, 前安小鐵砲九位衝敵. 人每車推運用三人, 中可設伏軍兵十人, 前執鎗或狼筅鏜鈀, 次執刀, 次執弓箭. 臨陣對敵, 百發百勝, 此軍中器械第一也. 昨王京有此車, 則倭奴盡成虀粉矣. 今有車三百輛, 當用三千人, 相應咨取. 爲此, 合咨前去朝鮮國王, 卽發壯士三千名或二千名, 嚴行該管官員督押, 聽本部指授. 戰法令敎師訓鍊, 使知進退展轉, 運動之機, 不獨此時備倭之用, 爾國中倣此製造留以後用, 永保無虞, 毋得怠緩. 須至咨者.
右咨朝鮮國王.

萬曆二十一年二月十四日.

발신: 흠차경략찬획계료보정산동등처방해어왜군무병부무고청리사원외랑 유(劉)
사안: 성지를 준행하여 부신(部臣)에게 책임을 오로지 지워 왜환(倭患)을 경략하게 하십시오.

살펴보건대, 본부에서 만든 가벼운 수레 300량은 각 량마다 위에 삼베로 만든 방패를 설치하고 3면을 납으로 가로막으며 앞에는 작은 철포 9위(位)를 두어 적을 공격하게 합니다. 각 수레마다 운행하는 사람 3명을 쓰고, 안에는 군병 10명을 복병으로 설치하는데 앞에는 창이나 혹 낭선·당파를 잡게 하고, 다음에는 칼을 잡으며, 다음에는 활과 화살을 쥐게 합니다. 전장에서 적을 상대하면 백번 싸워 백번을 이기니 이는 군대의 기계 가운데 제일입니다. 지난번에 왕경에서 이 수레가 있었다면 왜노를 모조리 가루로 만들었을 것입니다. 지금 수레 300량이 있으니 이를 운용할 3천 명을 자문을 보내어 취하고자 합니다. 이에 마땅히 조선국왕에게 자문을 보내니 즉시 장사 3천 명 혹은 2천 명을 내어 관할하는 관원으로 하여금 엄하게 이끌고 오게 하여 본부의 지시를 듣게 하십시오. 전법(戰法)은 교사로 하여금 훈련하게 하여 진퇴의 되풀이함과 작동 원리를 알게 하십시오. 오직 지금 왜적에 대비하는 용도로만 쓸 것이 아니라 당신네의 나라에서 이 제도를 본떠서 만들어 두고 나중에 쓰면 영구히 근심이 없게 될 것이니 태만히 하지 마십시오. 자문이 잘 도착하기를 바랍니다.
  이 자문을 조선국왕에게 보냅니다.

만력 21년 2월 14일.

52. 回咨
56a-56b(113~114쪽)

朝鮮國王,

准來咨該 爲 經略倭患 事 云云. 等因.

准此. 當職爲照, 貴部承命赴援, 憐念小邦, 凡干軍務, 隨事指教. 當職尋常感激, 仰報無地. 夫戎車古之良制. 況此輕樣, 尤係便捷, 委宜傳習製造, 以爲戰陣之用. 但念, 小邦自經兵禍, 軍民潰散, 加以隨征運糧, 人役不敷. 行令該管官員, 選抄精壯軍丁四五十名, 帶同造車匹役, 前赴貴部, 聽候指教外, 爲此, 合行回咨, 請照驗指教施行. 須至咨者.
右咨兵部分司.

萬曆二十一年二月二十七日.

발신: 조선국왕
사유: 보내온 자문을 받으니, 「왜환을 경략하게 하십시오. 운운」 하였습니다.

이를 받고 당직이 살펴보건대, 귀부에서 명령을 받들어 구원하러 와서 소방을 가엾게 생각하여 무릇 군무에 관해서 일에 적합한 지시와 가르침을 주십니다. 당직은 늘 고맙게 생각하여 우러러 보답하려 하지만 방법이 없습니다. 무릇 전쟁용 수레는 옛날의 좋은 제도입니다. 하물며 이 가벼운 형태는 더욱 승전하기에 편하니 마땅히 제조법을 전수받아 익혀서 전쟁터에서의 쓰임으로 삼아야 하겠습니다. 다만 소방이 병화(兵禍)를 겪은 뒤로 군민이 무너져 흩어졌고 더욱이 정벌을 쫓아 군량을 운반하느라 부릴 만한 인력이 부족한 형편입니다. 해당 관할 관원으로 하여금 정예하고 건장한 군정 40~50명을 선발해 내어 수레를 만들 필역(匹役)을 함께 데리고 귀부에 나아가서 지시와 가르침을 듣고 따르게 하는 것 외에도, 이에 마땅히 자문에 회답하오니, 청컨대 밝게 살펴서 가르침을 주십시오. 자문이 잘 도착하기를 바랍니다.

  이 자문을 병부분사에 보냅니다.

만력 21년 2월 27일.

53. 張都司責詰運餉
56b-57b(114~116쪽)

遼東都司軍政僉書管屯兼局捕事都指揮使 張,
爲 稽查搬運 事.

查得, 本司自義州鎭發過糧草, 前赴欽差征倭提督 李軍前交割, 以供大兵遠征支用. 去後, 屢經提督軍牌下行, 催促文如雪片. 及查陸續搬運前去糧草至軍前者, 十不及一. 或延途丟棄委塡溝壑, 或背負出門轉相偸賣, 或削多改小, 以圖輕便, 狡計百出, 枚擧不盡, 致我大兵, 人枵腹而啼飢, 馬立餓而就斃, 四萬之衆, 損傷三分之一. 卽今春融, 正倭奴得逞之時, 使我士馬, 若此不其束, 通背之猿而使之探膠, 離婁之目而使之視乎. 況轉運糧草, 是我中國黔黎膏脂, 悏助爾邦. 我民千里轉運, 艱苦備歷, 筋力枯盡, 及貴國東, 搬視若糞土泥沙, 不知貴國君臣, 是誠何心忒, 亦不知貴國大事, 何克以濟也. 再查平壤選退兵馬二萬, 屢咨查發, 以搬運糧草, 卒未回音, 不知前項兵馬移之何處. 爲此, 合咨前去, 煩請貴國體諒, 開誠速差能幹陪臣, 公同本司差委官員, 挨程順里, 逐一延查, 搬運糧草, 某日至軍前者若干, 某日至道路將至軍前者若干, 某日至某州縣計某日可

> 至軍前者若干, 自義州鎭起查至軍前. 止務使丟棄偸賣削改之獘, 痛革不行, 庶本司久留轉運之勞, 爲不負矣. 擬合咨會施行. 須至咨者.
> 右咨朝鮮國王.
>
> 萬曆二十一年二月十八日.

발신: 요동도사군정첨서관둔겸국포사도지휘사 장(張)
사유: (군량의) 운반을 자세히 조사하십시오.

조사해 보건대, 본사는 의주진(義州鎭)으로부터 이미 군량과 마초를 발송하여 흠차 정왜제독 이여송의 군전에 넘겨서 대군의 원정에서의 쓰임에 이바지하게 하였습니다. 그 뒤로 누차 제독의 군패(軍牌)가 내려왔는데 재촉하는 문서가 마치 눈송이처럼 쌓였습니다. 조사해 보니 계속 운반하여 보낸 군량과 마초로 군전에 이른 것이 10분의 1에도 미치지 못하였습니다. 혹은 길에다가 버려서 이미 도랑을 메우고 있기도 하고 혹은 등에 지고 문을 나서서 서로 훔쳐서 팔기도 하며 혹은 많은 것을 줄여서 가볍고 편하기를 도모하니 교활한 계책이 백 가지로 나와 낱낱이 다 열거할 수도 없을 지경이어서 우리의 대군이 사람은 배가 고파서 울면서 굶주리고, 말은 선 채로 굶주리다가 곧 쓰러져 죽어서 4만 명의 무리에서 3분의 1이 손상되었습니다. 이제 곧 봄의 기운이 돌아서 바로 왜노가 굳세어지는 때인데, 우리의 군사와 마필이 이처럼 단속되지 않은 것을 '통배의 원숭이[通背之猿]'[120]로 하여금 자세히 탐

---

[120] '통배원후(通背猿猴)'를 가리킨다. '통배원후'는 『서유기(西遊記)』와 『봉신연의(封神演義)』에 등장하는 전설의 '사대신후(四大神猴)' 가운데 하나이다. 여러 형태로 변화할 수 있는 재주를 가지고 있으며, 이 능력을 손오공(孫悟空)에게 전수했다고 한다. 이 말은 천변만화가 가능하다는 점을 들어 변장술에

지하게 하고 이루의 눈[離婁之目][121)으로 보게 할 것입니까. 하물며 군량과 마초를 실어나른 것은 바로 우리 중국 백성의 고혈로 당신네 나라를 돕는 것입니다. 우리 백성들은 천리나 실어나르느라 어렵고 고통스러움을 겪어서 근력이 고갈되어 다했는데 귀국의 동쪽에 옮겨놓자 똥이나 모래, 흙과 같이 보니, 귀국의 군신(君臣)은 실로 무슨 마음을 가지고 있는지 모르겠고 또 귀국이 대사를 어찌 이루고자 하는지도 모르겠습니다. 평양에서 물리고자 선발한 병사 2만 명을 다시 조사하고자 누차 자문을 보내어 조사해 내어 군량과 마초를 옮기게 하라고 했는데 끝내 회답하지 않으니, 앞에서 언급한 병마는 어느 곳으로 옮겨갔는지 모르겠습니다. 이에 마땅히 자문을 보내니 번거롭더라도 귀국에서 이해하고 헤아려서 정성을 다해 속히 재간이 있는 배신을 파견하여 본사에서 파견한 관원과 함께 가서 길목과 마을에 따라 일일이 조사하여 군량과 마초를 운반하여 어느 날 군전에 이른 것이 얼마이고, 어느 날 도로를 따라 장차 군전에 도착할 것이 얼마이며, 어느 날 모 주현을 통해서 어느 날 군전에 이를 것이라 계획했던 것은 얼마인지, 의주진에서부터 출발하여 군전에 이르기까지를 조사하십시오. 다만 힘쓰기를, 버리고 팔아 치우고 양을 줄인 폐단을 통렬히 혁파하여 행하지 않도록 한다면, 아마도 본사에서 오래 머물면서 실어나른 노고를 저버리지 않게 될 것입니다. 헤아려 마땅히 자문으로 알려 주십시오. 자문이 잘 도착하기를 바랍니다.

이 자문을 조선국왕에게 보냅니다.

만력 21년 2월 18일.

능한 간첩을 의미하는 표현으로 사용되었다.
121) '이루지명(離婁之明)'을 말한다. 이루(離婁)는 중국 황제(黃帝) 때의 사람으로 눈이 매우 밝았다고 한다. '이루지목'은 정탐에 능함을 의미한다.

54. 回咨
57b-59a(116~119쪽)

朝鮮國王,

准來咨該 爲 稽查搬運 事 云云. 等因.

准此. 當職爲照, 上國官司垂念小邦, 餽運不前, 致勤憂慮. 節續行催各該幹事陪臣, 不能仰體至意, 致悞搬運. 縱令各處轉輸人役暗生狡計, 將原輸去糧草, 或丟棄在途, 或出門偸賣, 或削多尅減, 無所不至, 當職不勝驚恠. 已令查考各處趙運官, 緣何不行嚴督, 參問科罪, 幷查前項作奸人犯, 重究另行外, 及照平壤選退兵馬二萬, 數內就挑弱軍七千, 已於沿路, 各該擺撥, 今方搬運糧草. 其餘一萬三千, 或於各處要口, 分投按伏, 或撥赴軍前, 聽候調用. 其某日至軍前等, 各項沿途所至米豆緣由, 行據原委各站坐守, 該官查報前來, 除從實查稽, 逐一開坐于後. 仍念小邦潰敗之餘, 人心渙散, 非但轉輸人役, 自生奸弊, 各該管運陪臣, 怠棄無狀, 略不體念, 致此延慢. 實由當職董率不至, 不勝慚惕之至. 爲此, 合行移咨, 請照驗施行. 須至咨者.

計開

義州 二月十六日 搬運黃豆 五百五十九俗.

良策舘 二月十五日起至十七日 搬運米豆 共一千六百七十四俗.

車輦舘 二月十四日起至十七日 搬運米豆 共二千五百三十八俗.

林畔舘 二月十三日起至十七日 搬運米豆 共三千四百二十俗.

雲興舘 二月十二日起至十八日 搬運米豆 共三千二百七十四俗.

定州 二月十二日 搬運米豆 共七千七十五俗四斗.

嘉山 二月十四日 搬運米豆 共四千三百六十五俗.

安州 二月十六日 搬運米豆 共四千九百九俗六斗.

肅川 二月十七日 搬運米豆 共五千一百十六俗.

順安 二月十九日 搬運米豆 共五千三百六十八俗六斗.

右咨遼東都司軍政僉書管屯都指揮使.

萬曆二十一年二月二十七日.

발신: 조선국왕

사유: 보내온 자문을 받으니, 「(군량의) 운반을 자세히 조사하십시오. 운운」 하였습니다.

이를 받고 당직이 살펴보건대, 상국의 관사(官司)에서 소방을 배려하여 군량을 운반해 준 것은 전에 없던 일로서 근심을 끼쳐 드리고야 말았습니다. 계속해서 일을 맡은 배신들을 재촉하였지만 능히 지극한 뜻을 몸으로 받들지 못하고 운반을 그르치기까지 하였습니다. 각처에서 실어나르는 사람들이 몰래 교활한 계책을 내어 원래 수송해 가던 군량과 마초를 혹 도중에 잃어버리거나, 혹 문을 나서자마자 훔쳐서 팔거나, 혹은 많은 양을 줄여서 지극하지 않은 곳이 없다고 하니 당직은 놀랍고 괴이함을 이길 수 없습니다. 이미 각처의 운반하는 관원들을 조사하여 무슨 까닭으로 엄하게 감독하지 않았는지를 따져 물어서 죄를 부과하고 아울러 앞에서 언급한 간사한 일을 저지른 사람들을 조사하여 별도로 무겁게 구명하게 한 것 외에도, 평양에서 물리고자 선발한 군사 2만 명을 살펴보면 그 수효 안에서 약한 군사 7천 명을 뽑아내어 이미 연로에 각각 파발로 삼았는데 지금 군량과 마초를 운반하고 있습니다. 그 나머지 1만 3천 명은 혹 각처의 중요한 길목에 나누어 매복시키거나 혹은 뽑아내어 군전으로 나아가 두루 쓰일 날을 기다리게 했습니다. 어느 날 군전에 이르렀는지 등과 연도의 각지에 이른 쌀과 콩의 현황을 원래 위임했던 각 참(站)의 좌수(坐守)로부터 받아서 해당 관원이 조사해서 보고해 온 것을 사실대로 자세히 조사하여 뒤에 일일이 열거해 두었습니다. 거듭 생각하건대, 소방이 궤산된 나머지 인심이 흩어져서 단지 옮겨 나르는 사람에게서만 간사한 폐단이 생겨나는 것이 아니라 운반을 관할하는 각 배신들이 태만히 방기함이 무상하여 조금도 체념하지 않아서 이렇게 지연되기에 이른 것입니다. 실로 당직의 통솔이 지극하지 못함에 말미암은 것이니 부끄럽고 두려움을 이기지 못하겠습니다. 이에 마땅히 자문을 보내니 청컨대 살펴 주십시오. 자문이 잘 도착하기를 바랍니다.

총계

의주는 2월 16일에 옮긴 황두가 559대.

양책관은 2월 15일부터 17일까지 옮긴 쌀과 콩이 총 1,674대.
거련관은 2월 14일부터 17일까지 옮긴 쌀과 콩이 총 2,538대.
임반관은 2월 13일부터 17일까지 옮긴 쌀과 콩이 총 3,420대.
운흥관은 2월 12일부터 18일까지 옮긴 쌀과 콩이 총 3,274대.
정주는 2월 12일에 옮긴 쌀과 콩이 총 7,075대 4두.
가산은 2월 14일에 옮긴 쌀과 콩이 총 4,365대.
안주는 2월 16일에 옮긴 쌀과 콩이 총 4,909대 6두.
숙천은 2월 17일에 옮긴 쌀과 콩이 총 5,116대.
순안은 2월 19일에 옮긴 쌀과 콩이 총 5,368대 6두.

이 자문을 요동도사군정첨서관둔도지휘사에게 보냅니다.

만력 21년 2월 27일.

55. 本國遵依部旨曉諭人民
59b-61a(120~123쪽)

朝鮮國王,

爲 遵依部旨, 再行曉諭遺民 事.

回還陪臣禮曹正郞黃沂 啓稱.
　本年二月二十五日, 臣於龍灣館, 蒙經略兵部分付. 節該.
　　兩京旣復, 唯京城餘賊, 尙保窟穴. 而你國軍民, 被伊嗊憯, 不得歸順, 如或從而殺之, 渠必畏死附賊, 雖能恢復, 誰與爲守. 你回去國王根前啓禀, 這等緣由, 多寫招撫牌文, 仍用國王印信, 於京城近處張掛曉諭. 雖係叛附之人, 亦非本情. 並行寬宥, 務要安集, 另行差官回話. 等因.

得此. 查照, 先該, 上年十二月內, 督府將免死白旗, 招誘京城陷賊軍民. 仍令本國多出榜文, 張掛曉諭, 本城男婦, 著令內應, 潛圖殺死. 又該本年正月內, 有公差指揮黃應陽, 爲因招撫內外軍民, 經過定州時分, 本官將帶當職撫綏軍民書一道, 前去曉諭. 又該本月內, 差陪臣漢城府判尹柳根, 前去京畿地面, 將京城遺下軍民, 另加安撫, 仍聽指揮黃吳分付. 去後, 節據本官 啓稱.

　臣前到江華府派撥津船, 裝載京城逃出男婦, 陸續過江, 日幾千人. 仍將黃吳兩指揮所, 齎免死帖七百張, 書塡削髮人姓名, 以定其危疑. 等因. 得此. 行間, 今該前因, 當職爲照, 貴部恭承明命, 往專戎務, 而體聖慈覆幬之仁, 憫小邦魚肉之禍, 旣下牌文, 以安反側. 又令曉諭寬宥脅從, 仁聲所曁千里, 風動頑愚革心冒死歸正. 其涵容之量, 拯濟之策, 並非小邦君臣, 所可窺測, 而藐此餘兇盖不足平也. 當職感激生成, 報答無地. 遵依部旨, 將前日所下牌文依樣謄寫, 派送京畿管撫官司, 著令張掛曉諭, 仍差陪臣司諫院司諫柳拱辰, 前赴貴部回話外, 爲此, 合行移咨, 請照驗施行. 須至咨者.

右咨行兵部.

萬曆二十一年三月初一日.

발신: 조선국왕

사유: 부(部)의 뜻을 준행하여 유민(遺民)들을 재차 효유(曉諭)했습니다.

[조선국왕] 배신 예조정랑 황기(黃沂)가 돌아와서 아뢰었습니다.

[황기] 본년 2월 25일 신이 용만관(龍灣館)에서 경략병부의 분부를 받았습니다. 대략 아래와 같은 내용입니다.

　[송응창] 양경(兩京)[122]이 이미 수복되었고 오직 경성(京城)만이 여전히 남은 왜적들의 굴혈로 보전되고 있다. 너희 나라의 군민들이 그들의

---

122) 평양과 개성을 아울러 이른다. 경성을 포함하여 '삼도(三都)'라고 한다.

협박을 받아 귀순하지 않고 있는데, 만약 따랐다고 해서 죽인다면 그들이 죽음을 두려워하는 마음에 왜적에게 붙을 것이니 비록 회복한다고 해도 누구와 더불어 지킬 것인가. 너는 국왕의 근전으로 돌아가서 이러한 연유 등을 아뢰고, 초무(招撫)하는 패문(牌文)을 많이 마련하고 국왕의 인신을 찍어서 경성 근처에 크게 걸어서 밝게 효유하라. 비록 배반하여 (왜적에게) 붙은 사람이라도 본래의 마음은 아니었을 것이다. 아울러서 관대히 용서하고 안집하기에 힘써라. 따로 차관을 보내어 회답하라.

[조선국왕] 이를 받았습니다. 조사해 보건대, 앞서 지난해 12월에 독부(督府)께서 죽임을 모면하게 해 준다는 백기(白旗)로 왜적에게 넘어갔던 경성의 군민들을 초유(招誘)하였습니다. 이어서 본국에게 방문(榜文)을 많이 내어 크게 내걸고 효유해서, 본성의 남녀로 하여금 내응하여 (왜적을) 죽이도록 몰래 도모하라고 하였습니다. 그리고 본년 1월에 공차(公差)인 지휘(指揮) 황응양(黃應陽)이 안팎의 군민들을 초무하기 위해 정주(定州)를 지났을 무렵, 본관이 당직의 「무수군민서(撫綏軍民書)」 한 통을 가지고 가서 효유하였습니다. 그리고 이번 달에는 배신 한성부판윤(漢城府判尹) 유근(柳根)을 경기도 지역에 보내서 경성에 남아 있는 군민들을 따로 더욱 편안히 어루만지게 하고, 이어서 지휘 황응양과 오종도(吳宗道)의 분부를 듣게 했습니다. 그 뒤에 본관이 아뢰었습니다.

[유근] 신이 강화부(江華府)의 파발로 쓰는 나룻배에 경성으로부터 도망쳐 나온 남녀를 싣고 계속해서 강을 건넌 것이 하루에도 수천 명이었습니다. 황응양과 오종도, 두 지휘가 있는 곳에서 면사첩(免死帖) 700장을 가지고 와서 삭발한 사람의 성명을 써넣어서 의심하여 불안해하는 마음을 안정시켰습니다.

[조선국왕] 이를 받고 시행하는 동안, 지금 위의 자문을 받아서 당직이 살펴

보니 귀부(貴部)가 공경히 밝은 명령을 받들고 와서 융무(戎務)를 오로지 하여 성천자의 덮어 주고 감싸 주는 어짊을 체현하여 소방이 병화를 입어 어육이 될 뻔했던 것을 가엾게 여기시어 패문(牌文)을 내려 반측함을 안정시켰습니다. 또 효유하여 (왜적의) 협박에 따랐던 자들을 관대히 용서하게 하니 인자한 명성이 천리에 다다르는바, 풍문으로도 완고하고 어리석은 자들을 움직여 마음을 고치고 죽음을 무릅써서 바른 데로 돌아오게 하셨습니다. 너그럽게 포용하는 도량으로 건져 내어 구제하는 방책은 모두 소방의 군신(君臣)은 헤아릴 수 있는 바가 아니어서, 이 잔존한 흉적을 족히 평정할 수 없었을 것입니다. 당직은 감격스러움이 그지없으나 보답할 방법이 없습니다. 행병부의 뜻대로 준행하여 지난날 내려 주신 바의 패문(牌文)을 모양대로 똑같이 베껴서 경기도의 안무(按撫)를 담당하는 관사에 보내 크게 내걸어 효유하도록 하고, 이어서 배신 사간원의 사간 유공진(柳拱辰)을 파견하여 귀부로 나아가서 회답하게 하는 것 외에도, 이에 마땅히 자문을 보내니 청컨대 살펴 주십시오. 자문이 잘 도착하기를 바랍니다.

  이 자문을 행병부에 보냅니다.

만력 21년 3월 1일.

56. 本國請撥南兵以終大事
61a-63b(123~128쪽)

朝鮮國王,

爲 懇乞速調南兵, 進勦餘賊, 以終大功 事.

該 上月二十七日, 另差陪臣成均館直講安重吉, 備將作速進兵緣由, 咨行懇請. 去後, 續該諸道都體察使柳成龍 馳啓.

  據 京畿觀察使李廷馨 等呈.

    京城倭賊渡江南走, 於果川縣沙坪院等處, 下營不動. 又有一起箚陣龍山倉, 或往或來, 厥數不定. 有被擄人口, 逐日走回說稱.

    城中倭賊十七八渡江, 有咸鏡道倭賊入城, 本國男婦老弱散出山谷, 日不下數百. 三角山諸洞及廣州牛川近處, 流民彌漫塞路, 阻飢僵死相枕. 本國官義軍兵, 因天兵不進, 退屯江外, 遠近缺望, 在處號泣.

  又據 運糧使權徵 呈.

    環畿郡邑被禍尤酷, 民無粒粟, 野無纖草. 卑職收運江華府及隣近諸邑米豆, 約三萬石, 艱運交卸, 繼餉天兵. 近有忠淸全羅兩道船運米

豆二萬餘石, 到泊臨津江口. 倘大軍趂速前進, 可將見在該數, 計日
　　勾支, 而兵期稽遲漸至消耗. 等因.
又該 咸鏡道都巡察使尹卓然 馳啓.
　據 永興鎭節制都尉李汝良 申.
　　送生擒倭賊一名前來.
　得此. 譯審, 得汝汝氏 供稱.
　　本道原住倭衆, 目今徑往京城, 休兵一箇月, 遵依關白言語, 分搶大
　　明地方. 等情.
　看得, 倭情譎詐, 未委虛的, 緣係緊急聲息. 爲此, 星馳啓禀. 等因.
具啓. 得此. 當職念小邦蒙天之恩, 方幸再造, 不期陪臣供給無狀, 大軍
退舍, 殘孽假息, 孑遺之民, 騈死溝壑. 當職聞京都近處, 飢民將死引領
西望曰, 王師幾時來活我們性命, 想其情狀, 慘不忍言. 自念, 當職忝爲
民主, 使海隅赤子, 盡罹兇禍, 痛心絶氣, 不知所喻. 即有各色人民於喪
亂, 死亡之餘, 老弱悉起, 而負戴隨大軍之後者, 非爲督責刑戮而然也.
日夜唯望, 蕩滅此賊, 報其父兄妻子之讎怨, 而得再生之有期耳, 其心極
可哀也. 若遷延時日, 困於奔命, 今年農作, 又失耕種, 則財粟殫竭, 公私
赤立, 其勢不散, 則有糜爛而已. 抑大軍駐與行, 勞費俱等, 坐而老師, 一
朝糧盡, 則誠恐九仞之功, 反失於一簣. 仰惟貴部欽承聖天子明命, 任專
經略, 幸察緩急利害之所存, 垂憐而亟圖之. 當職再照小邦地利, 與遼薊
不同, 多山少野, 稻田交錯, 鐵騎並驅, 難騁長技, 此正古人所謂步兵利
險阻也. 今見倭賊善於步鬪, 而上國南兵, 最慣交戰, 用兵制敵, 各有所
宜. 煩乞貴部添撥已調南方炮手, 在薊鎭天津衛者若干貟名, 星夜前來,
並赴督府大軍, 恊勢東下, 則遊魂之賊, 必爭遁歸, 而全勝之績, 可收於

一朝矣. 兵貴神速. 事機易失, 彼兇狡之賊, 若造奸謀, 乘春迅風便之時, 添兵繼援, 則後或爲貴部之憂, 有甚於今日, 而小邦君臣, 將何所棲著乎. 勢迫情陁, 不避煩屑. 願亟授勝算, 以終大事. 無任涕泣祈懇. 爲此, 合咨前去, 煩請照驗趁速施行. 須至咨者.
右咨行兵部.

萬曆二十一年三月初五日.

발신: 조선국왕
사유: 속히 남병(南兵)을 조발하고 진격해서 잔적을 쳐부수어 큰 공업을 마무리해 주시기를 간절히 바랍니다.

[조선국왕] 지난달 27일, 배신 성균관의 직강 안중길(安重吉)을 따로 차견하여 속히 진병해야 할 연유를 갖추어 자문으로 간청하였습니다. 그 뒤, 곧이어 제도도체찰사 유성룡(柳成龍)이 치계하였습니다.

[유성룡] 경기도관찰사 이정형(李廷馨) 등의 정(呈)을 받았습니다.

[이정형] 경성(京城)의 왜적이 강을 건너 남쪽으로 도주하다가 과천현(果川縣)·사평원(沙坪院) 등의 곳에 주둔한 채로 움직이지 않고 있습니다. 또 한 갈래의 군사는 용산창(龍山倉)에 머무르면서 왕래하고 있는데 그 수는 파악하지 못하였습니다. 잡혀갔던 인구가 날마다 도망쳐오면서 말하기를, "도성 안의 왜적 10명 중 7~8명은 강을 건넜고 함경도의 왜적이 도성에 들어왔는데 산골짜기로 흩어져 나간 우리나라의 남녀노

소가 하루에도 수백 명을 밑돌지 않습니다. 삼각산(三角山)의 여러 동(洞)과 광주(廣州)의 우천(牛川) 가까운 곳에는 흘러들어 온 사람들이 넘쳐서 길을 막고 있는데 굶주려 쓰러져 죽어서 서로를 베고 누워 있습니다. 본국의 관군(官軍)과 의병(義兵) 들은 천병이 진격하지 않는 까닭에 강 밖으로 물러나 주둔하고 있으니 원근이 모두 실망하여 곳곳에서 울부짖고 있습니다." 하였습니다.

[유성룡] 또 운량사(運糧使) 권징(權徵)의 정을 받았습니다.

[권징] 경기도 일대의 여러 고을들이 더욱 혹독한 화를 입어서 백성에게는 곡식이 없고, 들판에는 가는 풀도 없습니다. 제가 강화부(江華府)와 인근 여러 고을의 쌀과 콩을 거두어 운반한 약 3만 석을 어렵사리 넘겨서 천병에게 군량을 이어 댔습니다. 근래 충청도와 전라도에서 배로 운반해 온 쌀과 콩 2만여 석이 임진강 어귀에 도착하였습니다. 만약 대군이 서둘러 진격한다면 장차 지금 있는 그 수효로써 날수를 헤아려 지급하겠지만 군대의 출동 기일이 늦어지면 점점 소모될 것입니다.

[조선국왕] 또 함경도도순찰사 윤탁연(尹卓然)이 치계하였습니다.

[윤탁연] 영흥진절제도위 이여량(李汝良)의 신(申)을 받았습니다.

[이여량] 생포한 왜적 1명을 보냅니다.

[윤탁연] 이를 받았습니다. 그를 역심(譯審)하여 여여씨(汝汝氏)의 공초를 얻었습니다.

[여여씨] 원래 본도에 주둔하던 왜적의 무리가 지금 곧장 경성에 가서 1개월 동안 병력을 휴식시키고 나서 관백(關白)의 말을 준행하여 대명(大明)의 땅을 나누어 공격하려 합니다.

[윤탁연] 이를 보니, 왜적의 정형이 간사하여 허위인지 아닌지 알 수 없으나 긴급한 첩보에 해당하므로 이에 신속하게 아뢰어 품합니다.

[조선국왕] 갖춘 장계를 받고 당직은 생각하기에, 소방이 천조의 은혜를 입어서 바야흐로 다행히도 되살아날 수 있게 되었는데 뜻밖에도 배신들의 공급이 형편없어서 대군은 뒤로 물러났고 (왜적의) 잔당은 쉴 틈을 얻었으니 얼마 남지 않은 백성들이 모두 죽어 구렁텅이에 빠지게 되었습니다. 당직이 듣기에, 경도(京都) 근처에는 굶주린 백성들이 장차 죽게 되어 목을 늘이고 서쪽을 바라보며 말하기를, "왕사(王師)가 언제나 와서 우리들의 목숨을 살려 줄 것인가." 한다고 하니, 이와 같은 상황을 상상해 보면 참혹하여 차마 말을 할 수가 없습니다. 스스로 생각하기에, 당직은 백성들의 주인이 되어 바다 모퉁이에 사는 백성들로 하여금 모조리 흉악한 병화(兵禍)에 걸려들게 하였으니 마음이 아프고 기력이 끊어져서 무어라 해야 할지 모르겠습니다. 곧 전쟁통에 죽고 남은 여러 인민을 노약까지 모두 일으켜서 이고 지게 하면서 대군의 후미를 쫓게 한 것은 형장에 죽도록 독촉하려는 것이 아니었습니다. 낮과 밤으로 오직 바라는 것은 이 왜적들을 탕멸하여 그 부형과 처자의 원수를 갚고 다시 살리는 기약을 얻고자 할 뿐이니 그 마음이 극히 가련합니다. 만약 시일을 질질 끌게 되면 명령을 쫓는 데에 지쳐서 금년의 농사 또한 밭 갈고 씨 뿌릴 시기를 놓치게 될 것이니 재화와 곡식이 바닥나서 공사(公私)가 텅 비어 형세상 흩어지지 않으면 썩어서 문드러지게 될 뿐입니다. 또한 대군이 주둔하든 행군하든 노고와 비용은 같으니 앉아서 군대를 늙어 가게 하다가 하루아침에 군량이라도 다한다면, 진실로 아홉 길을 쌓은 공로가 도리어 한 삼태기의 흙이 모자라 실패하게 되지는 않을까 두렵습니다.123) 삼가 생각하기를 귀부께서 성천자의 밝은 명령을 공경히 받들어서 경

---

123) 『논어(論語)』 자한(子罕) 편의 "비유하면 산을 만듦에 마지막 흙 한 삼태기 때문에 이루지 못하고서 중지함도 내가 중지하는 것이며, 비유하면 평지에 흙 한 삼태기를 처음 쏟아 붓더라도 나아감은 내가 나아가는 것이다.(譬如爲山 未成一簣 止吾止也 譬如平地 雖覆一簣 進吾往也)"라는 문구에서 유래하는 표현이다. 공자가 『서경(書經)』 여오(旅獒)에 "산을 아홉 길 만드는데, 공이 흙 한 삼태기 때문에 무너진

략을 오로지 맡으셨으니 완급과 이해가 있는 바를 살피셔서 가엾게 여기고 속히 도모해 주신다면 다행이겠습니다. 당직이 소방의 지리(地利)를 다시 살펴보니 요동(遼東)이나 계주(薊州)와는 같지 않아서 산이 많고 들은 적은 데다 논과 밭이 뒤섞여 있어 철기가 나란히 달려와서 장기(長技)를 펼치기 어려우니, 이것이 바로 옛사람이 이른 바의 "보병은 험한 곳에서 이롭다."라고 하는 것입니다. 지금 보니 왜적은 보병 전투를 잘하므로 상국의 남병이야말로 교전하기에 가장 적합하니, 군사를 써서 적을 제압하는 것은 각기 마땅한 바가 있는 것입니다. 번거로이 바라옵건대 귀부께서 이미 조발한 남방의 포수(炮手) 가운데 계주진(薊州鎭)과 천진위(天津衛)에 있는 약간의 병력을 더 뽑아내어 밤을 새워 와서 독부의 대군과 더불어 세력을 합쳐 동쪽으로 내려가게 한다면 얼이 빠진 왜적들은 반드시 앞다투어 도망할 것이니 완전한 승리의 공업을 하루아침에 거둘 수 있을 것입니다. 전쟁은 신속함을 귀하게 여깁니다. 사기를 쉽게 놓쳐서 저 흉악하고 교활한 왜적이 간모를 만들어 춘신(春汛)의 바람이 편한 때를 타고 병력을 더하여 잇달아 원조해 오게 된다면, 나중에 혹 귀부의 걱정거리가 됨이 오늘보다 더 심할 것이며 소방의 군신은 장차 어디에서 살게 되겠습니까. 사세는 급박하고 정형은 곤궁하여 번거로움을 피하지 않습니다. 바라건대 서둘러 이길 만한 계책으로 이끌어 주시어 이로써 대사를 완수해 주십시오. 흐르는 눈물을 주체하지 못하고 간절히 바랍니다. 이에 마땅히 자문을 보내니 번거롭더라도 밝게 살펴 속히 시행해 주십시오. 자문이 잘 도착하기를 바랍니다.

다.(爲山九仞 功虧一簣)"라고 한 구절을 인용한 것이다. '九仞之功 反失於一簣'는 '九仞之功 虧於一簣'이라고도 쓰는데 '九仞 功虧一簣'를 풀어서 설명한 것이다. '九仞功虧一簣'는 "높이가 구인(九仞)이 되는 산을 쌓는 데에 최후의 한 삼태기의 흙을 얹지 못하여 완성시키지 못한다."라는 뜻이다. '仞'은 대략 8척을 의미하며 '九仞'은 '자못 높다'는 의미로, '九仞之功'은 곧 '높은 공로'라는 의미도 된다. 오래 쌓은 공로가 마지막 한 번의 실수로 실패에 이르게 됨을 의미한다.

이 자문을 행병부에 보냅니다.

만력 21년 3월 5일.

57. 李都督前揭[124]
63b-64b(128~130쪽)

大人仗天子威靈, 恊同大總爺, 不崇朝而拔[125]平壤巢穴之固, 欲[126]殺燒溺之餘, 漏網餘魂, 逃死不暇. 先聲所及, 不戰而奔, 黃海一路曁開城舊都, 指顧之間, 復爲我有. 功烈之巍, 誠無讓於古名將矣. 席此大勢, 進復王京, 殆無異坂上走丸. 而不幸小邦, 當蕩敗焚爇之後, 公私赤立. 逃竄未集, 搬運糧蒭, 槩不以時, 致令兵馬未免飢損. 非不知姑退休養, 誠非獲已. 第惟箚營空城, 已消半月, 而館御供頓甚非, 所稱操鍊閑暇, 想必無以自遣也.[127] 每念及此, 慙悚交中, 目今見糧調度告罄, 善後之策, 罔知攸濟. 而近日開城地方, 運到米豆, 約可二萬餘石, 足句半月之支. 與其老師閑地, 坐貽艱食之困, 曷若就餉近甸, 以畢垂成之功乎. 急之則無以爲計, 緩之則得以成奸, 乃倭之情則利在速戰, 較然明甚. 況添兵分搶, 聚衆拒敵等語, 旣出於活捉倭奴之供辭, 其兇謀詭計, 不一而足. 待

---

124) 본 게첩은 『宣祖實錄』 卷36, 宣祖 26年 3月 辛酉(6日)에 있다. 선조가 협수도독부(恊守都督府) 이여백(李如栢)과 협수부총부(恊守副摠府) 장세작(張世爵)에게 보낸 글이다.
125) 『선조실록』에는 '拔'이 '據'로 되어 있다.
126) 『선조실록』에는 '欲'이 '砍'로 되어 있다.
127) 『선조실록』에는 '操鍊閑暇 想必無以自遣也' 부분이 없다.

> 彼之不可勝而後動, 似128)非計之得者. 進兵不於此時, 而烏乎可犾. 若
> 遲延時月, 蹉失機會, 則非但前說之可虞, 兵久不解, 民疲奔命,129) 擧失
> 東作之期, 永絶西成之望, 賊雖遁歸, 人皆餓死, 不待智者而知也. 小邦
> 之情, 不已窮且戚乎. 一擧全勝,130) 唯在大人一擧措之間. 玆不敢避煩
> 聒而哀籲. 再造敝邦, 重活遺黎, 惟大人之是望焉.131)

대인께서 천자의 위령을 의지하고 대총야(大總爺)와 협동하여 하루아침에 견고한 평양의 소굴을 함락시켰고, 불에 타 죽고 물에 빠져 죽은 나머지를 죽이고자 하니 겨우 그물에서 빠져나간 얼빠진 적들이 죽음을 피하기에 바빴습니다. 선성(先聲)이 미치는 바에 싸워 보지도 않고 달아나 황해도 전체와 옛 도읍 개성이 순식간에 다시 우리의 소유가 되었습니다. 공열의 높음이 진실로 옛날의 이름난 장수들보다 못하지 않습니다. 이러한 대세를 타서 진격하면 왕경을 수복하는 일도 언덕 위에서 구슬을 굴리듯 쉬울 것입니다. 그러나 불행히도 소방은 초토화된 뒤라서 공(公)과 사(私) 모두 공허합니다. 도망친 자들은 모이지 않고 옮겨 둔 군량과 말먹이는 제때 지급되지 못하여 병마(兵馬)로 하여금 굶주리고 손상됨을 면치 못하게 하였습니다. 그러니 일단 물러나 휴식을 취하도록 하는 것이 실로 부득이한 줄 모르는 것이 아닙니다. 다만 텅 빈 성에 주둔하면서 이미 보름을 지내어 객관(客館)의 어공(御供)이 심히 그르치게 되었고 조련한다면서 한가히 지내고 반드시 스스로 파견되지 않을 것이라 여기고 있습니다. 생각이 여기에 미칠 때마다 두려움

---

128) 『선조실록』에는 '似'가 없다.
129) 『선조실록』에는 '非但前說之可虞 兵久不解 民疲奔命' 부분이 없다.
130) 『선조실록』에는 '全勝'이 '合戰'으로 되어 있다.
131) 『선조실록』에는 말미에 "삼가 갖추어 답장합니다.(謹具以復)"로 끝난다.

과 부끄러움이 엇갈리는가 하면 눈앞의 군량 조달이 동났다고 고해 오니 뒷날의 계책도 어찌할 바를 모르고 있습니다. 그러나 요즘 개성 지방은 운반된 쌀과 콩이 2만여 석이니 족히 보름은 지탱할 수 있습니다. 한가로운 곳에서 군대를 늙어 가게 하면서 가만히 앉아 먹을 것이 없어 곤궁하게 하는 것이, 군량이 있는 기전(近甸)으로 나아가 공을 이룸을 완료하게 하는 것만 하겠습니까. 다급하게 하면 계책을 세우지 못하고, 완만하게 하면 간계를 세울 수 있는 것이 곧 왜적의 실정이므로 속히 싸우는 데에 이로움이 있음은 견주어 보면 너무도 명백합니다. 하물며 군사를 보태어 나누어 약탈하게 한다거나, 무리를 모아서 대적하고자 한다는 등의 말이 이미 생포한 왜노가 공초한 말 가운데에서 나왔으니, 그 흉악한 꾀와 속이는 계책은 한두 가지가 아닙니다. 저들이 이길 수 없게 되기를 기다렸다가 움직이는 것은 아마도 좋은 계책이 아닌 듯합니다. 이런 때에 진병하지 않으면 언제 할 수 있겠습니까. 만약 시일을 지연시키다가 기회를 놓친다면 단지 전에 말한 걱정이 있을 뿐만이 아니라 군대를 오래도록 해산시키지 못하여 백성들이 명을 쫓아다니느라 지쳐서 봄철의 농사철을 놓치게 되어 가을에 수확하는 바람도 영원히 끊어지게 될 것이니 적이 비록 도망쳐 돌아가더라도 사람들은 모두 굶어죽게 될 것임은 지혜로운 자가 아니라도 알 수 있는 것입니다. 소방의 실정이 너무 궁박하고 애처롭지 않습니까? 한 번의 거사로 전승을 거두는 것은 오직 대인의 거조 한 번에 달려 있습니다. 이에 감히 번거롭고 소요스러움을 피하지 않고 애처롭게 부르짖는 것입니다. 폐방을 다시 만들고, 남은 백성을 다시 살리는 것을 오직 대인에게 바랍니다.

58. 本國請剿餘賊以絶後患
64b-66a(130~133쪽)

朝鮮國王,

爲 乞急調精銳, 剿殲餘賊, 俾絶後患 事.

該 咸鏡道巡察使洪世恭 馳啓.

據 永興鎭節制都尉李汝良 申.

送生擒倭賊一名前來, 譯審, 得 汝汝氏 供稱.

日本關白, 要在本年三月間, 添調三島新兵, 一半恊助拒敵, 一半分搶沿海地方. 等因.

又該京畿觀察使李廷馨 馳啓.

據 走回人 供稱.

京城倭賊擡營, 過江於果川縣地面, 駐箚不動, 續有咸鏡道倭賊, 卷衆入城, 與龍山分住三寨, 倭奴聲勢相倚, 益肆猖獗. 等因.

又該戶曹判書李誠中 馳啓.

該全羅忠淸等道海運, 米豆二萬餘石, 已到東坡站臨津江口, 交卸可句大軍半月之糧. 等因.

又該漢城府判尹柳根 馳啓.

京城逃出老弱, 漫散金浦通津等縣, 沿江去處, 爲因缺食, 死者相枕, 而餘賊尙留, 隄備方急, 田土抛荒, 耕農失候. 等因.

具啓. 當職爲照, 王師東下, 威靈震疊, 險濆之固, 一鼓就平. 賊宜喪魂褫魄, 卷衆南遁之不暇, 而復聚京城, 將圖拒轍, 東呼西喚, 蟻集蜂屯, 又伊兇酋, 要添新兵, 謀搶沿海地方. 目今, 天時和暖, 政係風汛之月, 安知奸計未已, 復干天誅, 而蜂蠆之毒, 或甚於上年乎. 而況殘民經亂, 餓殍滿野, 東作失時, 膏沃將蕪, 而家收戶歛, 剝膚搥髓, 轉供千里之餉, 得儲半月之糧, 委宜趂期前進, 剿殲餘醜, 以防海洋再肆之毒, 以活遺黎垂死之命. 仍念, 小邦介於山海之間, 陂阤泥淖十居八九, 利在於步戰. 而天朝所調步兵, 進退擊刺之妙, 百勝於醜鯷, 煩乞貴部, 憐念小邦之危困, 洞燭事機之難, 再乘此大捷之勢, 趂伊未合之時, 急調本兵, 星夜前來, 扼此殘寇, 剿殲無遺. 使梟獍餘孼, 片帆無還, 三韓子遺, 復安耕鑿. 如或諉以時勢, 遲延日月, 容伊長奸, 復肆侵軼, 則求我魚肆, 後悔無及. 爲此, 合行移咨, 請照驗施行. 須至咨者.

右咨兵部分司.

萬曆二十一年三月初八日.

발신: 조선국왕

사유: 급히 정예병을 조발하여 남은 적을 초멸하고 후환을 끊을 것을 간청하는 일입니다.

[조선국왕] 함경도순찰사(咸鏡道巡察使) 홍세공(洪世恭)이 치계했습니다.

[홍세공] 영흥진절제도위(永興鎭節制度尉) 이여량(李汝良)이 신보(申報)에서 아뢰었습니다.

[이여량] 생포한 왜적 1명을 보내왔기에 역심(譯審)하여 여여씨(汝汝氏)의 공초를 얻었습니다. 다음과 같은 내용입니다.

[여여씨] 일본의 관백이 올해(1593년) 3월 동안 세 섬에서 신병을 조발하여 절반은 적을 저지하는 데에 돕도록 하고 절반은 연해 지방을 공략할 것이다.

[조선국왕] 또 경기관찰사(京畿觀察使) 이정형(李廷馨)이 치계했습니다.

[이정형] 주회인(走回人)의 공초를 얻었습니다. 다음과 같은 내용입니다.

[주회인] 경성의 왜적들이 (일부가) 진영을 옮겨 과천현(果川縣) 지역으로 도강하여 주둔한 후 움직이지 않고 있으며, 이어서 함경도에서 왜적이 무리를 거두어 도성으로 입성하여 용산에 영채를 셋으로 나누어 주둔하고 있으니, 왜노가 성세를 서로 의지하며 더욱 창궐할 것입니다.

[조선국왕] 또한 호조판서(戶曹判書) 이성중(李誠中)이 치계했습니다.

[이성중] 전라도와 충청도에서 해운으로 미두 2만여 석을 운반하여 이미 임진강 어귀의 동파참(東坡站)에 도착하여 (명의) 대군에 보름 정도 조처할 수 있는 군량을 인계했습니다.

[조선국왕] 또한 한성부판윤(漢城府判尹) 유근(柳根)이 치계했습니다.

[유근] 경성에서 도망한 노약자들이 김포(金浦) 통진현(通津縣) 등 강 연안으로 흩어져 가 있는 곳에서, 끼니가 부족한 까닭으로 죽는 사람들이 계속 이어지고 있습니다. 남아 있는 적들이 아직 유둔(留屯)하고 있어 방비[隄備]가 지금 시급한데, 전토(田土)가 내버려져 경작의 시기를 놓치고 있습니다.

[조선국왕] 갖춘 장계를 당직(當職)이 살펴보건대 왕사(王師)가 동쪽으로 내려와 위세를 떨치니 견고한 험독(險瀆)[132]도 한 번 북을 울려 평정했습니다. 적은 마땅히 혼백을 잃고 무리를 이끌어 남쪽으로 도망가기에 겨를이 없어야 할 것이나 다시 경성에 모여 장차 사마귀가 수레바퀴를 막는 것[133]과 같은 계책을 도모하여 동서로 외쳐 개미떼, 벌떼와 같이 모여들고 있으며 또한 저 적의 흉추(兇酋)가 새로운 군사를 더하여 연해 지방을 침범하려 합니다. 지금 천시가 따뜻해져 바로 순풍이 부는 시기로 접어들었으니 간계가 아직 그치지 않아 다시 천주(天誅)를 요청한다 해도 벌, 전갈과 같은 저들의 독이 혹여 작년보다 더 심할지 어찌 알겠습니까. 더욱이 잔폐된 백성이 난을 겪으며 굶어죽은 자들이 들에 가득 차 동쪽은 농사철을 놓쳐 기름진 땅이 장차 거칠어졌음에도 가호마다 거두어 백성들의 살가죽을 벗기고 골수를 뽑듯이 하면서 천리 밖에서부터 곡식을 실어와 지공하여 보름 정도의 군량을 비축했으니 마땅히 때에 맞추어 전진하여 남은 적을 초멸하고 다시 생길 독기를 바다에서 막아 유민들의 다 죽게 된 목숨을 살려야 합니다. 이어 생각건대 소방은 산과 바다 사이에 끼어 있어 비탈과 수렁이 열 군데 중 여덟아홉은 되니 이로움이 보전(步戰)에 달려 있습니다. 그리고 천조에서 조발한 보병은 진퇴와 격자(擊刺)의 오묘함으로 오랑캐[醜鯷]들에게 백 번을 이겼으니 번거롭겠지만 귀부에서 소방의 위태로움을 가엾게 여기고 사기(事機)의 어려움을 통촉하여 이 대첩의 기세를 타고 저들이 아직 합세하지 못한 시기에

---

132) 때로 '험독'은 문헌에서 지명으로도 나타난다. 요동에서 위만이 도읍한 곳을 험독이라고도 하고, 왕검성(왕험성)의 다른 명칭을 험독이라고도 한다. 방어에 용이한 江岸 지형 때문에 붙은 이름이다. 본문의 험독은 평양을 지칭하는 것으로 생각된다. 韓鎭書,『海東繹史』續卷2, 地理考 2, 朝鮮, "漢書音義 遼東險瀆縣 應劭曰 朝鮮王滿都也 依水險故曰險瀆 臣瓚曰 王險城在樂浪郡浿水之東 此自是險瀆也 師古曰 瓚說是也."
133) '螳螂拒轍'의 고사이다. 본문에서는 강한 明軍에 맞서는 일본군의 무모함을 말하기 위해 이 고사를 인용했다.『莊子』外篇, 天地.

맞추어 급히 본병(本兵)을 조발하여 성야(星夜)와 같이 나아오게 하여 이 남은 도적들을 눌러 남김없이 초멸하소서. 그리하여 효경(梟獍)과 같은 무리들로 하여금 한 척의 배도 돌아갈 수 없게 하고 삼한의 조금 남은 백성들이 다시 편안히 농사짓고 살 수 있게 해주소서. 만약 시세를 핑계로 시일을 늦추어 저들이 간계를 조장하여 다시 멋대로 침범하도록 놓아둔다면 우리를 어물전[魚肆]에서나 찾을 수 있을 것이니[134] 후회해도 어찌할 수가 없습니다. 이에 마땅히 자문을 보내니 청컨대 살펴 검토해 주시기 바랍니다. 자문이 잘 도착하기를 바랍니다.

이 자문을 병부분사에 보냅니다.

만력 21년 3월 8일.

---

[134] '求我魚肆'는 아무리 훌륭한 도움이라도 시기를 놓치면 소용없다는 뜻을 전하는 고사이다. 『莊子』, 雜篇, 外物.

59. 回咨[135]
66b-69b(134~140쪽)

欽差經略贊畫薊遼保定山東等處防海禦倭軍務加四品服兵部武庫職方淸吏司員外郞 劉, 淸吏司主事 袁,

爲 乞急調精銳, 剿殲餘賊, 俾絶後患 事.

准 朝鮮國王 咨來. 大略, 急進兵, 殲厥賊倭, 卽復王京, 爲永安計也, 孰不欲之. 久駐此者, 豈舍[136]我菑畲, 耘人膴土. 況此兵燹赤地千里, 飮食殊味, 遠離家室, 敦然車下, 顧何爲哉. 夫天兵之東出也, 皇帝仁慈, 憐爾小國被倭兇殘, 乃聖心之獨加, 故兵之進, 孰敢請之, 兵之退, 孰敢留之. 經略與本部, 但奉揚[137]以宣德意, 以張皇威. 相時度勢, 隱于機密, 孰能窺測. 今克平壤, 捲黃州, 擣開城, 戰碧蹄, 驅咸鏡, 若風逐弱霧, 火燎枯草. 三韓百濟, 已復大半,[138] 蒼島黃城, 拱然故壚, 斬首前後二千餘級. 倭馬刀標袍甲鞍仗, 不計其數, 未兩月中而大捷者, 四矣. 人不得喘,

---

135) 본 문서는 『선조실록』에도 실려 있다. 『宣祖實錄』 卷36, 宣祖 26年 3月 乙亥(20日)
136) 『선조실록』에는 '舍'가 '捨'로 되어 있다. 같은 뜻이다.
137) 『선조실록』에는 '揚'이 '楊'으로 되어 있다.
138) 『선조실록』에는 '大半'이 '太平'으로 되어 있다.

馬不得息, 寒苦氷雪, 瘃揮墮指, 不亦勞乎. 勸賓以酒, 猶欲賓憩而飲, 恐之急而湧也, 今爲人殺賊, 轉戰數千里, 而不欲人息而喘乎, 豈人情也耶. 今將士之力戰, 功高也, 不思敬戴以勞之, 軍卒之裹瘡疾病也, 不思惜而飽懷之, 馬瘦而死者, 半也, 不思飼而醫藥之, 恬然高臥, 若倩人鬪者, 尤恠勝者之拳, 不加疾也, 率爾咨來, 促其進戰, 此何心哉. 爾國君臣, 獨不見天時乎. 二月雨不休, 氷解雪淖, 泥深數尺, 上泊馬腹. 想爾國兵不能戰, 而能泥行乎哉. 請以爾馬先之, 吾兵卽繼于後. 且焉王京道隘, 非平壤比, 必相其出入山徑, 避濕趣燥, 奪險占夷. 何由設伏, 何由出奇, 又地利之秘計也, 胡可閉目而步于膝139)乎. 況宣鎭兵已來二千, 葉參軍所練神兵一千, 與江上飛將陳璘兵三千, 蜀驍將劉總管, 番兵一萬, 開元二關胡騎三千, 相繼過鴨綠水矣. 爾國糧既不足, 草又短少, 不思勉力豐辦以待兵, 至經咨來催戰, 何爲其然也. 況平壤東西館人, 嗷咈告竭, 背後有言, 將何以迎西來之將, 而誠心以迓皇師. 以是西來之兵, 皆有去志, 一撤而守于江臺, 豈不爲快. 多見其因循玩愒, 自怠自緩, 以惧爾事. 秪折蠶紙弄狼毫, 徒傷天兵心耳, 不智甚焉. 今臨津江, 天兵已列數營矣, 開城留南兵六千, 鳳山伏兵數千矣. 火器篧筦森如林矣, 戰車虎踞于寶山, 神炮雷蟠于北岳. 但向霽景, 以揚旂趍春風而伐鼓, 爾君臣試凝耳目, 以觀妖氛, 掃于智異, 赤祲消于漢水, 還爾王京, 依然故物. 咨謂, 關白添兵而來, 東搶沿海, 爾國眞畏關白, 如虎也, 盖白洴蹄中之一鰍耳. 吾山東一帶, 猛士百萬, 戰艦千艘, 待之久矣, 雲屯车盖, 星布鳥骨, 奇服之將, 金樑之鎧, 照耀滄溟. 況浙閩之兵,

---

139) 『선조실록』에는 '膝'이 '潦'로 되어 있다.

率暹羅琉球之兵, 直勦其巢, 將駕帆紅塵之江, 掣旗銀蛟之嶼, 即梟白也之首, 懸之銀城, 俾餘倭絶種, 釜山對馬, 惟餘海水, 爾國又奚憂. 爾國忠淸全羅二道未破, 兵有數萬, 雖聲言在江之南, 無一過江而抵王京者, 無一至開城與天兵合者. 咸鏡之北, 與靺鞨建威之胡, 其勁似也, 倭已去高原, 何不檄萬騎, 至平壤而會戰于馬山. 頃取兵三千, 敎爲車戰, 但曰三百, 良可大笑. 是不促其兵以自衛, 必欲天兵之衛已, 不催其兵而出戰急,140) 欲中國之前征, 是何厚於望人, 而寬于自退也如此. 竊以天兵者, 天子之兵也, 進退之令, 經略之權也, 而機之所發, 兵家之徵141)也. 兵之威, 不得輒干之, 權之歸, 不得旁撓之, 機之發, 不得陽動之. 將進也, 而固退之, 將退也, 而固進之, 不戰也, 而示之以戰, 戰也, 而示之以不戰, 陰符之運妙, 若鬼神. 經略不數日, 奉聖諭, 率新兵十萬至矣. 爲此, 合行移咨, 前去朝鮮國王, 煩照咨文內事理, 少安毋躁, 以候機權. 須至咨者.
右咨朝鮮國王.

萬曆二十一年三月二十日.

발신: 흠차경략찬획계료보정산동등처방해어왜군무의 직함에 4품복을 더한 병부무고직방청리사 원외랑 유(劉), 청리사주사 원(袁)

사유: 급히 정예병을 조발하여 남은 적을 초멸하여 후환을 끊게 할 것을 바랍니다.

---

140) 『선조실록』에는 '催'가 '不摧其兵而出戰'으로 되어 있다.
141) 『선조실록』에는 '徵'이 '微'로 되어 있다.

조선국왕이 보낸 자문을 받았습니다. 대략 진병을 서둘러 저 왜적을 섬멸하고 곧바로 왕경을 회복하는 것이 길이 편안케 하는 계책이라고 했습니다만, 이를 누구인들 하고 싶지 않겠습니까. 이곳에 오랫동안 주둔하고 있는 것이 어찌 내가 농사지은 땅을 버려두고 남의 황무지를 김매는 것이겠습니까.142) 하물며 이 전란으로 황폐해진 땅은 끝이 없고 음식 맛은 다른데도 가족과 멀리 떨어져 외로이 수레 밑에 있는 것143)은 돌아보건대 무엇 때문이겠습니까. 대저 천병이 동쪽으로 출병한 것은 황제의 인자함으로 당신네 소국이 왜적에게 흉악한 화를 당한 것을 불쌍히 여기셔서 마침내 성심(聖心)을 유독 더하신 것입니다. 그러므로 군사의 전진을 누가 감히 청하고 군사의 후퇴를 누가 감히 만류한다는 말입니까. 경략과 본부는 다만 삼가 덕의를 선양하여 황위(皇威)를 떨칠 뿐입니다. 시세를 살피고 헤아리는 일은 기밀로 감추었으니 누가 능히 엿볼 수 있겠습니까. 지금 평양에서 이기고 황주(黃州)를 거두고 개성을 짓찧고 벽제(碧蹄)에서 싸웠으며 함경(咸鏡)에서 몰아내기를 바람이 옅은 안개를 몰아내듯이 하고 마른 풀을 불태우듯이 하였습니다. (그리하여) 삼한백제(三韓百濟) 중 이미 태반을 회복했고 창도(蒼島) 황성(黃城)의 옛터를 수습했으며, 전후로 참수한 것이 2천여 급입니다. 왜마(倭馬)·병기·갑옷·안장 등은 그 수를 헤아릴 수 없고 두 달이 채 못 되어 대첩만 넷입니다. 사람은 숨을 고를 수 없고 말은 쉴 수 없는데 시린 추위와 눈, 얼음으로 동상에 걸려 손가락이 떨어져 나갈 정도이니 이 어찌 고생이 아니겠습니까. 손님에게 술을 권함에 오히려 손님이 쉬엄쉬엄 마시게 하려는 것은 서

---

142) 자신이 맡은 일을 가벼이 여기고 남의 일을 더 중하게 여긴다는 『孟子』의 문구를 응용한 말이다. 『孟子』, 盡心章句下, "人病 舍其田而芸人之田 所求於人者重 而所以自任者輕."
143) 명군이 지치고 굶주려 있는 상태를 말하기 위한 표현이다. 정벌을 마치고 돌아오는 군사가 비가 내릴 때 수레 밑에서 잠들었다는 시구에서 인용했다. 『詩經』, 豳風, 東山, "我徂東山 慆慆不歸 我來自東 零雨其濛 …… 敦彼獨宿 亦在車下."

두르다가 내뺄을까 염려해서인데, 지금 남을 위해 적을 죽이고 수천 리에서 싸우며 나아갔는데도 사람을 쉬게 하고 숨을 고르지 못하게 하니 어찌 인정(人情)이라 하겠습니까. 지금 장사(將士)들이 역전(力戰)하여 공이 높으나 깊이 공경하여 위로할 것을 생각하지 않으며, 군졸들이 상처를 싸매고 병을 앓고 있으나 가엾어 하고 족히 품어 줄 것을 생각하지 않으며, 말이 여위어 죽은 것이 절반인데 먹이를 주고 치료할 것을 생각하지 않고, 태연히 베개를 높이 하며 마치 남을 대신하여 싸우는 이를 고용하고 승자의 주먹이 더 빠르지 않았다고 이상하게 여기듯 하며 경솔하게 자문을 보내 전진을 재촉하고 있으니 이 무슨 마음입니까. 당신네 나라의 임금과 신하는 유독 천시(天時)를 보지 못한다는 말입니까. 2월에 비가 그치지 않아 얼음이 녹고 눈이 진창이 되어 진흙탕의 깊이가 수 척이나 되어 높이가 말의 배에까지 이릅니다. 당신네 군사들은 싸우지도 못하면서 능히 진흙탕으로는 나아갈 수 있을 것 같습니까? 청컨대 당신네 말을 앞세워 보십시오. 우리 군사는 뒤에서 따라갈 테니. 더구나 왕경으로 향하는 길이 좁아 평양과는 비교가 되지 않으니 반드시 출입하는 산길에서 습한 곳을 피하고 마른 곳으로 나아가 험준한 곳을 빼앗고 평탄한 곳을 점거해야 할 것입니다. 어디로부터 복병을 두고 어디에서 기습을 할 것인지는 또한 지리의 신묘한 계책이거늘 어찌 눈을 감고 무릎으로 걸을 수 있겠습니까? 게다가 선부진(宣府鎭)의 군사들 2천이 이미 왔고, 섭(葉) 참군이 훈련시킨 신병(神兵) 1천이 강상(江上)의 비장(飛將) 진린(陳璘)의 군사 3천, 촉(蜀)의 효장(驍將) 유(劉) 총관의 번병(番兵) 1만, 개원(開元) 2관144)의 호기(胡騎) 3천과 (더불어) 잇달아 압록강을 건널 것입니다. 그러나 당신네 나라의 군량은 이미 부족하고 말꼴 또한 모자란데 힘

---

144) '開元'은 '開原'의 오기이다. 개원의 2관(二關)은 해서여진의 여허(yehe)부와 하다(hada)부를 가리킨다. 이들은 개원성 인근에 거주하면서 각각 북관(北關)과 남관(南關)이라 불렸다.

써 충분히 마련하여 군사들에게 지대(支待)할 생각은 하지 않고 자문을 보내 전쟁을 재촉하기에만 이르렀으니 무엇 때문에 그러는 것입니까? 더욱이 평양 동서의 관인(館人)은 물자가 다 떨어졌다고 떠들어 대면서 돌아서서는 "장차 어떻게 서쪽에서 오는 장수를 영접하여야 성심으로 황사(皇師)를 맞이할까?"라고 합니다. 그 때문에 서쪽에서 오는 군사들이 모두 떠날 뜻을 가지고 있으니, 한 번 철수하여 강대(江臺)145)를 지키면 어찌 통쾌하지 않겠습니까? 구습대로 놀기 좋아하여 스스로 태만하고 늘어져 당신네 나라의 일을 그르치는 것을 많이 보았습니다. 기껏 잠란지(蠶卵紙)146)를 자르고 낭호필(狼毫筆)147)을 놀리는 등 글로만 한갓 천병의 마음만을 상할 뿐이었으니 지혜롭지 못함이 심합니다. 지금 임진강(臨津江)에는 천병이 이미 여러 곳에 진영을 펼치고 있고, 개성에는 남병 6천이, 봉산(鳳山)에는 복병 수천이 주둔하고 있습니다. 화기와 낭선(筤筅)은 숲처럼 벌여 있고 전거(戰車)는 보산(寶山)에 호랑이처럼 웅크리고 있으며 신포(神炮)는 북악에 우레처럼 서려 있습니다. 다만 맑게 갠 날에 깃발을 드날리고 봄바람에 맞추어 북을 두드릴 테니 당신네 임금과 신하는 시험 삼아 이목을 모아 요사스러운 기운이 지리산에서 쓸어버린 듯 사라지고 한강에서 붉은 요기가 사라지고 왕경으로 돌아가 옛것이 그대로 남아 있을지 살펴보기만 하십시오. 자문에 이르기를 관백이 군사를 보태어 와 동쪽 연해를 침범할 것이라고 하였으니 당신네 나라는 참으로 관백을 마치 호랑이와도 같이 두려워하고 있으나, 대개 관백은 작은 물구덩이 속의 미꾸라지 한 마리일 뿐입니다. 우리 산동 일대에서 맹사(猛士) 1백만과 전함 1천 척이 대기한 지 오래이며, 모개(牟盖)에 구름처럼

---

145) '강연대(江沿臺)'를 말한다. 탕참과 의주 사이에 있는 堡의 명칭이다.
146) 원문에는 '蠶紙'라고 되어 있다. '蠶種紙'라고도 하며 누에의 알을 붙인 종이이다.
147) 원문에는 '狼毫'라고 되어 있다. 족제비털로 만든 붓이다.

둔치고 조골(鳥骨)에 별처럼 포진했고 기이한 복장의 장수가 금빛 투구를 창해에 비추고 있습니다. 게다가 절강과 복건[閩]의 군사가 섬라(暹羅)와 유구(琉球)의 군사를 거느리고 곧바로 그 소굴을 초멸하여 장차 어지러워진 강에 돛을 달아 은빛 교룡(蛟龍)이나 사는 오랑캐의 섬에 깃발을 세워 관백의 머리를 효수하여 은성(銀城)에 매달고, 남아 있는 왜인은 멸종시켜 부산과 대마도 사이에는 바닷물만이 남게 될 것이니 당신네 나라는 또한 어찌하여 걱정합니까? 당신네 나라의 충청도와 전라도는 아직 적에 넘어가지 않았고 군사 수만이 비록 강의 남쪽에 있다고 말을 퍼뜨리고 있으나 한 사람도 강을 건너 왕경에 도달한 자가 없고, 한 사람도 개성에 이르러 천병과 합세한 이가 없었습니다. 함경도의 북쪽은 말갈의 건위(建威)한 호인과 같이 굳세다고 하는데 왜가 이미 고원(高原)을 떠남에 어찌 1만 기의 군사를 격소(檄召)하여 평양에 이르러 마산(馬山)148)에서 회전(會戰)하지 않았습니까? 저번 3천 군사를 모아 거전(車戰)을 교습하라 하였으나 다만 이르기를 3백 뿐이라 했으니 진실로 크게 웃을 만합니다. 이는 자신의 군사를 재촉하여 스스로 지키지 아니하고 반드시 천병으로 하여금 지키게 하려는 것일 뿐이요, 자신의 군사를 재촉하여 전쟁에 속히 출병시키려 하지 않고 중국으로 하여금 정벌에 나서게 하려는 것이니 이 어찌 남에게 바라는 것에 후하고 스스로 물러남에 관대함이 이와 같습니까? 가만히 생각해 보건대 천병이라고 하는 것은 천자의 군사이니 진퇴의 명령은 경략의 권한이요, 기밀을 펴는 바는 병가의 표징입니다. 군사의 위엄은 문득 간여할 수 없는 것이고, 권한의 귀속은 곁에서 어지럽힐 수 없는 것이고, 기밀을 펴는 일은 움직임을 겉으로 나타낼 수 없는 것입니다. 장차 전진하려 한다면 진실로 후퇴해야 할 것이고 장차 후퇴하려 한다면 진실로 나아가야 할 것이며, 싸우지 않으려 한다면 싸

---

148) 평안도 순천(順川) 부근에 있는 소읍이다.

우려 함을 보일 것이고 싸우려 한다면 싸우지 않으려는 모습을 보여야 할 것이니 병법149)을 운용하는 묘는 귀신과 같아야 합니다. 경략은 며칠 안에 성유(聖諭)를 받들어 신병(新兵) 10만을 이끌고 이를 것입니다. 이에 마땅히 조선국왕에게 자문을 보내니 번거롭겠지만 자문 내 사리를 밝게 살피셔서 조급해하지 마시고 조금 안정하여 기권(機權)을 기다리시기 바랍니다. 자문이 잘 도착하기를 바랍니다.

이 자문을 조선국왕에게 보냅니다.

만력 21년 3월 20일.

---

149) 원문에는 '음부(陰符)'라고 되어 있다. 음부는 군주와 장수가 군사를 동원하기 위해 만든 符節을 말한다. 『六韜三略』, 龍韜, 陰符, "太公曰 主與將 有陰符 凡八等." 병법 혹은 병서 등의 의미로 사용된다.

60. 戶部查問買辦軍餉支放見在數目
69b-70b(140~142쪽)

欽差經理征倭粮餉戶部主事 艾,
爲 酌時宜, 足軍需, 省轉運, 以便兩地 事.

先該, 委官都司張三畏, 乞要布匹易換米豆草束. 等因. 本部三次買完, 靑布二千六百八十一匹, 紅布八百匹, 藍布九千二十二匹, 白中布五百匹, 絨帽一千五百頂, 羊毛帽一千五百頂, 兀喇靴八百三十雙, 兀喇鞋八百四十雙, 俱于本年正月內, 解送委官都司張三畏.
隨准本官手本, 回稱.
　將發到布匹等物, 照數驗收, 會同朝鮮國王委官張志仁張仲翰等, 前去各州縣, 易換米豆草束, 運送軍前應用外, 緣由在卷, 及查前項等物, 未見開報. 易換數目, 事關錢穀, 豈容含糊 相應行查.
爲此, 合咨前去朝鮮國王, 遵照咨文內事理, 卽查委官都司張三畏原收布匹等物, 解到實數若干, 易換粮草若干有無, 運送軍前接濟支用若干, 未用若干, 卽今未換布匹等物若干, 見在何人收掌, 各緣由數目, 作速回咨本部, 以憑施行. 須至咨者.

右咨朝鮮國王.

萬曆二十一年二月二十八日.

발신: 흠차경리정왜양향호부주사 애(艾)
사유: 시의를 헤아려 군수를 충분히 하고 살펴 운반하여 양쪽을 편안케 할 일입니다.

[애유신] 앞서 위관 도사(都司) 장삼외(張三畏)가 포필(布匹)을 미곡, 콩, 말먹이 등으로 교환해야 한다고 했습니다. 본부에서는 3차례에 걸쳐 매입을 마쳐 청포(青布) 2,681필, 홍포(紅布) 800필, 남포(藍布) 9,022필, 백중포(白中布) 500필, 융모(絨帽) 1,500정, 양모모(羊毛帽) 1,500정, 올라화(兀喇靴) 830쌍, 올라혜(兀喇鞋) 840쌍을 모두 본년(1593) 1월 내 위관 도사 장삼외에게 보냈습니다. 계속해서 본관의 수본(手本)을 받고 회답하기를

[장삼외] 발송한 포필 등 물품을 숫자를 맞추고 검사하여 인수했으며, 조선국왕의 위관 장지인, 장중한과 회동한 후 각 주현에 보내 미두와 말먹이로 교환하여 군전으로 운송하여 처리하도록 하는 외의 연유가 문서에 쓰여 있었으나 전항의 물품 등을 조사하는 일에 미쳐서는 아직 보고를 보지 못했습니다. 교환 시의 수량은 일이 전곡(錢穀)에 관계되니 어찌 소홀히 하기를 용납하겠습니까. 마땅하게 조사해야 할 것입니다.

[애유신] 이에 마땅히 자문을 작성하여 조선국왕에게 보내니 자문의 내용에 따라 위관 도사 장삼외가 원래 받은 포필 등의 물품 중에 도착한 것은 실제

얼마인지, 군량과 말먹이를 교환한 것이 얼마나 되는지, 군전으로 운송하여 보급·지출한 것은 얼마이고, 아직 지출하지 않은 것은 얼마인지, 지금 아직 교환하지 않은 포필 등 물품은 얼마이며, 현재 누가 거두어 담당하고 있는지 등 각 연유와 수목(數目)을 속히 본부에 자문으로 회답하여 근거로 삼을 수 있게 해 주십시오. 자문이 잘 도착하기를 바랍니다.

이 자문을 조선국왕에게 보냅니다.

만력 21년 2월 28일.

61. 回咨
70b-72b(142~146쪽)

朝鮮國王,

准來咨該 爲 酌時宜, 足軍需, 省轉運, 以便兩地 事 云云. 等因.

准此. 查照, 該二月內, 先准 遼東都司都指揮使 張 咨.

　蒙 欽差經略薊遼等處禦倭軍務兵部右侍郞 宋, 發過靑藍布匹絨帽等貨 咨.

　　發本國, 易換芻粮, 接濟征倭兵馬支用.

　去後, 查經日久, 未聞回報, 速將前項發去布帽等貨, 抵換過米豆若干, 草束若干, 逐一咨送本司, 以憑轉報施行.

准此. 當職, 將前項布匹帽頂等物件, 差官管運, 前去各處, 易換粮草等情, 已經回報. 去後, 今准前因. 當職爲照, 上國官司, 垂念粮草不繼, 籌出多方, 至將靑藍布匹等件, 運送前來, 隨便易買, 以資軍需. 已著該曹官, 照依原開數目, 收領在官, 先將各色布二百三十二匹, 毛帽一百一十三頂, 兀喇靴一百九十七雙, 兀喇鞋五百四十二雙, 和買稻米六十四石三斗五升, 小米四十八石七斗, 黃豆一百一十八石一斗, 量收在官. 爲因本處地方兵荒, 未易辦貿, 要向別處, 收買搬運. 就委守門將崔得麟, 將靑藍等各色布四百匹, 毛帽四百頂, 兀喇靴鞋共二百雙, 前往平安道, 差部將孫安國, 將靑藍等各色布四百匹, 毛帽六百頂, 兀喇靴鞋共二百雙, 前往黃海道, 差司勇李得後, 將靑藍等各色布四百匹, 毛帽五百頂, 兀喇靴鞋共一百九十八雙, 前往忠淸道, 差兼司僕柳應春, 將靑藍等各色布八百匹, 毛帽三百頂, 前往全羅道. 責付各官, 齎帶前去各道列邑, 分投集鎭去處, 將原帶物件, 隨便貨賣辦買粮草, 其餘未換見存各色布, 總計五千三百五十五匹, 毛帽一千九十二頂, 兀喇靴三百三十三雙等物件, 查收在官. 方令該曹官及委官, 眼同貨賣餘外, 各色布五千四百二十五匹, 未曾搬輸到此, 再行迤西地方官司, 查驗在處實數, 另行繳報外, 仍念前項平安黃海兩道列邑, 俱經兵燹, 軍民死傷, 産業蕩敗, 雖令發賣, 恐難交易. 只於忠淸全羅等道郡邑, 有粮地面, 督令委官, 務要兩平糴賣, 搭載舩隻, 搬運過海, 至日除將運過米豆草束, 各樣數目, 逐一行查, 另行開具回報外, 爲此, 合行回咨, 請照驗施行. 須至咨者.
右咨戶部分司.

萬曆二十一年三月初七日.

발신: 조선국왕

사유: 보내온 자문을 받으니, 「시의를 헤아려 군수를 충분히 마련하면서 살펴 운반하여 양쪽을 편히 해야 합니다. 운운」 하였습니다.

[조선국왕] 이를 받고 살펴보건대, 2월에 먼저 요동도사지휘사사 장(張)의 자문을 받았습니다.

　[장삼외] 흠차경략계료등처어왜군무병부우시랑 송(宋)으로부터 청람포, 융모 등 재화를 보낸다는 자문을 받았습니다.

　　[송응창] 본국에 보내니 말먹이 풀과 군량으로 교환하여 정왜(征倭) 군사의 지출에 충당하시오.

　[장삼외] 그 후 조사한 지 오래 지나도록 회보했다는 소식을 듣지 못했으니 속히 전항의 보낸 포필과 융모 등의 재화를 쌀과 콩 얼마와 말먹이 풀 얼마로 맞바꾸어 전달했는지 일일이 본사에 자문을 보내 근거로 삼아 전보(轉報)하게 해 주십시오.

[조선국왕] 이를 받고 당직(當職)은 전항의 포필과 융모 등 물건을 운량(運糧)하는 일을 관장하는 관원을 차견(差遣)하여 각처에 보내 군량과 말먹이로 교환한 사정 등을 이미 회보했습니다. 이러한 조치를 취하고 나서 지금 앞의 내용을 받았습니다. 당직이 살펴보건대 상국의 관사(官司)에서 군량과 말먹이를 잇대지 못하고 있음을 염려하여 여러 방도를 생각해 내어 청람포 등의 물건을 보내와 편리에 따라 무역[易買]하여 군수에 보태도록 하는 데에 이르렀습니다. 이에 해조의 관원으로 하여금 원래 기재된 수량을 그대로 맞추어 관부(官府)에 수령해 두었고, 우선 각각의 포 232필, 털모자 113정, 올라화(兀喇靴) 197쌍, 올라혜(兀喇鞋) 542쌍을 미곡 64석 3두 5승, 소미(小米) 48석 7두, 황두(黃豆) 118석 1두로 화매(和買)하여 수량을 파악, 관부에 거두어 놓았습니다. 본처 지방의 군사가 어수선하여 아직 쉽게 무역할 수 없었던 탓에, 별처로 향하여 수매하고 운반하도록 했습니다. 수문장 최득린으로 하여금 청람 등 여러 포 400필, 털모자 400정, 올라화·올라혜 200쌍을 평안도로 보냈고, 부장(部將) 손안국을 차임하여 청람 등 여러 포 400필, 털

모자 600정, 올라화·올라혜 200쌍을 황해도로 보냈고, 사용(司勇) 이득후를 차임하여 청람 등 여러 포 400필, 털모자 500정, 올라화·올라혜 198쌍을 충청도에 보냈고, 겸사복 유응춘을 차임하여 청람 등 여러 포 800필, 털모자 300정을 전라도로 보냈습니다. 각 관원에게 부쳐 각 도의 열읍으로 가져가 집진(集鎭)150)에 나누어 보내 원래 가져온 물건을 편의에 따라 양초(糧草)를 사고팔았으며, 그 나머지로 아직 교환하지 못하고 현재 남아 있는 여러 포는 총 5,355필, 털모자 1,092정, 올라화 333쌍 등 물건을 조사하여 관부에 거두어 두었습니다. 이에 바야흐로 해조의 관원 및 위관으로 하여금 함께 사고팔도록 한 외에, 각각의 5,425필을 아직 이곳에 운반하지 못하였으니 다시 서쪽 지역의 지방관을 움직여 그곳에 있는 실제 수량을 조사하고 별도로 격보(繳報)151)하도록 하는 외에, 거듭 생각해 보니 전항의 평안, 황해 두 도의 열읍(列邑)은 모두 전란을 거쳐 민과 군이 사상을 입었고, 생업이 황폐하게 되어 비록 매매하도록 한다 하더라도 교역이 어려울 듯합니다. 다만 충청도와 전라도의 군읍(郡邑)은 곡식이 있는 지역이므로 위관을 독려하여 곡식을 공평하게 매매하여 선박에 탑재한 뒤 바다로 운반해 도착한 날 미두, 말먹이 등 각각의 수량을 일일이 조사하고 별도로 자세히 갖추어 회보하는 외에도, 이에 마땅히 자문으로 회답하니 청컨대 살펴 주시기 바랍니다. 자문이 잘 도착하기를 바랍니다.

이 자문을 호부분사에 보냅니다.

만력 21년 3월 7일.

---

150) 지방의 시장을 의미한다.
151) 상급 관청의 지시에 따라 하급 관청에서 작성해 보고하는 문건이다.

62. 都司咨送欽賜銀錠賞功恤亡
72b-74b(146~150쪽)

遼東都指揮使司,

爲 倭情 事.

准 欽差分守遼海東寧道兼理邊備屯田山西布政使司右布政使 韓 咨.
　蒙 欽差巡撫遼東地方兼贊理軍務都察院右僉都御史 趙 案驗.
　　准 兵部 咨.
　　　職方淸吏司案呈, 奉本部送.
　　　准 禮部 咨. 前事, 內稱.
　　　　欽賞朝鮮有功, 及死事員役, 銀三千兩, 通行內府, 照數關出, 送
　　　　兵部 轉行該國頒給. 等因.
　　　到部送司.
　　　　查得, 禮部咨送欽賞朝鮮功次銀三千兩, 共計六十錠, 皆內府傾
　　　　成已定, 該部照數咨發本部, 照數給差官收領, 聽其齎回轉發
　　　　朝鮮.
　　　案呈到部. 擬合就行. 爲此, 除本部照數查收外, 合咨前去, 煩照來

文事理, 即將齊汝勳, 領回銀兩, 照數查收, 行令本官解赴朝鮮, 以憑給散施行. 等因.

准此. 案照, 先准, 欽差總督薊遼保定等處軍務兼理粮餉兵部右侍郎兼都察院右僉都御史 郝 咨.

　　准 兵部 咨.

　　該本部題, 前事, 備咨前來, 煩照咨備, 該部題奉欽依內事理, 差官齎文赴部, 領發銀三千兩, 領回送付國王, 給散前項, 有功及死事員役, 以示天朝浩蕩之恩, 以鼓屬國恢復之志. 仍速行遼東都司宣諭國王, 諭令傳示各道陪臣, 乘時召集義旅, 力圖除兇雪恥, 無負天朝字小厚意. 希將差過領銀官員, 及宣諭過緣由, 咨報查考. 等因.

已行該道速行都司宣諭國王外, 今准前因, 擬合就行. 為此, 案仰本道, 查照先今事理, 即便會行都司, 將委官齊汝勳赴京, 領發銀三千兩, 准送朝鮮國王給散, 取回文繳報施行.

蒙此. 擬合就行. 為此, 合咨前去, 煩將委官齊汝勳赴京, 領發銀三千兩移咨, 過送朝鮮國王給散, 取回文, 希復過道, 以憑轉報施行. 其委官齊汝勳, 見在鎮夷堡, 立等咨文, 請勿遲緩. 等因.

准此. 擬合就行. 為此, 合行移咨前去, 貴國煩將委官齊汝勳, 齎去領發銀三千兩, 收領給散. 仍希回咨過司, 以憑回復轉報施行. 須至咨者.

右咨朝鮮國王.

萬曆二十一年二月二十三日.

발신: 요동도지휘사사

사유: 왜정에 관한 일입니다.

[요동도지휘사사] 흠차분수요해동녕도겸리변비둔전산서포정사사우포정사 한(韓)의 자문을 받았습니다.

[한취선] 흠차순무요동지방겸찬리군무도찰원우첨도어사 조(趙)의 안험(案驗)을 받았습니다.

[조요] 병부의 자문을 받았소.

[병부] 직방청리사의 안정을 받았습니다.

[직방청리사] 본부(병부)에서 보낸 문서를 받았습니다.

[병부] 예부의 자문을 받으니 전사(前事)의 일이었습니다.

[예부] (황제께서) 조선에서 공이 있거나 및 전사한 원역(員役)에게 은 3,000냥을 흠상(欽賞)하신다고 하니 내부(內府)에 행이하여 숫자를 대조하고 관문(關文)을 내어 병부에 보내니 해국(該國)에 전행하여 반급(頒給)하도록 하십시오.

[병부] 문서가 본부(병부)에 도착하여 직방청리사에 보냈습니다.

[직방청리사] 조사한 결과, 예부가 자문에서 보낸다는, 조선의 공적에 차등 흠상하기 위한 은 3,000냥을 모두 계산해 보니 은 60정(錠)에 해당했는데, 모두 내부에서 자금을 조성하기로 이미 정했고 해부(該部)에서 숫자를 대조하여 자문을 작성하여 본부에 발송했다고 합니다. 이에 숫자를 대조하여 차관(差官)에 지급하여 수령하도록 하고, 이를 가지고 가서 조선에 전달하라는 명령을 기다리십시오.

[병부] 안정이 본부에 도착하여 헤아려 보건대 마땅히 즉시 시행해야겠습니다. 이에 본부에서 숫자를 대조하고 확인해서 수령하는 외에 마

땅히 자문을 보내니 번거롭겠지만 보내온 문서의 사리를 살펴 즉시 제여훈(齊汝勳)으로부터 은냥을 받아 숫자를 대조하고 확인해서 수령하도록 본관에게 명령하여 조선으로 나아가 해송(解送)하고 이를 근거로 지급하라고 하십시오.

[조요] 이를 받고 관련 문서를 살펴 보건대 이전에 흠차총독계료보정등처군무겸리양향병부우시랑겸도찰원우첨도어사 학(걸)의 자문을 받았습니다.

[학걸] 병부의 자문을 받았습니다.

[병부] 본부에서 제본으로 올렸고 전사(前事)에 관해 갖추어 작성한 자문을 보내니 번거롭겠지만 자문의 내용을 살피셔서 해부(該部)에서 제본을 올려 받든 황상의 사리(事理)에 따라 관원을 차임하여 문서를 가지고 부(部)에 나아가 발급한 은 3,000천 냥을 수령한 후 수령한 금액을 조선국왕에 송부, 전항의 금액을 공이 있는 자 또는 전사한 원역에게 지급하도록 하여 천조에서 호탕한 은혜를 보이고 그로써 속국을 회복하려는 뜻을 고무해야 할 것입니다. 이에 요동도사가 조선국왕에게 속히 선유를 전하여 이를 각 도의 (조선) 배신에게 유령(諭令)으로 전달하기를 '적절한 시기를 타 의병을 소집하여 힘써 흉적을 제거하고 수치를 씻기를 도모하고, 천조에서 소국을 아끼는 후의를 저버리지 말아야 할 것'이라고 해야 합니다. 바라건대 은을 수령하는 관원을 차송하는 일 및 선유를 전달하는 연유를 자문으로 보고해서 (병부에서) 검토할 수 있도록 해 주십시오.

[조요] 이미 해도(該道)에 시행하여 요동도사가 조선국왕에게 선유를 전하는 일을 속행하도록 한 외에 이제 위의 문서를 받았기에 헤아려 보건대 마땅히 곧바로 시행해야 했소. 이에 안험을 보내니, 바라건대 본도(本

道)는 이전과 지금의 일을 검토하여 곧바로 요동도사와 함께 시행하고 위관 제여훈을 경사(북경)로 나아가게 하여 발급된 은 3,000냥을 수령하도록 하시오. 자문의 내용에 따라 조선국왕에게 전달하여 지급하도록 하고 답문을 받아 격보하시오.

[한취선] 이를 받들고 헤아려 보건대 마땅히 즉시 시행해야 하겠습니다. 이에 마땅히 자문을 보내 드리니 번거로우시겠지만 위관 제여훈이 경사에 들어와 발급된 은 3천 냥을 수령했다는 내용을 자문으로 보내고 조선국왕에게 전달하여 지급하게 한 다음, 답문을 받고 바라건대 다시 본도에 전달하여 이를 근거로 전보(轉報)하십시오. 위관 제여훈은 현재 진이보(鎭夷堡)에서 자문을 기다리고 있으니 청컨대 지연되지 않도록 하십시오.

[요동도지휘사사] 이를 받고 헤아려 보건대 마땅히 즉시 시행해야 하겠습니다. 이에 마땅히 자문을 귀국에 보내니 번거롭더라도 위관 제여훈이 발급 절차에 따라 수령한 은 3,000냥을 가지고 가니, 수령하고 지급하십시오. 덧붙여 바라옵건대 본사(本司)에 자문으로 회답하여 이를 근거로 전보할 수 있게 해 주십시오. 자문이 잘 도착하기를 바랍니다.

이 자문을 조선국왕에게 보냅니다.

만력 21년 2월 23일.

63. 回咨
74b-75a(150~151쪽)

朝鮮國王,

准來咨該 爲 倭情 事 云云. 等因.

准此. 查照, 先該, 上年十一月內, 准貴司咨.

前事. 等因.

　該 禮部具題, 奉聖旨,

　　這朝鮮禦倭有功及死事員役, 足見忠勇, 准給與賞賚, 仍傳諭國王,

　　著嚴督各道將領集兵振旅, 力圖恢復, 無負中原援救之意.

　欽此. 備咨前來.

行間, 今准前因, 當職爲照, 小邦荷蒙天朝洪造, 一鼓進勦, 幾成恢復, 感戴皇靈, 庶幾再生. 頃因小邦將官, 雖少効斬獲, 實靡可紀其搬送首馘. 只是, 查例開咨類, 報賊變而已, 至勤轉達, 致蒙皇朝曲加獎慰, 錫賚銀兩, 前後沓至. 恩出常格, 大功未奏, 濫賞屢加, 昭皇上酬勞之典, 示天朝恤死之仁. 當職與一國臣民, 不勝感激. 就行祇領原發銀兩, 遵依該部題奉欽依事理, 及准貴司咨文內事理, 將原委官齊汝勳齎到銀三千兩, 照數

> 頒給各該獲功死事員役, 另行獎諭激勸外, 爲此, 合行回咨, 請照驗轉報施行. 須至咨者.
> 右咨遼東都指揮使司.
>
> 萬曆二十一年三月初九日.

발신: 조선국왕
사안: 보내온 자문을 받으니. 「왜정에 관한 일입니다. 운운」 하였습니다.

[조선국왕] 이를 받고 앞서의 작년 11월 (중) 문서를 검토해 보니 귀사(貴司)로부터 자문을 받았습니다. 전사(前事)에 대한 것이었습니다.

　[예부] 예부에서 제본을 갖추어 올려 다음과 같이 성지(聖旨)를 받들었습니다.

　　[황제] 저 조선의 왜를 막는 데 공이 있는 자 또는 전사한 원역(員役)에게서 족히 충용을 볼 수 있었으니, 포상을 수여하는 것을 준허한다. 인하여 조선국왕에게 전유(傳諭)하여 각 도의 장령(將領)들로 하여금 군사를 모으고 위세를 떨치도록 엄히 독려하게 하라. 힘써 회복을 도모하여 중원에서 구원하는 뜻을 저버리지 않도록 하라.

　[예부] 자문을 갖추어 보냅니다.

[조선국왕] 이를 시행하는 사이 이번에 앞의 문서를 받고서 당직이 살펴보건대 소방은 천조로부터 커다란 은혜를 힘입어 한 번 북을 울려 나아가 초멸함에 거의 회복되었고, 황령(皇靈)에 감격하여 재생할 수 있게 되었습니다.

요즈음 소방의 장관(將官)으로 인하여 참획이 조금 있었다고는 하지만, 실제로는 그 보내 드린 수급을 기록할 수도 없을 만한 것이었습니다. 다만 전례를 살펴 기술한 자문이라는 것이 적변을 알려 드리는 부류였을 뿐인데, 힘써 전달하여 주심에 이르러서는 황조로부터 곡진히 장려하고 위로함을 입어 하사하신 은냥이 전후로 답지하였습니다. 은혜란 정해진 격식에서 나오는 것인데, 대공(大功)을 아직 아뢰지 못하였음에도 외람된 상을 누차 더하여 주시니, 황상께서 노고에 보상하는 법을 밝히고 천조에서 전사한 이를 위로하는 인(仁)을 보이는 것입니다. 당직은 일국의 신민과 더불어 감격을 이기지 못하겠습니다. (이에) 곧바로 시행하기를, 원래의 발급한 은냥을 공경히 수령하고 해부(該部)에서 제본을 올려 받든 (황상의) 사리(事理)와 귀사(貴司, 요동도사)에서 받은 자문의 사리를 준행하며 본 임무를 맡은 제여훈이 가져온 은 3,000냥을 대조하여 각각 공을 세우거나 전사한 원역에게 별도로 포장하고 격려를 시행하는 외에도, 이에 마땅히 자문으로 회답하니 청컨대 검토하여 전보(轉報)하시기 바랍니다. 자문이 잘 도착하기를 바랍니다.

이 자문을 요동도지휘사사에 보냅니다.

만력 21년 3월 9일.

64. 分戶部咨送天朝發貨買塩給軍
75b-76a(152~153쪽)

欽差經理征倭粮餉戶部主事 艾,
爲 議處官軍食塩, 以養士氣 事.

照得, 大兵自尅平壤至今, 爲日頗久, 並無腥醎入口, 委可矜憫. 近發牛酒犒賞, 又於江西駝塩運送, 軍中少霑恩惠. 但前塩用盡, 又費遠駄, 不無遲悞, 且朝鮮本地產塩, 相應議處. 本部又買靑布一千二百匹, 藍布四千二百二十五匹, 俱發委官都司張三畏, 照數查收, 轉發朝鮮內, 除靑布八百八十匹, 藍布三千八百二十五匹, 易換粮草, 接濟兵馬支用, 仍留靑布三百二十匹, 藍布四百匹, 隨軍屯箚處所, 就近換塩, 給軍食用, 以爲省便, 相應移咨知會. 爲此, 合咨前去朝鮮國王, 遵照咨文內事理, 如遇張三畏齎去前項布匹, 照數驗收, 公同上緊, 易換糧草, 并塩斤運送營中, 給軍食用. 仍將收過布匹實數, 并換過糧草塩斤, 各數目作速回咨, 本部以憑稽查施行. 須至咨者.
右咨朝鮮國王.

萬曆二十一年三月初八日.

발신: 흠차경리정왜양향호부주사 애(艾)
사유: 관군의 식염(食鹽)을 의처(議處)하여 사기를 기르도록 바랍니다.

살펴보건대, 대병이 평양에서 이긴 이래로 지금까지 시간이 자못 오래 되었고 아울러 짜거나 비린 음식을 입에 대지 못하고 있으니 실로 가엾습니다. 근래 소와 술을 보내 위로하며 포상하였고 또한 강서(江西)152)에서 소금을 실어 운송하니 군중(軍中)에서 조금 은혜를 입을 수는 있었습니다. 다만 이전의 소금은 다 써 버렸고 또한 먼 거리로부터 짐말[駄馬]로 실어 오기로 했으니 지체되어 그르침이 없지 않을 것이고 또한 조선 본토에서 소금을 생산하는 일을 마땅히 의논하여 처리해야 할 것입니다. 본부에서는 또한 청포(青布) 1,200필과 남포(藍布) 4,225필을 사서 모두 위관인 도사 장삼외에게 발송하여 수량을 대조하고 확인, 수령하여 조선에 전달된 숫자 중에 청포 880필과 남포 3,825필을 덜어 내어 양초(糧草)와 교환하여 병마에 사용할 물자로 보급하도록 하고, 인하여 (남은) 청포 320필과 남포 400필을 군이 주둔하는 장소에 따라 근처에서 소금과 교환하여 군사에 식용으로 지급하여 편익이 되도록 조치했다는 것을 마땅히 자문을 보내어 알려 주어야 할 것입니다. 이에 마땅히 조선국왕께 자문을 보내니 자문 내 사리에 따라 전항의 포필을 가져간 장삼외를 만나시거든 숫자를 대조하고 확인해서 수령한 후 함께 서둘러 양초를 교환하고 아울러 소금을 군영으로 운송하여 식용으로

---

152) 압록강 서쪽, 즉 요동지방을 가리킨다.

군에 지급하십시오. 더불어 보내 드린 포필 중 수령한 실제 수량과 아울러 교환하여 보낼 양초, 염근(鹽斤) 등 각 수의 목록을 속히 자문으로 회답하여 주시면 본부에서 근거로 삼아 자세히 확인하겠습니다. 자문이 잘 도착하기를 바랍니다.

이 자문을 조선국왕에게 보냅니다.

만력 21년 3월 8일.

65. 回咨
76a-77a(153~155쪽)

朝鮮國王,

准來咨該 爲 議處官軍食塩, 以養士氣 事 云云. 等因.

准此. 當職竊照, 大兵深入, 箚營日久, 腥醎窘缺, 士氣餒疲. 上國官司, 矜憫在心, 旣發牛酒, 犒賞官軍, 又送布貨, 換塩接用, 憂勞軍餉, 備極艱苦, 其在小邦, 倍加感愧. 所有塩斤, 原係本國產出, 未奉之先, 已行沿海各處, 竈戶地方, 將原煮塩包, 就行駄運送, 到大兵箚營, 及開城等處, 預備足用. 去後, 今蒙咨內, 又買靑布一千二百匹, 藍布四千二百二十五匹, 發送委官都司張處, 轉發前來, 仍留靑布三百二十四, 藍布四百匹, 就近塩給軍食用, 遵依來文事理, 除本國原輸塩包外, 如或食用不句, 擬候原送布匹, 搬運至日, 亦依交換, 陸續駄運, 接聯支用. 仍將換過糧草塩斤, 查扣實數, 逐一回報外, 爲此, 合行回咨, 請照驗施行. 須至咨者.
右咨戶部分司.

萬曆二十一年三月十一日.

발신: 조선국왕

사유: 보내온 자문을 받으니, 「관군의 식염(食鹽)을 의처(議處)하여 사기를 기르도록 바랍니다. 운운」 하였습니다.

이를 받고 당직이 가만히 살펴보건대 대병이 깊이 들어와 주둔한 지 시일이 오래되었는데 짜고 비린 음식이 끊어지게 되었으니 사기가 주리고 지쳤습니다. 상국의 관서에서 불쌍히 여기는 마음을 두어 이미 소와 술을 내어 관군의 노고를 포상하고 또한 포화(布貨)를 보내 소금과 교환하는 데에 사용하도록 하였고, 군향을 애쓰며 갖은 고생을 다하고 있으니 소방에서는 감격과 부끄러움이 두 배가 됩니다. 보유하고 있는 염근(鹽斤)은 본시 본국에서 생산한 것들인데 아직 분부를 받들기 전에 이미 연해 각처의 염호가 있는 지방에 시행하여 먼저 구운 염포(鹽包)를 말에 곧바로 실어 운반하여 대병이 주둔한 군영 및 개성 등 지역으로 보내 족히 쓸 수 있도록 미리 준비했습니다. 그렇게 조치한 후 지금 자문의 내용을 받고서 또한 청포 1,200필과 남포 4,225필을 사들여 위관 도사 장삼외가 있는 곳으로 발송하여 전달하여 보내왔으며, 이후 남은 청포 320필과 남포 400필은 근처(현지)의 소금을 (매입하여) 군사에 식용으로 지급하는 일과 관련해서 보내온 문서의 내용에 의거하여 본국에서 먼저 염포를 수송하는 외에 만약 식용 소금을 마련하지 못하면 원래 보낸 포필을 기다려 운송되어 오는 날에 또한 교환되는 정도에 따라 계속 짐말에 실어 운반해 지대를 잇대도록 하겠습니다. 덧붙여 교환하여 보낸 양초와 염근을 실제 숫자를 정확히 조사하여 일일이 회보하는 외에도, 이에 마땅히 자문으로 회답하니 청컨대 검토하여 주시기 바랍니다. 자문이 잘 도착하기를 바랍니다.

  이 자문을 호부분사에 보냅니다.

  만력 21년 3월 11일.

66. 本國請進兵勦賊
77a-80b(155~162쪽)

朝鮮國王,

爲 進兵剿賊, 振揚皇威 事.

據 接伴陪臣工曹判書韓應寅, 知中樞府事李德馨等 狀啓.

  本月初八日, 臣等, 跟隨督府, 前到平壤, 有督府老爺, 就叫遊擊將軍, 沈近前講話, 仍給銀兩, 發送京城. 等因.

又該本官等 狀啓.

  本月初十日, 臣等在督府營中, 聽得, 有日本賊將平行長, 寫出伊書一紙, 與查副摠, 看內有請改昨非, 以開朝貢之路. 等情.

具啓. 得此. 當職竊照, 惟我皇朝, 統御萬邦, 威震四裔, 日月所照, 霜露所被, 莫不梯山航海, 款關通貢. 不期離題小醜, 敢爾梗化, 不思稽顙而輸琛, 却乃逞兇而干紀, 寇害小邦, 極其慘毒. 肆我聖天子, 赫然震怒, 殄暴誅亂, 王師一鼓, 蕩平賊壘, 天威遐暢, 雷厲霆迅. 小邦臣民, 特蒙再造之恩, 復有今日, 當職銜恩感激, 日夜涕泣. 而仍念此賊, 無故興兵, 陵暴小邦, 焚燒我宗廟, 屠戮我赤子, 空掘我先墓, 係擄我二子, 小邦之與此賊, 有不共戴天之讐, 有萬世不忘之怨. 小邦臣民, 雖至枯死, 必報乃已, 豈有竝生之理哉. 第念, 王者之德, 與天地同其大也, 雖於夷狄禽獸, 皆欲一視而同仁. 然而字小恤患, 帝王所務, 討罪除兇, 先傳攸貴, 是用興師萬里援救小邦, 當職以此, 益知天朝寵遇小邦, 出於尋常萬萬, 不知小邦, 何以得此於天朝也. 況小邦之於天朝, 如子之事父母, 死生存亡, 惟命之從. 顧念今日之鮮兵許和, 貽患不測. 小邦之區區情勢, 固不足恤, 以中國利害言之, 竊恐大有所未可也. 自古中國之於夷狄, 先示以必勝之勢, 然後可以言和. 不然則要和不成, 雖和不久. 是故澶州之役, 寇準欲擊契丹, 使隻輪不返曰, '如此則可保百年無事', 蓋此意也. 前者平壤之捷, 天威固大震矣. 退次之後, 尚稽進兵之擧, 此雖由於小邦不能具糧草之故. 而其席捲長驅之勢, 已不如前日之甚銳也. 今者因彼詐瞞之言, 專使以講和, 則安知驕賊之心, 以爲中國之要和, 非憐我也, 乃懼我也. 遲延之際, 或發不遜之語, 不得已而至於用兵, 而天時近夏, 淫雨連綿, 不便進攻, 彼賊則添兵而勢大, 我師已老而氣疲, 欲退則虧損皇靈, 欲戰則難保必勝. 當此之時, 雖有智者, 恐無善後之策也. 早些進兵, 直擣京城, 擧羣殲滅, 不遺片甲, 乃策之上也. 使賊飛走計窮, 哀號乞命, 擒縱生殺, 唯我伸縮, 乃其次也. 不然而不大懲創, 使之停宿長姦, 則狡黠之賊, 變詐百出, 必不肯歸, 歸亦再來, 兵連禍結, 攻戰不息, 則是要活兩國之生靈, 而反貽兩國之廝殺也. 伊賊兇毒, 乃天地間一種醜類, 梟獍心腸, 豈復有自新效順之理乎. 至若小邦, 必亡難救之勢, 冤痛悶迫之情, 不能悉數, 姑擧大略而陳之. 曠日持久, 糧草屢匱, 些少糵集, 漸盡於屯兵之餉, 一也. 環寇遠近之兵, 勿論官義之軍, 擧皆糧缺餓羸, 顚死者過半, 餘悉放回, 今之所存, 十僅一二, 而亦皆疲頓無用, 二也. 邦域之內, 疲於奔命, 專廢耕作, 失此方農時分, 則賊雖退去, 了無聊生之路, 孑遺之民, 將無遺類, 三也. 芻糧已乏, 暑雨已迫, 天時人事, 俱不合用兵, 大軍雖欲屯住, 而迫於事勢, 不得不撤回, 則大軍朝回, 而小邦夕亡, 四也. 此外抱悶難, 以縷縷固知王師持重, 務出萬全, 欲待後兵合力以進. 而竊念此賊, 已被挫折, 氣奪魄喪, 安有抵敵之心哉. 前者碧蹄之出, 適遇哨探之師, 暫逞蜂蠆之毒, 初非有意於拒戰也. 況小邦之兵, 雖甚疲憊, 環繞四面, 不下萬餘, 與之合勢連營而進, 則彼小醜安敢更犯神兵哉. 且念伊賊精壯, 皆在京城, 攔截大軍. 其在漢南, 負馱往來, 下營留屯者, 俱係疲弱殘兵, 如以大兵進逼, 撥一勇敢將官, 抄領精銳炮手, 繞出賊後, 奪擊勦殺, 兵威所及, 餘賊震怖, 可以得志. 此乃兵法攻瑕之術也. 煩乞貴部, 照依原今陳懇事理, 轉行督府, 決束前進, 掃蕩凶醜, 以畢大恩, 不勝哀籲之至. 爲此, 合行移咨, 請照驗施行. 須至咨者.
右咨行兵部.

萬曆二十一年三月十四日.

발신 : 조선국왕
사유 : 진병하여 적을 소탕하여 황위를 떨치시길 바랍니다.

[조선국왕] 접반 배신인 공조판서 한응인,[153] 지중추부사 이덕형[154] 등의 장

---

153) 한응인(韓應寅, 1554~1614)을 가리킨다.
154) 이덕형(李德馨, 1561~1613)을 가리킨다.

계를 받았습니다.

[한응인·이덕형] 본월 8일 신 등이 제독부를 따라 평양에 도착하니 독부 노야가 유격장군 심유경155)을 불러 가까이 오게 하여 대화를 나눈 후 은 냥을 주어 경성으로 보냈습니다.

[조선국왕] 또 본관 등의 장계를 받았습니다.

[한응인·이덕형] 본월 10일 신 등이 제독부의 진영으로부터 전해 듣기를 일본의 적장 평행장156)의 서찰 한 통을 베껴 쓴 것을 사 부총157)과 함께 읽었는데, 거기에는 이전의 잘못을 고칠 것이니 조공 길을 열어 달라고 하는 말이 있었습니다.

[조선국왕] 갖춘 장계를 받고 당직이 가만히 살펴보건대, 우리 황조가 만방을 통어하여 위엄이 사예(四裔)158)에 떨치니, 해와 달이 비치는 곳과 이슬과 서리가 내리는 곳이면 먼 곳에서 이르러 문을 두드리며 조공을 통하지 않는 곳이 없었습니다. 뜻밖에 오랑캐 작은 무리가 감히 교화를 따르지 않아 머리를 조아려 공물을 바칠 것을 생각하지 않고 도리어 흉폭함을 저지르고 기강을 범하여 소방을 도적질하고 해쳐 그 참독한 것이 극에 달했습니다. 우리 성천자께서 혁연히 진노하시어 폭도를 다스리고 난적을 주멸하고자 하니, 왕사(王師)의 한 번 북소리에 왜적 성채를 탕평하고, 천위(天威)가 멀리 떨침이 우레와 폭풍 같았습니다. 소방 신민이 특별히 재조(再造)의 은혜를 받아 다시 오늘이 있게 되었으니 당직은 은혜를 받들어 감격하여 밤낮으로 울고 있습니다. 그런데 거듭 이 왜적을 생각하니, 까닭 없이 군사를 일으켜 소방을 함부로 짓밟고 우리 종묘를 불태웠으며, 우리 백성들을 도륙하고 우리 능

---

155) 심유경(沈惟敬, ?~1597)을 가리킨다.
156) 고니시 유키나가[小西行長]를 가리킨다.
157) 사대수(查大受, ?~?)를 가리킨다.
158) '나라의 동서남북 곳곳'이라는 의미로 쓰인다.

묘를 파헤치고 우리 두 왕자를 사로잡아갔으니, 소방과 이 왜적은 불공대천의 원수이며 만세토록 잊을 수 없는 원한이 있는 것입니다. 소방의 신민은 말라 죽을 지경에 이르더라도 반드시 갚고서야 그만둘 것이니 어찌 함께 살 이치가 있겠습니까. 다만 생각건대 군왕의 덕은 천지와 더불어 그 크기가 같으니, 비록 이적금수(夷狄禽獸)라도 모두 일시동인(一視同仁)하고자 하십니다. 그러나 소국을 사랑하고 환란을 구휼하는 것이 제왕의 임무이니 죄를 토벌하고 흉적을 없애는 것이 전대로부터 전해오는 귀한 것이라, 이에 군사를 만 리에 일으켜 소방을 구원하시니, 당직은 이로써 천조가 소방을 총애하는 것이 보통을 훨씬 뛰어넘음을 더욱 알게 되고, 소방이 어찌 천조로부터 이러한 것을 얻었는지 모르게 되었습니다. 하물며 소방은 천조에 대해 자식이 부모를 섬기듯 하니, 사생과 존망은 오직 명령에 따를 뿐입니다. 다만 생각하건대 오늘날 병사를 거두고 화친을 허락함은 그 끼칠 걱정이 이루 말할 수 없습니다. 소방의 구구한 정세는 굳이 근심할 것이 못 되나, 중국의 이해(利害)로 말하자면 크게 불가한 바가 있는 듯합니다. 예부터 중국이 이적을 상대할 때에는 먼저 필승의 기세를 보여 준 연후에야 화의를 말할 수 있었습니다. 그렇지 않으면 화의를 하려고 해도 이루어지지 않았고 비록 화친하였다 해도 오래가지 않았습니다. 이러한 이유로 '전주(澶州)의 전역'159) 에서 구준160)이 거란을 치고자 하여 한 척의 수레도 돌아가지 못하게 하면서 말하기를 '이와 같이 한다면 백년의 무사를 보장할 수 있을 것이다.'라고 하였던 것이 대개 이 뜻입니다. 지난번 평양의 승리는 천조의 위엄을 진실로 크

---

159) 1004년 북송과 요나라가 벌인 전쟁으로, 이후 이른바 전연지맹(澶淵之盟)이 맺어지면서 송은 요에 매년 세폐를 보내게 되었다.
160) 구준(寇準, 961~1023)은 북송의 재상이다. 1004년 재상으로서 요나라와의 전쟁에서 많은 공을 세웠다. 특히 진종(眞宗)에게 친히 군사를 이끌 것을 건의하는 등, 강경한 주장을 고수하여 북송이 협상에서 유리한 위치를 차지할 수 있게 하였다.

게 떨쳤습니다. 퇴각한 이후에는 진병의 거사를 지체하시니, 이는 비록 소방이 군량과 마초를 갖추지 못한 탓입니다. 그러나 저들의 석권하고 승승장구하던 기세는 이미 전일과 같이 예리하지 않습니다. 지금 저들의 기만하는 말로 인하여 오로지 화친하게 한다면, 즉 교만스런 왜적들의 마음에 중국이 화친을 요구하는 것이 자신들을 불쌍하게 여기기 때문이 아니라 자기들을 두려워하는 것이라고 여길 것인지 어찌 알겠습니까. 지연하는 중에 혹 불손한 말이 나오면 부득이하게 군사를 쓰게 되고 여름철이 가까워져 장마가 계속되면 진공하기 불편할 터인데 (이런 상황에서) 저 적들은 병사를 증강하여 세력을 키우고 우리 군사들은 쇠약하여 기력이 피로해질 것이니, 퇴각하고자 하면 황령(皇靈)을 손상하게 되고 싸우고자 하면 필승을 보장하기 어렵게 됩니다. 이러한 때가 되면 비록 지혜로운 자가 있더라도 뒤를 수습할 계책이 나올 수 없을 듯합니다. 일찍감치 진병하여 비로 경성을 소탕하고 무리를 모두 섬멸하여 한 조각의 갑옷조차 남지 않게 하는 것이 상책입니다. 적으로 하여금 도망칠 계책이 궁해져 살려 달라며 애걸하게 하여, 잡고 놓아 주며 죽이고 살리는 것이 오로지 우리에게 있게 하는 것이 다음 계책입니다. 그러지 않고 크게 징벌하지 않아 조용히 머무르며 간악한 짓을 키우게 한다면 교활한 적이 온갖 거짓을 꾸며 반드시 기꺼이 돌아가지 않으려 할 것이며, 돌아가더라도 다시 올 것이며 병화가 계속되어 전쟁이 그치지 않을 것이니, 이는 두 나라161)의 생령을 살리려는 것이 도리어 두 나라를 시살하게 되는 것입니다. 이 왜적의 흉독함은 곧 천지간에 있는 일종의 추한 무리이며 효경의 심장을 가졌으니 어찌 다시 스스로 새로이 효순(效順)할 이치가 있겠습니까. 소방의 일에 이르러서는, 반드시 망하게 되어 구하기 어려운 형세와 원통하고 민박한 사정은 일일이 말하기 어려우나 우선 대략만을 들어 말씀

---

161) 『선조실록』에는 '兩國'이 '三國'으로 기재돼 있다.

드리겠습니다. 시일을 허송하며 오래 버티자 군량과 말먹이가 다하였고 그나마 모인 것은 둔병의 군량으로 점차 소진되고 있으니 첫 번째입니다. 왜구를 둘러싸고 있는 원근의 병사가 관군과 의병을 막론하고 모두 양식이 떨어져 기아에 시달리며 쓰러져 죽는 자가 과반이고 나머지를 모두 돌려보내어 지금 남은 자가 열에 한둘이며, 그들 역시 피로하여 쓸 수 없으니 두 번째입니다. 우리나라 안에서 명령에 따라다니다 지쳐 경작을 전폐하여, 농사지을 시기를 잃는다면 왜적이 비록 퇴거한다고 해도 살아날 길이 조금도 없어 외로이 남은 백성들이 다시 살아남지 못할 것이니 세 번째입니다. 군량이 이미 부족하고 더위와 장마가 이미 임박하여 천시와 인사가 모두 병사를 움직이기에 적합하지 않으니 대군이 비록 주둔하고자 해도 일이 미쳐서는 철회할 수밖에 없는데, 대군이 아침에 돌아가게 되면 소방은 저녁에 망할 것이니 네 번째입니다. 이 외에도 곤란한 일이 있으나 왕사(王師)는 신중을 기하여 만전에 힘써야 하며, 뒤에 올 병력을 기다려 진격하려고 하는 것은 진실로 누누이 알고 있습니다. 그러나 가만히 생각해 보면 이 적이 이미 좌절되어 기세를 빼앗기고 넋을 잃었는데 어찌 대적할 마음이 있겠습니까. 전에 있었던 벽제의 출병에서 마침 초탐하던 군사를 만나 잠시 왕성한 독기를 부린 것은 애초에 항전할 뜻이 있어서가 아니었습니다. 하물며 소방의 병사가 비록 심하게 지쳐있기는 하지만 사방을 둘러싸고 있는 수가 만여 명을 밑돌지 않으니 합세하여 진영을 잇대어 진격한다면, 저 소추(小醜)가 어찌 감히 다시 신병(神兵)에 대들 수 있겠습니까. 또 생각건대 이 왜적 중 정예한 것은 모두 경성에 있으나 대군에 의해 차단당해있습니다. 한강 남쪽에 있으면서 짐을 이고 왕래하며 진영에 주둔하고 있는 자들은 모두 피로하고 잔약한 병사들이니, 만약 대병이 진격하고 핍박하고, 한 사람의 용감한 장관을 내어 정예한 포수를 뽑아 거느리게 하여 적의 뒤편으로 돌아 나와 격파하여 빼앗고 초살한다면 병위(兵威)가 미쳐 나머지 적들이 공포에 떨 것이니 뜻을 이룰 수 있을 것입니다. 이는 병법의 '빈틈을 공격하는 전술'입니다. 번거로이 바라옵건대 귀부께서 예전과 지금 간절히 진달하는 사리를 살펴 의거하시어 독부에 전달하여 속히 전진하게 하시어 흉추(凶醜)를 소탕하는 것으로 큰 은혜를 마무리해 주시기를 슬피 호소해 마지않습니다. 이에 마땅히 자문을 보내니 살펴서 시행해 주시기를 바랍니다. 자문이 잘 도착하기를 바랍니다.

이 자문을 행병부에 보냅니다.

만력 21년 3월 14일.

67. 兵部題奉聖旨[162]
80b-81a(162~163쪽)

兵部 一本. 孤軍輕敵躁率可憂等事. 覆河南道御史王立賢, 奉聖旨.
　李如松, 奮身力戰, 忠勇可嘉. 但倭情狡詐, 防應宜周. 你部裏, 便馬上差人, 傳諭獎他, 務要相機進止, 取勝萬全, 以副朕愛惜良將, 保全士卒之意. 其餘依擬戶兵二部.
接出 聖諭.
目今倭賊大衆, 占據朝鮮, 與遼東接壤, 朕以門庭切迫之憂, 命將出師, 勢非得已. 適見經略宋應昌奏稱, 兵力單弱, 糧草不敷, 恐有疎虞, 前功盡棄. 你每職司兵食, 又當倂力一心, 共濟國事. 所有合用糧草, 戶部一面發銀, 或從山東海道, 召商高價糴買, 或就近輸運, 務使東征四五萬人, 可穀半年之用, 兵部一面督催新調精兵, 前往接濟征勦, 其見在久戰傷殘及馬兵, 不習地利者, 行令斟酌退回, 務使餉足資兵, 兵不縻餉, 早平大寇, 庶寬朕東顧之懷. 其或彼此互相推諉, 以致緩急誤事, 責有所歸. 故諭.

병부의 1본(本). 하남도어사 왕입현이 「외로운 군사로 적을 가벼이 여기고 성

---

162) 본 문서의 후반부 내용 '目今~故諭' 부분은 『선조실록』에도 기재돼 있다(『宣祖實錄』 宣祖 26年 3月 甲戌(19日)).

급히 움직이는 일은 우려할 만하다는 등의 일」로 올린 제본에 대하여 (황제의 지시에 따라 검토 후 보고하는) 제본을 (다시) 올려 성지를 받들었습니다. 이여송이 몸을 떨치어 역전하니 충용이 아름답다. 다만 왜정이 교사(狡詐)하니 방비는 마땅히 두루 미쳐야 한다. 너희 부에서 즉시 사람을 보내 유시를 전하여 그들을 장려하기를, 기회를 엿보아 전진, 후퇴하여 승리를 얻는 데 만전을 기하여 짐이 좋은 장수를 사랑하고 아끼는 마음과 사졸을 보존하려는 뜻에 부응하도록 하라. 나머지는 호·병 두 부에서 헤아린 것에 의거하라.

문서로 받은 성유.「지금 왜적의 큰 무리가 조선을 점거하여 요동과 땅을 접하게 되었으니 짐이 대문의 뜰(조선)에 임박한 걱정 때문에 장수들에게 명하여 군사를 출병한 것은 정세가 부득이해서이다. 마침 경략 송응창이 주본을 올려 이르기를, 병력이 단약하고 군량과 말먹이가 넉넉하지 못하여 혹시 소홀해져 앞의 공적마저 모두 버리게 될까 염려된다고 하였다. 너희는 직책이 병사와 식량을 맡았으니 또한 마땅히 한마음으로 힘을 합하여 함께 나라 일을 완수해야 할 것이다. 소용되는 군량과 말먹이는 호부에서 한편으로 은을 내어, 혹은 산동 해도를 따라 상인을 불러 높은 값에 사들이고, 혹은 곧바로 근처로 운반하여 동정(東征) 중인 4~5만 인의 반년치 먹을 용도를 힘써 마련하게 할 것이며, 병부는 한편으로 새로 조발한 정예병을 독촉하여 보내어 정벌을 지원하게 하되, 현재 오랫동안 전장에 있어 다치거나 병든 군사 및 마병 중에서 지리(地利)에 익숙하지 않은 자는 참작하여 돌려보내어, 병사에게 군량과 물자를 충분히 공급하게 하면, 군사들이 군량을 소비하지 않고도 속히 큰 왜구를 평정하여 짐의 동쪽을 돌아보는 근심을 풀 수 있을 것이다. 혹 피차 상호 간에 미루다가 완급에 잘못이 생기면 책임이 돌아갈 것이다. 이에 유시한다.」

68. 經略咨會審察倭情商確戰守[163]
81b-83b(164~168쪽)

欽差經略薊遼保定山東等處防海禦倭軍務兵部右侍郎 宋,
爲 倭情 事.

據 李提督 稟稱.
二月十八日, 差家丁查慶等, 同朝鮮通事, 哨至王京東門外, 遇見倭奴四名打草, 各丁卽向前射砍賊, 跑走活捉倭奴一名愼八羅到職, 譯審. 得本倭供稱, 倭兵屢戰, 傷損甚多. 但懼關白法度, 不敢回巢. 王京城內, 見有三四萬, 聯結八營, 城外龍山館, 平行長結營三處. 又去討關白示下, 關白說, 平壤開城去年已取, 如何輕棄, 傳知衆倭死守王京. 要在三月間, 自領兵二十餘萬, 一半前來王京, 合兵拒敵, 一半沿海分, 犯中國. 等情.
又據 李提督 塘報.

---

[163] 본 문서의 내용과 관련된 기사가 송응창의 『經略復國要編』에도 실려 있다(宋應昌, 『經略復國要編』 卷七).

本月二十日, 密遣哨丁金子貴等, 同朝鮮通事, 潛夜前去, 倭賊屯箚處所, 將龍山館積貯糧草二十三處, 乘西北風, 用明火毒火, 火箭齊發飛射, 倉房草垜盡行焚燒. 賊見火箭飛空, 不知我兵虛實, 伏不敢救. 次日放火自燒南關房屋. 又探得咸境道倭奴, 往南行走由高山鐵山館, 離王京二百餘里, 奔集王京去訖. 看得, 倭賊結營城外, 實畏我兵, 今因焚糧絕食, 遂自燒房, 倭賊雖衆, 勢難久持, 因而退走未可知也. 等情.

續又據 李提督 報稱.

據 原差家丁查慶等 報稱. 倭奴約有三四百, 自辰時渡江, 至申時止, 陸續過去, 次日復還. 等情.

各到部. 照得, 本部奉命統兵救援屬國, 自攻取平壤, 以至開城, 及碧蹄館, 屢戰屢勝. 欲乘破竹之勢, 取王京以全朝鮮, 滅醜類以絕禍本, 因時值天雨, 道路泥濘, 兵馬不便馳驟. 以故稍俟晴乾, 令倭奴併集王京, 內外固守, 是待關白救援之兵, 萬一有此彼衆我寡, 只得分兵拒守, 久持所費不貲. 倘倭奴因勢敗而逃遁, 或因許其通貢而走回, 該國地廣兵微, 防守頗難. 若欲議留中國官兵, 該國糧蒭不敷, 犒賞全無. 自救援以來, 中國已費百萬金, 軍士尙爾淡食, 塩醬腥葷, 竝未入口, 若以強留, 久必生變. 如中國之兵, 盡數撤回, 倘倭奴覘知, 復犯該國, 兵力旣單, 軍火器械又無, 未知作何拒守. 是又不可不爲之遠慮也. 擬合咨會. 爲此, 合行移咨前去, 煩爲督令該國陪臣, 會同大小官員, 悉心講求, 廣集衆議. 目今倭奴設有救兵, 前來中國兵馬分防外, 該國兵馬, 應該作何拒守. 糧料草束, 何處搬運, 有無足用. 若倭奴逃去, 我兵凱旋, 王京開城平壤等處, 撥何處官兵, 作何守禦. 若倭衆復來突犯, 應該作何拒堵, 軍兵是否足恃,

> 器械有無完備, 能否保全. 若欲請留中國之兵, 應用糧草器甲軍裝, 作何備辦, 有何銀兩堪以動支. 若糧草不敷, 器具不備, 留之必難, 八道官兵, 應否召集, 遂一從長酌議明悉, 文到五日內, 咨復前來, 以憑酌處施行. 須至咨者.
> 右咨朝鮮國王.
>
> 萬曆二十一年三月初七日.

발신: 흠차경략계요보정산동등처방해어왜군무병부우시랑 송(宋)
사유: 왜정에 관한 일입니다.

이제독의 계품에 의하면 "2월 18일 가정(家丁) 사경(査慶) 등을 조선 통사와 함께 파견하여 왕경 동문 밖을 정탐하게 했는데, 풀을 베던 왜노 4명을 만나 각정(各丁)이 즉시 앞으로 향하여 쏘고 베었습니다. 적이 도망쳤는데 생포한 왜노 일명 신팔라라고 하는 자가 본직에게 도착하여 역심(譯審)하였습니다. 본 왜적의 공초에서 말하기를 '왜병이 여러 번의 전투에서 입은 손상이 매우 많습니다. 다만 관백의 법도(法度) 때문에 감히 소굴로 돌아가지 못하고 있습니다. 왕경의 성 내부에는 3~4만 명이 있으면서 8개의 진영을 연결하고 있으며, 성 밖의 용산관(龍山館)164)에는 평행장(平行長)이 세 군데 진영을 만들었습니다. 또 지난번 논의할 때 관백으로부터 지시를 구했는

---

164) 한성 외부 용산 지역에는 용산창이 있었다. 고니시 유키나가 등이 용산창을 중심으로 방어 시설을 만들어 주둔하고 있었던 것으로 보인다.

데, 관백이 말하기를 「평양과 개성은 이미 지난해에 취한 것인데 어찌 가벼이 버리는가.」 하면서 왜적 무리에게 왕경을 사수할 것을 전해 알렸습니다. 요컨대 3월 안에 직접 20여 만의 병력을 이끌고 와서 절반은 왕경에서 병력을 합하여 적을 막고, 절반은 바다를 따라 중국을 나누어 침범하고자 한다'라고 하였습니다."라고 합니다. 또 이제독의 당보에 의하면, "본월 20일 은밀히 초정(哨丁) 김자귀(金子貴) 등을 조선 통사와 함께 파견하여 몰래 밤중에 왜적이 주둔한 처소와 용산관의 군량과 말먹이를 쌓아 둔 23처로 가서, 서북풍을 타고 명화(明火)와 독화(毒火)를 사용하여 불화살을 일제히 어지러이 쏘아 대자 창고와 초타(草垜)165)가 모두 불에 탔습니다. 불화살이 공중에 날아다니는 것을 본 왜적은 우리의 전력의 허실을 알지 못하여 엎드린 채 감히 화재를 막지 못했습니다. 다음날 불을 놓아 남관방옥(南關房屋)을 스스로 불태웠습니다. 또 함경도 왜노에 관한 정보를 얻었는데, 지난번에 고산·철산관을 경유하여 남쪽으로 왕경과 2백여 리 떨어진 곳에 왔다가, 왕경으로 분집(奔集)했다고 합니다. 살펴보니, 성 밖에 진영을 만들고 있는 왜적들은 우리 병사를 실로 겁내고 있으며, 이번의 군량 방화로 식량이 끊기어 끝내는 방옥을 스스로 불태우기까지 했으니, 왜적이 비록 무리지어 있으나 세력을 오래 유지하기는 어려울 것이나 이로 인하여 퇴주할지는 알 수 없습니다."라고 하였습니다. 이어서 또 이제독의 당보의 의하면, "먼저 보낸 가정 사경(查慶) 등의 보고에 이르기를, '왜노 약 3~4백이 진시(辰時)에 강을 건너 신시(申時)까지 계속 갔다가 다음날 돌아왔습니다.'라고 하였습니다."라고 하였습니다.

이 같은 보고가 본부에 도착했습니다. 살펴보니, 본부가 병사를 통솔하여 속국을 구원하는 명을 받들고, 평양을 공격하여 찾은 다음 개성에 도달하고 벽

---

165) 직역하면 '풀로 만든 벽'으로, 용산창을 방어하기 위해 임시로 설치한 방어벽으로 추정된다.

제관에 이르기까지 싸우면 싸우는 대로 승리하였습니다. 파죽지세를 타고, 왕경을 되찾아 조선을 온전하게 하고, 추한 무리를 멸하여 화의 근본을 끊고자 하였으나, 비가 오는 날씨로 인하여 도로가 진창이 되어 병사와 말이 진격하기 불편해졌습니다. 따라서 잠시 날이 개기를 기다리게 되었습니다. 왜노로 하여금 왕경에 모두 모여 안팎을 굳게 방어하게 하였는데, 이는 관백의 구원병을 기다리는 것이니, 만일 이같이 그들이 많고 우리가 적을 때에는 단지 병사를 나누어 막아 지킬 수 있을 뿐이니, 오래되면 비용이 적지 않습니다. 혹시 왜노가 세력이 무너졌다 하여 도망치거나, 혹은 통공 요구가 허락되었다 하여 돌아간다면, 해국은 땅은 넓고 병사는 미미하여 방수하기에 자못 곤란합니다. 만약 중국의 관병을 남기자는 논의를 하고자 한다면, 해국이 군량과 말먹이가 충분하지 않아 호궤하고 포상할 자원이 전무합니다. 구원한 이래 중국은 이미 백만금을 썼는데 군사는 항상 싱거운 음식만 먹을 뿐, 짜고 비린 음식이 함께 입에 들어간 적이 없으니, 만약 강제로 머무르게 하여 오래되면 반드시 변고가 일어날 것입니다. 만약 중국 병사들을 모두 철수한다면 혹 왜노가 이를 엿보아 알고 해국을 다시 침범할 것이나, 병력이 이미 단약하고 화기와 병기 또한 없으니 어떻게 해야 막아 수비할 수 있을지 모르겠습니다. 이 또한 원려(遠慮)하지 않을 수 없는 바입니다. 마땅히 자문으로 알려 드립니다. 이에 마땅히 자문을 보내니 번거롭더라도 해국 배신을 독령하여 대소 관원이 함께 모여 마음을 다하여 강구하고 널리 여러 의견을 모으십시오. 지금 왜노가 설령 병사를 증강한다면 파견된 중국의 병마가 분방하는 것 외에 해국의 병마가 마땅히 어떻게 막고 방수할 것인지, 군량과 말먹이는 어디에서 운반할 것이며 응용하기에 충분한지 여부를, 만약 왜노가 도망쳐 가고 우리 병사가 개선한다면 왕경·개성·평양 등의 지역에서 관병을 어디에서 조발하여 어떻게 수어할 것인지를, 만약 왜적 무리가 다시 와서 갑자기 침범한다면 마땅히 어떻게 막을 것인지, 군병이 충분히 믿을만한지 여부, 기계의 완비 여부 및 능히 보전할 수 있는지 여부를, 만약 중국 병사를 남길 것을 요청하고자 한다면 군량·말먹이·기갑·군장을 어떻게 마련할지, 어떤 은냥으로 지출을 감당할 것인지를 의논하십시오. 만약 군량과 말먹이가 제대로 보급되지 않고 무기와 화구가 준비되지 않는다면 군사를 남기고자 해도 어려울 것이니 팔도의 관병을 마땅히 소집할지 여부에 대해서 하나하나 좋은 의견에 따르고 모두 명백하게 헤아려 의논하여 문서가 도착한 지 5일 내에 자문으로 회답한다면 이에 의거하여 시행하겠습니다. 자문이 잘 도착하기를 바랍니다.

이 자문을 조선국왕에게 보냅니다.

만력 21년 3월 7일.

69. 回咨
83b-84b(168~170쪽)

朝鮮國王,
准來咨該 爲 倭情 事 云云. 等因.

准此. 當職爲照, 貴部恭承嚴命, 統調大軍, 援救小邦, 濟活遺黎, 威靈所及, 餘醜喪魄. 當職與大小臣民, 荷蒙生成, 隕結[166]圖報. 而又令陪臣, 會同大小官員, 悉心講求, 要得長策. 條開六件, 竝皆急務, 開讀再三, 尤感盛意. 第念, 小邦地係荒逖, 軍民尠少, 自遭兵禍, 轉致板蕩, 思之五內膠擾, 食爲之廢, 寢不暇安. 小邦死生存亡, 惟在貴部哀矜與否而已. 煩乞速進前途, 督勵師衆, 滅此餘燼, 永奠遺民. 當職謹與臣僚, 十分商議, 以聽後命. 爲此, 合行回咨, 請照驗施行. 須至咨者.
右咨行兵部.

萬曆二十一年三月十九日.

---

166) '生當隕首 死當結草'에서 유래한 것이다. 원문의 '운결(隕結)'은 '운수결초(隕首結草)'의 줄인 말로, 살아서나 죽어서나 은혜를 갚겠다는 의미이다.

발신: 조선국왕

사유: 보내온 자문을 받으니, 「왜정에 관한 일입니다. 운운」 하였습니다.

이를 받고 당직이 가만히 살펴보건대, 귀부가 엄명을 공손히 받들어 대군을 이끌고 소방을 구원하여 남은 백성들을 구제하여 살아나게 했으며 위령이 미치는 곳마다 남은 적들의 넋을 빼놓는 데 이르렀습니다. 당직은 대소 신민과 함께 살려 주신 은혜를 입어 이를 반드시 갚고자 합니다. 이에 또한 배신으로 하여금 대소 관원이 회동하여 마음을 다해 강구하고 좋은 계책을 얻게 했습니다. 항목으로 주신 6건은 모두 급무이니 재삼 자세히 읽고 더욱 그 두터운 뜻에 감격하였습니다. 다만 생각해 보면, 소방은 땅이 황폐하여 군사와 백성이 적은데, 병화를 입은 후에 쓸어 없어진 듯한 상황으로 굴러떨어져, 이를 생각하자면 오장이 어지러워 먹지 못하고 잠을 자도 편할 겨를이 없습니다. 소방의 죽고 사는 것은 오로지 귀부가 불쌍히 여겨 주시는데 달려 있을 뿐입니다. 번거롭겠지만 속히 전진하여 군사를 독려하여 이 잔당들을 섬멸하여 영원토록 백성들을 보존해 주십시오. 당직이 삼가 신료들과 함께 충분히 상의하여 후명(後命)을 기다리겠습니다. 이에 마땅히 자문에 회답하니 청컨대 살펴 시행하십시오. 자문이 잘 도착하기를 바랍니다.

  이 자문을 행병부에 보냅니다.

만력 21년 3월 19일.

70. 經略獎賞權慄以勵忠勇[167]
84b-85a(170~171쪽)

欽差經略薊遼保定山東等處防海禦倭軍務兵部右侍郎 宋,

爲 隆獎忠勇 事.

自倭奴摧陷朝鮮王國三都, 諸郡縣悉皆望風奔潰, 曾無一英雄傑士, 倡義師排大難守封疆 以圖恢復者. 且聞有縱酒遊山, 賦詩挾妓, 置理亂於不知, 付存亡而不較, 興言及此, 王國可謂無人. 獨全羅道觀察使權慄, 扼守孤懸, 招集衆庶, 屢出奇謀, 時抗大敵, 近復囊沙爲糧, 誘倭來搶而刦殺之, 此正王國板蕩忠臣, 中興名將. 本部深爲可嘉尙, 合先隆獎懋賞勤勞, 除另行具題外, 今將發下紅段絹四端, 白銀五十兩, 將賞本官, 以爲忠勇者之勸. 王其加之爵祿, 以風動本國僚宰. 仍申飭一應文武大小陪臣, 務要痛加修省, 惕勵憂勤, 除兇雪恥, 盡如權慄所爲, 毋再泄泄怠緩, 耽文墨而忘武備也. 勉之哉. 爲此, 合咨前去, 煩爲查照, 差的當官員, 齎赴全羅道權慄處, 表示本部隆獎至意, 取回文查考. 須至咨者.

---

[167] 본 문서와 같은 내용의 문서가 『선조실록』과 『재조번방지』에서 확인된다(『宣祖實錄』卷36, 宣祖26年 3月 丁丑(22日) ; 申炅, 『再造藩邦志』卷2).

右咨朝鮮國王.

萬曆二十一年三月十三日.

발신: 흠차경략계요보정산동등처방해어왜군무병부우시랑 송(宋)
사유: 충용을 두터이 포장(襃獎)하는 일입니다.

왜노가 조선왕국의 삼도(三都)를 함락시키자 제 군현이 모두 바라만 보고도 흩어지고 무너져 일찍이 한 명의 영웅 걸사도 의사를 창의하여 대난을 막고 봉강을 수어하여 회복을 도모한 자가 없었습니다. 또한 들으니 방자하게 술을 마시고 산으로 놀러 다니며 시를 지으며 기생을 끼고 있어, 난리를 평정하는 일을 모른 체하고 존망을 관심 밖에 붙이고 있다 하니, 말이 여기에 이르면 왕국에 가히 사람이 없다고 하겠습니다. 오로지 전라도 관찰사 권율만이 외롭게 떨어진 곳을 굳게 지키며 많은 무리를 불러 모은 다음 누차 기이한 계책을 내어 때로 대적에 대항했고, 근래에는 다시 모래 자루를 곡식인 것처럼 하여 왜적을 유인하여 이들을 베어 죽였으니, 이는 바로 왕국이 위기일 때의 충신이며 중흥의 명장입니다. 본부가 깊이 가상하게 여기고, 마땅히 우선 근로를 크게 권면하고 성대히 상을 내리고자 하니, 특별히 제본을 갖추어 올리는 외에, 지금 홍단견 4단과 백은 50냥을 내려 본관을 포상하여 충용한 이를 권장하고자 합니다. 왕은 작록을 더하여 본국의 신료와 재신을 권장하십시오. 이어서 모든 문무 대소 배신들에게 신칙하여, 통렬히 반성해서 근심하고 노력하여 흉적을 제거하고 복수설치하기를 권율이 한 것과 똑같이

하고, 다시는 느슨히 게으름을 피우면서 문묵을 탐하여 무비를 잊는 일이 없도록 해야 합니다. 힘쓰십시오! 이에 대해 마땅히 자문을 보내니 번거롭더라도 살펴 적당한 관원을 보내어 전라도의 권율에게 상을 전하여 본부가 두터이 포장(褒獎)하는 뜻을 보이고, 회답을 얻어 조사하여 살피게 해 주십시오. 자문이 잘 도착하기를 바랍니다.

이 자문을 조선국왕에게 보냅니다.

만력 21년 3월 13일.

71. 回咨
85b-86a(172~173쪽)

朝鮮國王,

准來咨該 爲 隆獎忠勇 事 云云. 等因.

准此. 當職竊照, 小邦荷蒙聖天子德威, 境內晏如, 民不見兵, 不期兇賊猝至, 勢甚猖獗, 不能捍禦, 以致三都連陷, 八道皆潰. 曾無一介臣民, 出氣奮勇, 少收捷獲, 常增痛惋. 即目陪臣權慄督率兵將, 嬰寨拒敵, 遇賊來刼, 終致勦殺, 實賴皇靈所暨, 兼且貴部指授得宜, 貢此勞効. 這係分職, 猥蒙嘉獎, 至勤題奏, 另發段匹銀兩, 賞賚激勸. 仍蒙戒諭, 着令修省, 當職采增感惕. 除譬曉臣僚, 日後洗心滌慮, 倍加申飭, 勉圖後效外, 遵依咨內事理, 將權慄陞秩獎勵, 就差的當官員, 將原發紅叚絹四端, 白銀五十兩, 賫領逕赴本官箚營處, 照數交訖, 仍取具文狀回來, 另行繳報外,
爲此, 合行回咨, 請照驗施行. 須至咨者.
右咨行兵部.

萬曆二十一年三月二十二日.

발신: 조선국왕

사유: 보내온 자문에, 「충용을 두터이 포장(襃獎)하는 일입니다. 운운」하였습니다.

이를 받고 당직이 살펴보건대, 소방이 천자의 은덕과 위엄에 힘입어 경내가 편안하여 백성들이 병화를 알지 못했는데, 예기치 못하게 흉적이 갑자기 이르러 그 세력이 심히 창궐하므로 막아낼 수 없어 삼도가 연이어 함락되기에 이르렀고 팔도가 다 무너졌습니다. 일찍이 한 사람의 신민도 용기를 분발하여 조그만 승리를 거둔 이가 없어 늘 슬픈 마음에 한탄하였습니다. 지금 배신 권율이 장병을 독려하여 이끌고 성채를 둘러치고 적을 막아 침략해 오는 적을 끝내 초살하였으니, 실로 황령이 이른 바에 힘입고 또한 귀부의 합당한 지시에 따른 덕분에 이 같은 공로를 이루게 된 것입니다. 이는 직분에 따른 것인데 외람되이 아름다운 포상을 받고, 제본을 작성해 올려 주시어 특별히 비단과 은냥을 내려 상을 주고 격려하셨습니다. 나아가 계유(戒諭)하시어 반성하게 하시니 당직은 더욱 더 감격하였습니다. 신료들로 하여금 앞으로 마음을 가다듬고 생각을 고치도록 깨우치고, 배(倍)로 신칙하여 뒷날의 공로를 도모하도록 권면하는 외에, 자문의 사리를 좇아 권율을 승진시켜 장려하고 적당한 관원을 파견하여 보내 주신 홍단견 4단과 백은 50냥을 본관의 주둔 진영에 보내어 수량을 밝혀 교부를 완료한 후 바로 문장(文狀)을 갖추어 작성해 오게 하여 별도로 격보하게 하는 외에도, 이에 마땅히 자문에 회답하니 청컨대 살펴 주십시오. 자문이 잘 도착하기를 바랍니다.

  이 자문을 행병부에 보냅니다.

만력 21년 3월 22일.

72. 請絶和事速行征進呈文[168]
86a-88a(173~177쪽)

朝鮮國議政府左議政尹斗壽等, 謹齊沐百拜, 上書于提督府老爺台座. 伏以師老氣疲, 賊久長奸, 此理之必然也. 氣疲則更難圖前, 長奸則兇謀益肆, 其亦勢然也. 今觀賊屯駐不去, 雌聲請和, 是果畏大軍耶, 抑待添兵耶. 畏大軍則其斃可乘, 待添兵則其擊宜速. 伏念大軍兵馬, 除死傷疫斃者外, 未知今存的數幾許, 而兵出已久, 想不如初來之盛也. 老爺之欲待後兵者, 亦盛算也. 但念, 此賊驚弓平壤之後, 望風長潰, 彼其尙據京城者, 見王師左次 冀有一息可偸. 倘今大軍潛機再進, 彼必謂後兵又至, 此間有許多奇謀, 其勢將虛彈自落. 況劉綎等所領砲手及薊保見調軍馬過江且邇, 而小邦環畿甸官義諸兵, 雖誠疲弱, 其所協助者, 獨不及於八公草木耶. 此眞難再之會而不可失之機也. 卑職等似聞, 營中有和議盛行而不敢早爲之辨白者. 侍郞宋, 弘獻叶理, 老爺受命杖鉞, 一計士所云云必不得行. 昨見陪臣韓應寅馳啓國王者, 則老爺所書示陪臣者, 亦有傾採一端的意思. 卑職等誠不勝驚瞻而絶氣也. 小邦之與此賊, 誓不容共戴一天. 如有言和者, 其惟擣椒自隨而已. 爲老爺籌之, 亦未見其和也. 佯和

---

168) 본 문서는 이호민의 『오봉집』에도 실려 있다(李好敏, 『五峯集』 卷14, 呈文, 在平壤百官呈李提督文 癸巳).

後戰, 伊賊常態. 今日稽顙而明日反戈, 則在彼爲先乘其機, 而在我爲益窘加之, 以不可從之說, 則其損皇威不已大乎. 況清正言未必遜而且與行長不恊, 此政陳平效奇之秋, 而乃反與之聽和耶. 設令大軍趕至釜山, 見彼蔽海而還, 彼見天兵一還, 又復繕砲淬劍蔽海而來, 則其禍必及於蹄涔未乾, 當何以抵敵耶. 近聞諸道塘報, 京城屯賊, 東掠於楊洲抱川加平等地, 侵軼於江原道春川府界, 西掠於衿川安山南陽仁川水原振威等地, 迫近忠淸右道地面. 孑遺之民殺死者何限. 賊必西倚和議, 東肆搶殺. 如前歲平壤五十日限前事也. 前歲則幸屬秋節, 收拾棲畝, 依倚叢薄, 或免鋒刃, 今則不然, 縛手就戮, 而農時垂失, 又不得耕種, 則其勢惟糜潰乃已近. 伏見陪臣自義州經略軍前所謄送者, 則聖旨丁寧. 又許添兵益糧, 務令盡勦倭奴. 聖旨如此, 而小邦且不得保活, 則海隅含生, 徒爲感德之鬼矣. 橫草思效隕首無日. 伏願老爺無撓和議, 速進大兵, 畢殲餘孼以究皇恩. 無任哀鳴急懇之至, 瀆冒台嚴. 死罪死罪.

萬曆二十一年三月二十四日.

발신: 의정부
사유: 화친의 논의를 끊고 속히 나가 진격해 정벌해 주십시오.

조선국 의정부 좌의정 윤두수 등 삼가 목욕재계하고 백번 절하며 제독 노야 태위에게 서신을 올립니다. 삼가 생각해 보건대 군대가 오래 머물자 지치니 적이 장기적으로 간사한 일을 펼치려는 것은 당연한 이치입니다. 기세가 피폐하면 다시 앞일을 도모하기란 쉽지 않고 간사함이 펼쳐지면 흉측한 계책이 더욱 방자해지는 것 역시 형세 상 그러합니다. 지금 보건대 적이 주둔하며 떠나지 않고 간사한 소리로 화친을 청하니 이것이 과연 대군을 두려워해서겠습니까? 아니면 첨병을 기다리는 것이겠습니까? 대군을 두려워하는 것이면 저들의 피폐한 상황을 이용하면 될 것이고 첨병을 기다리는 것이면 마땅히 빨리 공격해야 할 것입니다. 삼가 생각해 보면 대군의 병마는 죽거나 병으로 넘어진 자를 제외하고 생존한 수가 얼마인지 모르겠습니다만 군사가 나온 지 이미 오랫됐기에 처음 왔을 때처럼 성대하지 않을 것이라 생각합니다. 노야께서 후병을 기다리는 것도 큰 계획입니다. 다만 생각하건대 저 적이 평양에서 놀라 달아난 뒤 여기저기 오랫동안 흩어졌습니다. 저들이 아직 경성을 점거하고 있는 이유는 왕사가 후퇴하여 머무르는 것을 보고 한숨 호흡 간에 엿볼 틈을 기다리고 있기 때문입니다. 만약 지금 대군이 몰래 다시 진격한다면 저들은 반드시 후속 부대도 또한 이르렀다고 생각하면서 이 사이에 허다한 기모를 내겠지만 형세 상 장차 허황되고 오락가락해서 스스로 넘어질 것입니다. 하물며 유정 등이 통솔한 포수와 계주와 보주에서 조발된 군마가 강을 건너오고 것이 또한 머지않습니다. 그리고 소방의 경기도 지역을 둘러싼 관병과 의병이 비록 참으로 피폐하고 약하나 협조하고자 함이 유독 팔공산의 초목엔들 못 미치겠습니까.169) 이것은 참으로 다시 오기 힘들고 잃으면 안 되는 기회인 것입니다. 비직(卑職) 등이 들은 듯한데 영중(營中)에 화의(和議)가 성행하되 감히 처음부터 이를 위해 사리를 따지지 못했다고 합니다. 송 시랑은 큰 계획과 세상을 안정시킬 이치를 지녔고, 노야는 지

---

169) 전진의 부견이 동진을 치고자 군대를 일으켰다가 패전하자 (동생) 부융과 함께 적진을 보며 놀라서 한 말에서 유래했다. 『晉書』卷114, 苻堅載記下.

팡이와 부월을 받았으니 한 가지 꾀를 부리려는 책사의 운운하는 바를 결코 행할 수는 없는 것입니다. 이전에 배신 한응인이 국왕에게 치계한 것을 보니, 노야가 써서 배신에게 보여 준 것도 (화의를) 받아들이려는 일단의 의사가 있었습니다. 비직(卑職) 등은 참으로 이루 다 놀라 서로 바라보며 기가 끊어지는 듯한 느낌을 이길 수 없었습니다. 소방은 저 적과 맹세컨대 같은 하늘 아래 사는 것을 용납할 수 없습니다. 만약 화친을 말하는 자가 있으면 저희는 산초나무 독초를 찧어 스스로 죽는 길을 따를 뿐일 것입니다.170) 노야를 위해서도 헤아려 보면 유리하지 않습니다.171) 겉으로 화친하는 척 하면서 뒤로 싸우는 것이 이 적들의 원래 모습입니다. 오늘 이마가 땅에 닿도록 절하다가 내일 창을 돌려잡을 것이니 저들에게 있어서는 먼저 기회를 틈타는 것이요, 우리에게 있어서는 더욱 군색함이 더해지는 것이므로 따를 수 없는 이야기이니 황위를 손실함이 매우 크지 않습니까? 하물며 청정(加藤淸正)의 말이 반드시 공손하지는 않고 행장(小西行長)과도 협력하지 않고 있으니 이는 우리가 바로 진평(陳平)과 같은 기책을 펼칠 때인데 도리어 그들과 함께 화친을 살피십니다. 설령 대군이 뒤따라 부산에 이르러 저들이 바다를 뒤덮어 돌아가는 것을 본다고 해도 저들은 천병이 일시에 돌아가는 것을 보면 다시 포를 고치고 검을 담금질해서 바다를 덮어 올 것이고, 그런즉 그 화가 필시 발굽이 마르기 전에 미칠 것이니 마땅히 어떻게 적을 막겠습니

---

170) 이 고사는 후한 영제(재위 168~189)의 친모인 동태후 사망 후 환제(재위 148~168)의 묘정에 위패를 배향하는 일을 두고 환관과 대신 간 갈등에서 유래했다. 동태후 부친인 동무는 진번과 함께 환관 세력을 제거하고자 하다가 오히려 환관 조충이 거짓으로 조서를 꾸며 동무와 진번을 살해했다. 조충은 동무의 딸인 동태후가 사망하자 동태후의 위패를 귀인으로 격하시키고자 했다. 영제는 이 사안에 대해서 조정의 의견을 모을 것을 조충에게 명했는데 와병으로 궐석한 태위 이함시가 산초나무로 찧은 독초를 마시고 자결하면서 아내에게 만약 동태후가 배향되지 않으면 살아 돌아오지 못할 것이라고 했다고 한다. 『後漢書』, 烈傳, 卷56, 張王种陳列傳 第46, 陳球.
171) 『오봉집』에는 '亦未見其和也'가 '亦未見其利也'로 되어 있다.

까? 최근 여러 도의 척후를 통해서 들으니 경성에 주둔한 적이 동쪽으로 양주·포천·가평 등지를 약탈하고 강원도 춘천부 지역으로 침략해 들어가고 서쪽으로 금천·안산·남양·인천·수원·진위 등을 노략하면서 충청우도로 들이닥치고 있다고 합니다. 근근이 살아남은 백성 중 죽임을 당한 자가 어찌 끝이 있겠습니까? 적은 분명 서쪽으로는 화의에 기대면서 동쪽으로는 노략 살상을 일삼고 있는 것입니다. 마치 작년 평양에서 50일 동안의 일과 같습니다. 작년에는 다행히 가을 때인지라 그 밭고랑에 쌓인 것을 거두고 수풀에 의지했기에, 혹 칼날을 면할 수 있었지만 올해는 그렇지 않으니 손이 묶인 채 도륙되기에 이르렀고 또한 농시를 거의 놓쳐 파종과 밭 갈기도 할 수 없으니 형세 상 거의 궤멸된 것에 가깝습니다. 삼가 배신이 의주에서 경략 군전으로부터 배겨 써 보내온 것을 살펴보니 성지가 간곡합니다. 다시 군대와 군량을 더함을 허락하시면서 왜적을 모조리 초멸하기를 힘쓰라는 것이었습니다. 황제의 뜻이 이와 같은데도 소방이 보전돼 살아나지 못한다면 바다 한 모퉁이의 생령은 한갓 덕에 감격하다 죽는 귀신이 될 것입니다. 풀을 묶어서라도 보은을 생각하며 죽겠다고 생각한 것이 하루 이틀이 아닙니다. 삼가 노야께서는 화의에 흔들리지 마시고 속히 대병을 진격시켜 여얼을 섬멸하기를 마쳐 황은을 다하십시오. 하릴없이 슬퍼 울고 급하게 간절히 바라는 지경이라 도독의 위엄에 누를 끼쳤으니 죽어 마땅한 죄입니다.

만력 21년 3월 24일.

73. 都司防護糧草
88a-90a(177~181쪽)

遼東都指揮使司,

爲 倭情 事.

本年三月十五日, 蒙 欽差巡撫遼東地方兼贊理軍務都察院右僉都御使 趙 案驗

    本年三月初十日, 准 戶部 咨.

        山東淸吏司案呈.

            奉本部送. 據 督餉主事 艾 揭稱.

                平壤至王京七百餘里, 計至遼陽千五百里. 江河數重, 向爲倭奴盤據, 江西所備糧草不能前運. 本職移文國王, 責令陪臣督率本地人畜, 將運到義州糧草, 一程挨送一程外, 及呈請經略衙門, 討發寺馬二百四十八匹, 又買牛騾一百七十一隻頭, 俱付朝鮮喂養駄載糧草. 復委原任副總兵楊指揮李繼武于尙德徃平壤一帶, 搭造橋梁拘調舩隻, 以便轉運行走. 又移文海盖, 發舩運糧至朝鮮下卸. 本職嚴督各道號車, 將江西一向備辦糧

草, 運到義州堆積甚多. 近聞朝鮮報稱, 倭奴奸細欲焚糧草. 本職移文國王盤詰防護大約, 陸續挨運, 亦可接濟軍前. 等因. 到部, 迻司案呈到部.

看得. 主事艾議請, 給發頭畜, 鋪塔橋梁, 調撥舡隻, 盤詰防護等事, 均於大征有益 相應通行知會. 爲此, 合咨前去, 煩爲查照, 將主事艾揭議事體, 轉咨國王知會, 諭令的當人役, 將原付運糧頭畜, 用心飼養無致羸疲. 至于平壤一帶搭造橋梁亦要, 本地附近人民恊力相助, 其糧草運堆處所, 務使熟知倭形音語員役, 嚴密盤詰, 用心防護, 無令踈虞. 等因.

准此. 擬合就行.

爲此, 案仰本司官吏, 照依咨案內事理, 即便移咨朝鮮國王知會, 諭令的當人役, 將原付運糧頭畜, 用心飼養無致羸疲. 至於平壤一帶搭造橋梁亦要, 本地附近人民恊力相助, 其糧草運堆處所, 務使熟知倭形音語員役, 嚴密盤詰, 用心防護, 毋令踈虞. 仍將遵行過緣由, 呈報查考. 等因.

蒙此. 擬合就行. 爲此, 合咨前去, 貴國煩照案驗咨內事理, 毋令踈虞. 仍希咨回報, 以憑轉報施行. 須至咨者.

右咨朝鮮國王.

萬曆二十一年三月十四日.

발신: 요동도지휘사사

사유: 왜정에 관한 일입니다.

[요동도지휘사사] 본년 3월 15일 흠차순무요동지방겸찬리군무도찰원우첨도어사 조(趙)의 안험을 받았습니다.

[조요] 본년 3월 10일 호부로부터 다음과 같은 자문을 받았소.

[호부] 산동청리사로부터 받은 안정에 대한 것입니다.

[산동청리사] 본부에서 보낸 문서를 받았습니다. 독향주사 애(艾)의 다음과 같은 게첩을 받았습니다.

[애유신] 평양에서 왕경까지는 700여 리이고 요양에 이르는 거리는 1,500여 리입니다. 수많은 강과 하천이 있어 만약 왜노가 점거했다면 강의 서쪽에서 예비한 군량과 말먹이 풀을 운반할 수 없었을 것입니다. 본직이 국왕에게 자문을 보내 배신으로 하여금 본지의 인력과 가축을 동원하여 의주로 운반해 도착한 군량과 말먹이 풀을 1정마다 차례로 번갈아 운송토록 지시한 것 외 또한 경략아문에 정문을 보내어 관청의 말 248필을 구해 징발하고 소와 노새 171두를 사서 조선으로 하여금 모두 잘 기르고 군량과 말먹이 풀을 실어나르도록 요청했습니다. 그리고 원임부총병 양, 지휘 이계무, 우상덕에 맡겨 평양 일대로 가 교량을 만들고 배를 조발해 군량 운반과 행군에 편하도록 했습니다. 그리고 해개도(海盖道)에 자문을 보내 배를 동원해서 군량을 운반하여 조선에서 하역하라고 했습니다. 본직이 엄히 감독하여 각 도에서 수레를 모아 압록강 서쪽에서 마련해 준비한 양초를 잘 지키도록 했고 의주까지 운반해 쌓인 것이 매우 많아졌습니다. 최근 조선에서 보고한 것을 들었는데 왜노(倭奴)

첩자가 군량과 말먹이 풀을 태우고자 한다는 것이었습니다. 본직이 조선국왕에게 자문을 보내 지킬 수 있는 대략을 캐물었고 계속 끊임없이 운송해 군전으로 접제토록 했습니다.

[호부] 본부(호부)에 도착하여 산동청리사에게 보냈고 그에 대한 안정이 본부에 이르렀습니다.

[산동청리사] 헤아려 보건대 애 주사가 발의해서 요청한 가축을 징발, 공급해 보내는 것, 교량을 건설하고 배를 조발하는 것, 양초를 지킬 계획에 대해서 캐묻는 것 등의 일은 모두 왜와의 전쟁[大征]에 유익합니다. 마땅히 유관 부서에 본 문서를 두루 보내 알리는 조치가 필요합니다. 이에 마땅히 자문을 보내어 번거롭더라도 살펴보아 애 주사가 게첩에서 논의한 사안들을 조선 국왕에게 자문을 보내어 적당한 인역을 끌어들여 원래 보낸 운반 군량과 가축들을 잘 관리해 파리하거나 지치지 않게 할 것입니다. 평양 일대 교량을 건설하는 사안 역시 중요하니 본지 인근의 인민들과 협력해 서로 도울 것이며 양초를 운반해 쌓아 둔 곳과 관련해서는 왜적의 형태와 언어를 숙지한 원역들로 하여금 엄정하게 캐묻도록 하여 지키는 데 마음 쓰게 함으로써 소홀함이 없도록 하는 데 힘써야 할 것입니다.

[호부] (안정의 내용에 따라) 잘 시행하시길 바랍니다.

[조요] 이에 본사 관리에게 안정을 내리니 바라건대 자문과 안정 속 내용에 따라 살펴 곧바로 조선 국왕에게 자문으로 공지하도록 하되 적당한 인역(人役)에 유시하여 원래 보낸 운반 군량과 가축들을 잘 관리해 파리하거나 지치지 않게 할 것이오. 평양 일대 교량을 건설하는 것 역시 중요하니 본지 인근의 인민들과 협력해 서로 도울 것이며, 양초를 운반해 쌓아 둔 곳은 왜적의 형태와 언어를 숙지한 원역들로 하여금 엄정하게 캐묻도록

하여 지키는 데 신경 쓰게 함으로써 허술함이 없도록 하는 데 신경 써야 할 것이오. 덧붙여 준행하고 나면 그 연유를 정문으로 보고토록 해서 살펴 조사할 수 있도록 해 주시오.

[요동지휘사사] 이를 받고 헤아려 보건대 곧바로 시행해야 하겠습니다. 이에 마땅히 자문을 보내니 귀국은 번거롭더라도 자문 내 안험과 자문의 내용을 잘 살펴 허술함이 없도록 하십시오. 덧붙여 바라건대 자문으로 회답하여 이를 근거로 전보할 수 있게 해 주십시오. 자문이 잘 도착하기를 바랍니다.

이 자문을 조선 국왕에게 보냅니다.

만력 21년 3월 14일.

74. 回咨
90a-90b(181~182쪽)

朝鮮國王,

准來咨該 爲 倭情 事 云云. 等因.

准此. 當職爲照, 先准 都司 張 咨.

　將馱載糧草頭畜發來, 喂養轉運. 等因.

准此. 已經咨復, 等候發到牛騾至日, 遵依施行. 去後, 看得, 上國官司隨事設策, 務圖幹辦, 冀必接濟, 其一視恤助之義, 委爲備. 至小邦自應儘力措辦, 仰副至意. 近因蕩殘之餘, 物力匱竭, 雖拘集人畜搬運糧草, 未免遲悞, 至勤憂慮. 今蒙指授, 多方諭令措備, 架增感愧. 咨內原發馬匹牛騾, 候到另行喂養應用. 其搭造橋梁, 拘調船隻, 防護糧草, 各一節, 已令行會. 造完, 幷差人防守. 及將原調船隻, 已經撐送去訖, 不致臨期失悞外. 爲此, 合行回咨, 請照驗轉報施行. 須至咨者.

右咨遼東都指揮使司.

萬曆二十一年三月二十六日

발신: 조선국왕

사유: 보내온 자문을 받으니, 「왜정에 대한 일입니다. 운운」 하였습니다.

[조선국왕] 이를 받고 당직이 살펴보니, 앞서 도사 장(張)의 자문을 받았습니다.

[장삼외] 양초를 실은 가축을 징발해 보낼 것이니 잘 양육해서 운송토록 하십시오.

[조선국왕] 이를 받고 이미 자문으로 회답하여, 차출해 보낸 소와 노새가 도착할 날을 기다리며 의거한 대로 준행하였습니다. 그와 같이 조치한 뒤에 상국 관사들이 일에 따라 계책을 세우는 것을 헤아려 보건대 능란하게 처리하고자 힘쓰고 반드시 접제하기를 바라니 그 한결같이 상호 협조하는 뜻은 실로 갖추어졌습니다. 소방도 당연히 힘을 다해 처리함으로써 지극한 뜻에 우러러 부응하고 싶습니다. 근래 잔폐한 나머지 물력이 고갈되어 비록 인축을 모아 양초를 운반하지만 지체함을 면치 못하여 심히 우려케 하는 데 이르렀습니다. 지금 지시하여 가르쳐 주심을 받으니 여러 방면에서 조처하여 준비할 것을 알려 주셨습니다. 점점 깊이 부끄럽습니다. 자문에서 언급한 원래 징발한 말·소·노새는 기다렸다가 도착하면 특별히 잘 먹여 쓰도록 하겠습니다. 교량을 만들고, 배를 모아 조발하고 양초를 보호하는 대목들에 대해서는 각각 사안마다 명을 내려 두루 알렸습니다. 교량 건설은 이미 완성했고 동시에 사람을 보내 방수케 했습니다. 그리고 이전에 조발된 선박들은 이미 보내 도착케 함으로써 기한을 어기는 데 이르지 않게 한 것 외에도, 이에 마땅히 자문으로 회답하니 청컨대 잘 살펴 전보하기 바랍니다. 자문이 잘 도착하기를 바랍니다.

이 자문을 요동도지휘사사에 보냅니다.

만력 21년 3월 26일.

75. 李都督脩築本國城塹
90b-91b(182~184쪽)

欽差提督薊遼保定山東等處防海禦倭軍務總兵官中軍都督府都督 李,
爲 倭情 事.

據 右營副總兵張世爵 呈稱.
　遵依統領所部官兵五百員名, 於三月十八日前到開城. 十九日, 督同各
　營防守將領等官 李寧祖承訓葛逢夏錢世禎戚金高策吳惟忠王必迪葉邦
　榮柴登科方時輝守備鄧永和等, 相度地勢. 在小西門迤裏就西方, 舊城,
　一面長一百五十丈. 東西北方, 借山勢險峻, 叔建石城一道, 高連垜頭,
　一丈二尺, 長三百丈. 堞㝫壕塹一道, 深濶丈餘丈, 隨城墻長數連修過
　舊城舊壕, 一百五十丈, 周圍共計四百五十丈. 安置木門三座. 修工軍
　丁八千名, 計工五日, 至二十三日工完. 似堪防守. 緣由.
備呈到府.
據此. 案照, 先該, 本府議.
　照, 開城周圍廣濶, 墻垣坍塌, 不堪爲守. 倭酋雖稱求貢, 狡謀叵測, 合
　行修防備. 行本官督同防守開城, 各營將領, 分派官兵於城內, 擇其形

勝之地, 築一小城, 深空壕塹, 以備守禦.

去後, 今據報完. 擬合會知. 爲此, 合咨前去, 煩爲查照施行. 須至咨者.

右咨朝鮮國王.

萬曆二十一年三月二十六日　椽史錢學易

발신: 흠차제독계요보정산동등처방해어왜군무총병관중군도독부도독 이(李)
사유: 왜정에 관한 일입니다.

[이여송] 우영부총병 장세작(張世爵)의 정문을 받았습니다.

[장세작] 분부대로 따라 부속된 관병 500여명을 통솔해서 3월 18일 전에 개성에 도착했습니다. 19일 이녕, 조승훈, 갈봉하, 전세정, 척금, 고책, 오유충, 왕필적, 섭방영, 시등과, 방시휘, 수비 등영화 등 각 영의 방수를 담당한 장령들을 감독, 인솔해서 지세를 헤아리게 했습니다. 소서문 안 서쪽으로 옛 성이 하나 있는데 한 면의 길이가 150장이었습니다. 동쪽, 서쪽, 북쪽으로 산세의 험준함을 등지고 석성 하나를 쌓았는데 높이는 성가퀴를 합쳐서 1장 2척이고 길이는 3백 장입니다. 논두렁에 호참을 팠는데 깊이와 너비가 1장 이상입니다. 성책을 따라 수차례에 길게 연결하여 보수한 옛 성과 옛 참호가 150장으로 주위는 총 450장입니다. 나무문 3좌를 설치했습니다. 개수하는 공사에 동원된 군정은 8,000명, 공사 일수를 계산하면 5일(간)로, (즉) 23일에 이르러 완공했습니다. 방수할 수 있을 듯해서 갖추어 보고를 드립니다.

[이여송] 정문이 부(府)에 도착했습니다. 이를 받고 전에 처리한 관련 문서

를 찾아 보니, 본부에서 의논하기를, "살펴보건대, 개성은 주위가 광활하고 성벽이 무너져 있으니 수비를 감당할 수 없습니다. 왜추(倭酋)가 비록 조공을 바란다고 하지만 교묘한 계략을 헤아리기 어려우니 마땅히 보수해서 방비해야 할 것입니다. 본관으로 하여금 개성을 지키는 것을 감독케 해서 각 영의 장령들이 성 안으로 관병을 나누어 보내 유리한 지형을 택해서 작은 성 하나를 쌓고 참호를 깊게 파 방어를 갖추도록 하십시오."라고 했습니다. 그 뒤 완성되었다는 보고를 지금 받았습니다. 헤아려 보건대, 알려 드려야겠습니다. 이에 마땅히 자문을 보내니 번거롭더라도 살펴 주시기 바랍니다. 자문이 잘 도착하기를 바랍니다.

이 자문을 조선국왕에게 보냅니다.

만력 21년 3월 26일 연사 전학역

76. 回咨
92a-92b(185~186쪽)

朝鮮國王,

准來咨該 爲 倭情 事. 據右營副總兵張世爵 呈稱 云云. 等因.

准此. 竊照, 小邦城垣, 自來空濶, 防守甚難. 卽蒙督府分付. 各營防守將領等官, 著令相度地形, 分派官兵, 依山設險. 剏建別城, 高連堞頭, 深乞壕塹. 至於連修舊城舊壕, 周圍四百丈之遠. 砌築旣牢, 修完已報, 實賴金湯之固, 永被固護之力. 督府始震兵威尅破凶賊, 繼勤遠略起修城池. 勞軍董工, 不日修完. 致蒙咨行前來, 用意勤悉. 銘感次骨. 孑遺殘民, 按堵如故. 恃以爲固, 萬世賴安, 稱道盛德矣. 當職不勝感祝之至. 爲此, 合行回咨, 請照驗施行. 須至咨者.
右咨提督府.

萬曆二十一年三月二十八日

발신: 조선국왕

사유: 보내온 자문을 받으니, 「왜정에 대한 일입니다. 우영부총병 장세작의 정문을 받았습니다. 운운」 하였습니다.

이를 받고 가만히 살펴보건대 소방의 성은 원래 넓어서 지키기가 몹시 어렵습니다. 방금 독부(督府)의 분부를 받으니, 각 영의 방수를 담당하는 장령들에게 책임을 지워 지형을 헤아리게 하고 관병을 나누어 보내어 산에 의지해 설험(設險)하도록 했습니다. 따로 성을 만들어 성가퀴를 높게 연결하고 호참을 깊게 팠습니다. 옛 성과 옛 호참을 연결하여 보수하는 일에 관해서는 주위가 멀리 4백 장까지 됐습니다. 돌로 쌓은 것이 이미 굳어 공사가 완료됐음을 보고하니 실로 금탕(金湯)의 견고함에 의지하고 길이 굳게 지킬 수 있는 힘을 입는 것입니다. 도독부에서 처음에 병위를 떨쳐 흉적을 격파하고 이어 원대한 지략에 힘써 성지(城池)를 세워 고쳤습니다. 병사를 동원해 공사하니 얼마 안 되서 개수해 완성했습니다. 자문을 보내 주셔서 받음에 이르렀는데 세심한 뜻(用意)이 근실하였습니다. 깊이 감사하는 마음이 뼈에 사무칩니다. 겨우 살아남은 백성들이 안도하여 예전과 같이 되었습니다. 견고함에 의지하여 만세가 편안하게 되니 성덕을 칭송합니다. 당직은 감축의 지극함을 견디지 못하겠습니다. 이에 마땅히 자문으로 회답하니 청컨대 살펴 주시기 바랍니다. 자문이 잘 도착하기를 바랍니다.

  이 자문을 제독부에 보냅니다.

만력 21년 3월 28일.

동북아역사 자료총서 53

편역 事大文軌 1

초판 1쇄 인쇄 2020년 2월 25일
초판 1쇄 발행 2020년 3월 5일

엮은이 동북아역사재단 한국고중세사연구소
펴낸이 김도형
펴낸곳 동북아역사재단

등 록 제 312-2004-050호(2004년 10월 18일)
주 소 서울시 서대문구 통일로 81 NH농협생명빌딩
전 화 02-2012-6065
팩 스 02-2012-6189
홈페이지 www.nahf.or.kr
제작·인쇄 동국문화

ⓒ 동북아역사재단, 2020

ISBN 978-89-6187-523-3 94910

* 이 책의 출판권 및 저작권은 동북아역사재단에 있습니다.
  저작권법으로 보호를 받는 저작물이므로 어떤 형태나 어떤 방법으로도 무단전재와 무단복제를 금합니다.
* 이 도서의 국립중앙도서관 출판예정도서목록(CIP)은 서지정보유통지원시스템 홈페이지(http://seoji.nl.go.kr)와
  국가자료종합목록 구축시스템(http://kolis-net.nl.go.kr)에서 이용하실 수 있습니다. (CIP제어번호 : CIP2020009405)
* 책값은 뒤표지에 있습니다. 잘못된 책은 바꾸어 드립니다.